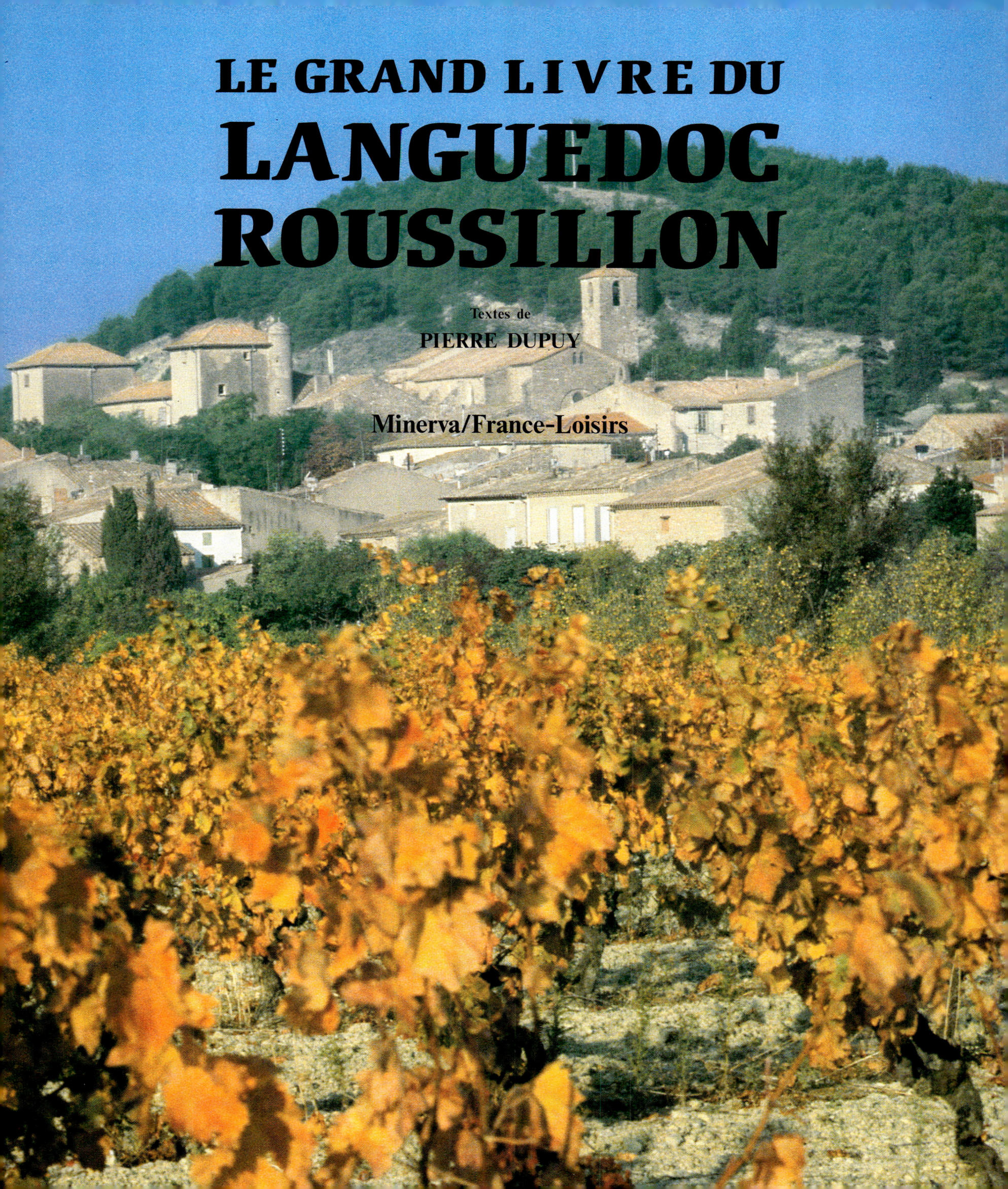
LE GRAND LIVRE DU LANGUEDOC ROUSSILLON

Textes de
PIERRE DUPUY

Minerva/France-Loisirs

© Editions Minerva, S.A.
Genève-Paris, 1992

Aucune partie de ce livre ne peut être reproduite sans l'autorisation expresse des Editions Minerva SA

LES ILLUSTRATIONS DE CE VOLUME SONT DUES AUX PHOTOGRAPHES DE L'AGENCE

SCOPE, PARIS :

Barde gardes, 9, 10b, c, 11, 12, 13, 14, 15a, b, 16, 17a, b, 18a, c, 19, 20a, 21, 23a, 24a, b, 32b, 33b, c, 42c, 49a, 88a, 89, 90, 93b, 94a, 105, 129b, 134a — Fauchon 158a, 161b — Faure 73b, 93a, 101a, 102b, 108a, 109a, 114, 117b, 122a, 124a, 128, 131a, 132b, 135a, b, c, 137, 140b, 142b, 144, 145b, 146a, c, d, 147, 158b, 159a, b, 160b, 161c, 162a, b, c, 163a, b, 164 — J. Guillard 4, 26b, 27, 30b, 31a, c, d, 33a, 34a, b, 35, 36, 39a, b, 45, 46, 65, 66, 88b, 97a, b, 98a, b, 101b, 102A, 103a, b, 104, 106b, 108b, 109b, 113, 115b, 116a, 117a, 118a, b — 119a, b, 120a, 121, 122b, 123a, 124b, 125a, b, 126a, 127b, 129a, 130b, 131b, c, 132a, 133, 136a, b, 138a, b, 139, 140a, 141a, b, 142a, 143a, b, c, d, 145a, 148a, b, 150, 152, 153, 154a, 155a, b, 156, 158a, 160a, 161c — Sierpinski 6, 8, 10a, 18b, 20b, 22, 23a, 25, 26a, 30a, 31b, 32a, 38b, c, 40, 42a, b, 43a, b, 44a, b, 47, 58b, c, 85b, 92a, 86a, b, 99a, b, 100a, b, 106b, 110, 112, 116b, 123b, 130a, 134b, 146b, 154b — Sudres 37a, b, 41, 48a, b, 49b, c, 50, 51, 54a, b, 55a, b, c, 57a, b, c, 58a, 59a, b, 60a, b, 61, 62a, b, 63, 64a, b, 68a, b, 69, 70, 72a, b, 73a, 74a, b, c, 75, 76, 78a, b, 79a, b, 80a, b, c, 81a, b, 82a, b, 83, 84a, b, 85a, 86a, 87a, b, c, 94b, 95a, b, 115a, c, 126b, 127a.

Agence Pix : 26

Carte de Madeleine Benoît-Guyot

En couverture : A/le village de Cucugnan. B/Vue de Bages. En pages de garde : un paysage des Corbières. En pages de titre : le village de Fontcouverte. Ci-contre : image d'une végétation luxuriante. A droite : aspect de la côte méditerranéenne à Gruissan.

N° Editeur : 20418

Dépôt légal : Mars 1992

ISBN : 2.7242.5421-X
Printed in Spain

INDEX

Agde 120
Aigoual (Mont) 158
Alès 162
Alet-les-Bains 38
Amélie-les-Bains 72
Anduze 160
Argelès-sur-Mer 84
Arles-sur-Tech 72
Auzil (N.D.des) 102
Auvezines 22
Avignonet 22
Axat 37

Bages 101
Barcarès 86
Banuyls 78
Bédarieux 108
Belcaire 37
Bélesta 58
Béziers 112
Bourg-Madame 54
Bouzigues 124

Canet-Plage 84
Canigou (Mt) 60
Capcir 36
Carcassonne 26
Carlit (Mt) 36
Castelnaudary 32
Castelnou 68
Castriez 148
Caunes-Minervois 33
Caunette (La) 34
Cerbère 78
Cerdagne 48
Clermont-l'Hérault 132
Collioure 74
Conflant 60
Corbières 88
Couiza 38
Cucugnan 44

Devèze (grottes) 108

Elne 86
Ensérune 118
Espinouse (L') 106
Eus 60

Fenouillèdes 56	Mailhac 34	Palavas 154	St-Félix-Lauragais 22	Villefranche-de-Conflant 48
Fenouillet (St-Paul de) 58	Marseillan 124	Perpignan 80	St-Guilhem-le-Désert 134	Vinça 60
Fontfroide (Abbaye) 88	Matemale 36	Peyrepertuse 42	St-Jean-du-Gard 160	
Font-Romeu 48	Mazamet 36	Pezenas 116	St-Loup (pic) 136	
Formiguères 56	Mèze 124	Pierre-Lys 37	St-Martin-du-Canigou 60	
	Midi (Canal du) 26	Planès 54	St-Michel-de-Cuxa 60	
Gabian 118	Minerve 42	Port-Barcarès 86	St-Pons-de-Thomières 106	
Galamus (gorges de) 58	Moligt-les-Bains 62	Port-la-Nouvelle 100	Salses 94	
Gardiole (La) 126	Montagnac 118	Port-Leucate 86	Serrabone 68	
Grande Combe (La) 162	Montagne Noire (la) 22	Port-Vendres 78	Serralongue 72	
Grande-Motte (La) 152	Montalba 58	Portes 162	Sète 128	
Gruissan 102	Mont Louis 60	Prades 60	Sidobre (le) 106	
	Montolieu 34	Prats-de-Mollo 72	Sigean (étang) 96	
Lagrasse 192	Montpellier 34	Puilaurens 36	Sommières 149	
Lamalou-les-Bains 109	Montpellier 138	Puilaurens 54	Soubeyran (Mas) 160	
Lastours 42	Montségur 40	Puivert 42		
Lauragais 20	Mourèze (Cirque de) 134	Puyvalador 36	Tautavel 58	
Leucate (Cap) 84			Tech 68	
Lézignan 93	Narbonne 96	Quéribus 42	Thau (étang de) 124	
Limoux 38	Navacelles 136	Quillan 38	Toulouse 8	
Llo 54		Quillane (col de la) 56		
Lodève 134	Odeillo 54		Vallespir 63	
	Olargues 106	Roquefixade 44	Valmagne (Abbaye de) 116	
Madeloc (Tour) 78			Vernet-les-Bains 60	
Maguelone 152	Padern 92	St-Cyprien 86	Vigan (Le) 162	

TOULOUSE ET SES MONUMENTS

Aujourd'hui Toulouse se pose en ambitieuse capitale de la région «Midi-Pyrénées» et, singulièrement, c'est la première fois de son histoire qu'elle se trouve à la tête d'un territoire aussi bien défini. Non que la cité des «capitouls» ait eu un destin effacé, bien au contraire, mais plutôt parce qu'elle fonda sa prospérité sur les échanges commerciaux, étant languedocienne sur une des rives de la Garonne et gasconne sur l'autre, tandis qu'elle rayonnait surtout par le talent de ses artistes.

Les trois monuments qui sont l'emblème de la ville rose, la basilique Saint-Sernin, les Jacobins et le Capitole, symbolisent bien sa destinée, d'autant qu'ils sont disposés en triangle autour du cœur urbain légendaire : le lieu du supplice de saint Sernin est en effet marqué par l'église Notre-Dame-du-Taur, dont le remarquable mur-clocher est un vestige des remparts. A quelque distance vers le nord on vénérait le tombeau de l'apôtre du Languedoc ainsi que de précieuses reliques données par Charlemagne et, devant l'afflux des pèlerins, la basilique Saint-Sernin fut mise en chantier sur cet emplacement en 1075. Ce sanctuaire est maintenant la plus vaste église qui nous soit parvenue depuis ces temps reculés, mais c'est surtout le haut lieu de l'architecture romane du Midi : particulièrement remarquable est le chevet de brique et de pierre blonde qui témoigne des premières années de travaux, comme les sept bas-reliefs de marbre qui ornent le mur de la crypte, mais l'édifice ne fut achevé qu'au milieu du XIVe siècle.

Quand Saint-Sernin reçut les derniers étages de son campanile, plus près de la Garonne on travaillait déjà depuis une centaine d'années à l'édification de l'ensemble conventuel des Jacobins. C'est là le berceau de l'ordre mendiant des dominicains, créé en 1215 par saint Dominique qui voulait lutter par l'exemple contre l'hérésie cathare. Ces frères prêcheurs s'adonnaient avant tout à l'étude et le couvent des Jacobins peut ainsi être considéré comme l'ébauche de l'Université toulousaine. Consacrée en 1385 et dédiée à saint Thomas d'Aquin qui y repose, l'église est l'un des joyaux de l'art gothique méridional. Frappant d'élévation et d'unité de style au dehors, le sanctuaire se révèle tout de grâce polychrome à l'intérieur, où l'on s'extasie notamment sur le «palmier» : tel est le surnom donné à la colonne portant la voûte tournante de l'abside.

Pour les Toulousains du XXe siècle, enfin, le meilleur de la ville est la place du Capitole dont les abords furent laborieusement aménagés de 1676 à 1852. La longue façade colorée d'où cette place tire son nom a été élevée à un double usage à la fin de l'Ancien Régime : d'un côté s'y abritaient les réunions des huit capitouls, symbolisés par autant de colonnes de marbre, et de l'autre s'ouvrait le théâtre, temple du bel canto dont le fronton s'orne des figures de la Comédie et de la Tragédie.

Toulouse. A gauche : l'église Notre-Dame du Taur, dont le mur-clocher est un vestige d'anciens remparts. A droite : dominant les célèbres toits de briques roses, le clocher de Saint-Sernin et celui de Notre-Dame du Taur.

UN CERTAIN ESPRIT TOULOUSAIN

A l'époque des Grands Intendants, Toulouse fut dépossédée au profit de Montpellier d'un rôle provincial qu'elle n'avait jamais vraiment exercé vis-à-vis du Languedoc, ayant depuis longtemps trouvé ailleurs matière à prospérité. Il y eut d'abord, de 1463 à 1560, le siècle d'or du pastel : la ville rose doit en effet beaucoup à cette teinture bleue très recherchée, fournie par une plante à fleurs jaunes dont la bourgeoisie toulousaine couvrit la plaine du Lauragais. Les profits réalisés grâce à cette culture furent tels qu'ils favorisèrent l'émergence d'une nouvelle noblesse, peu soucieuse de discrétion : Toulouse conserve le souvenir de cette époque bénie sous la forme de somptueux hôtels particuliers où la brique est souvent rehaussée de pierre sculptée.

Les plus remarquables sont flanqués d'une tour destinée à faire savoir que le propriétaire des lieux avait reçu la charge de capitoul, quelques ambitieux ayant même fait bâtir cet emblème avec une certaine hâte : on voit ainsi, rue de la Bourse, la maison de Pierre Del Fau, qui ne fut jamais magistrat municipal. Deux de ces édifices sont particulièrement prestigieux : la plus haute tour appartient à l'hôtel de Bernuy, aujourd'hui à usage de lycée, où le négociant don Juan de Vernuy reçut François Ier dont il avait payé la rançon; palais urbain plus encore, où sont logées les six académies et sociétés savantes de la ville, l'hôtel d'Assézat est l'exemple le plus achevé de la Renaissance toulousaine. En même temps, par l'absence de sa quatrième aile, cet hôtel symbolise la fin brutale de l'ère du pastel, qui ne put concurrencer l'indigo des Amériques.

La ville avait cependant eu le temps de se doter d'un élément essentiel à la poursuite de son rôle commercial en lançant sur la Garonne le Pont-Neuf, ouvert en 1632 après des décennies d'obstination : cet ouvrage indestructible allait demeurer longtemps le dernier et le seul passage assuré sur le fleuve, puisque le pont de pierre de Bordeaux lui est postérieur de deux siècles. Dans le même ordre d'idée, la bourgeoisie toulousaine se fit l'ardente promotrice du canal du Midi. En effet, nullement découragés par la crise du pastel, les négociants misèrent sur la culture du blé pour rentabiliser leurs vastes domaines; le Languedoc voisin faisait un marché tout désigné mais les quantités à exporter étaient si importantes que de médiocres routes n'y pouvaient suffire. C'est pourquoi

Toulouse. A gauche : le couvent des Jacobins. Au-dessous, le «palmier», ou clé de voûte intérieure de l'église de celui-ci. Ci-dessous : l'Hôtel d'Assézat. A droite : cour intérieure d'un bâtiment ancien. En pages suivantes : deux aspects du quai de Tournis.

Riquet mena avec tant de célérité la construction du canal de Toulouse à Sète, qui fut livré à la navigation en 1681, soit à peine quinze ans après les premiers coups de pioche.

C'était l'opulence retrouvée, comme l'indique une floraison d'hôtels du XVIIIe siècle dans le «quartier parlementaire», au sud du centre historique de Toulouse, entre le fleuve et la cathédrale Saint-Etienne: la rue de la Dalbade est à cet égard exemplaire. Avec ces mécènes, à nouveau Toulouse connut une intense vie intellectuelle et artistique, n'oubliant pas ce qu'elle devait aux lointains troubadours des comtes Raimond, ainsi qu'à une université toujours influente. Cependant, alors que les autres métropoles françaises s'ouvraient aux grands travaux d'urbanisme, Toulouse fut prise d'un accès de frilosité: se contentant d'aménager les quais et d'ouvrir quelques promenades, la municipalité se mura dans une nouvelle enceinte derrière laquelle elle s'attacha à préserver ses traditions politiques, intellectuelles et religieuses.

Restée un temps à l'écart du progrès, Toulouse sut combler ce handicap, et de quelle manière! Quelques noms auxquels elle est intimement liée résument l'étonnant parcours de la ville depuis la fin de la Grande Guerre: Latécoère, Mermoz, Saint-Exupéry, Concorde, Airbus, Ariane... Technopole de premier plan, que ce soit pour l'industrie, la recherche ou l'enseignement, ville européenne avant l'heure, foyer de culture rayonnant, Toulouse a changé son image tout en poussant ses nouveaux quartiers vers les quatre horizons. Cette soif d'expansion et de modernisme fit négliger la vieille ville pendant quelques années, mais la prise de conscience n'a pas tardé et le patrimoine toulousain est désormais remarquablement mis en valeur.

Il ne suffit pas d'avoir vu le Capitole, les grands sanctuaires et les principaux hôtels particuliers pour tout savoir de la ville rose. Entre cent promenades, il faut aussi, au moins, s'offrir le loisir de flâner sur les bords des canaux du Midi et de Brienne, de découvrir les points de vue permis par le pont Saint-Michel ou d'inven-

Toulouse. Ci-dessous: la Promenade Henri Martin. A droite: le Capitole. Au-dessous: une salle Intérieure du Capitole, dite «des Illustres».

torier les vitrines qui font revivre les plus anciennes boutiques du centre.

On peut même se risquer sur la rive gauche où la prairie des Filtres, désormais à l'abri des inondations, est transformée en un long jardin, réservant de beaux points de vue sur la ville et ses clochers, sous l'ombrage des platanes du cours Dillon qui est le rendez-vous des joueurs de boules. A son extrémité, face au Pont-Neuf, la monumentale tour de brique de l'ancien château d'eau qui alimentait les fontaines de la ville, sert aujourd'hui de cadre à une inattendue galerie de photographie de réputation internationale: possédant par ailleurs la deuxième cinémathèque de France, Toulouse s'affirme ainsi comme une capitale de l'image. Et il reste encore à faire le tour de ses musées...

Le musée Saint-Raymond est celui de l'archéologie toulousaine: ses collections vont de la sculpture romaine aux arts appliqués jusqu'à l'an mil, domaine dont la chronologie se poursuit au musée Paul-Dupuy; modeste mais non dénué d'intérêt, le musée du Vieux-Toulouse concerne l'histoire de la ville et l'art régional populaire. Sans références à la ville, d'autres établissements méritent également une visite, comme le museum d'histoire naturelle et le musée Georges-Labit, consacré aux arts des grandes civilisations de l'Asie. En point d'orgue, dans le cadre récemment restauré d'un ancien couvent, il faut s'attarder au musée des Augustins qui est le plus important de Toulouse: bien que gothique, le monument qui l'abrite met particulièrement en valeur les sculptures romanes qui sont les pièces maîtresses de ses collections.

A la belle saison, enfin, à l'heure où ces temples de la culture ferment leurs portes, Toulouse s'ouvre à d'autres plaisirs car, comme l'a chanté Claude Nougaro, l'un de ses plus célèbres enfants, «l'Espagne pousse un peu sa corne» dans la ville rose: aussi bien que de l'autre côté des Pyrénées, la capitale occitane sait vivre dans la rue et étirer les soirées tant que dure la musique.

Toulouse. Les vénérables façades du Quai Lombard. Celle du Musée St-Raymond. Ci-dessous : bâtiments modernes de la Place Occitane. A droite : le Canal de Brienne.

LE LAURAGAIS

Au seuil de Naurouze, c'est un bien modeste col de 194 m d'altitude qui marque la ligne de partage des eaux entre Océan et Méditerranée, limite dont s'affranchissait le Languedoc traditionnel, puisque de là à Toulouse s'étend l'aimable contrée du Lauragais, qui était partie intégrante de la province. Placé depuis toujours sous l'influence toulousaine, le Lauragais doit cependant ses particularismes et sa place dans l'histoire au voisinage de ce passage obligé. Balayé alternativement par l'autan et les vents d'ouest, le pays coiffa ainsi chacune de ses collines d'un moulin dont un certain nombre survit et dota ses églises de clochers-murs d'où des carillons pouvaient envoyer au loin leur musique; c'est par exemple toujours le cas des onze cloches de l'église de Molandier.

Une grande abondance de châteaux dit tout aussi clairement que ces vents n'étaient pas les seuls à s'engouffrer entre la Montagne Noire et le piémont pyrénéen. Ce qui était bon pour les envahisseurs ne l'était pas moins pour les commerçants, et les généreux «terreforts» du Lauragais, après avoir été le «país de Cocanha» du pastel, se découvrirent une vocation complémentaire de celle du bas Languedoc: voyant sa production de grains multipliée à partir de l'introduction de la culture du maïs, la région put en exporter de grandes quantités vers Narbonne. En retour, l'importante route qui passait par Carcassonne et Castelnaudary voyait défiler des convois charriant les barriques de vin: de tels échanges renforcèrent la spécialisation agricole de ces régions et rapidement la route ne suffit plus à la tâche.

Depuis le temps des Romains on savait que si la Méditerranée et l'Océan devaient communiquer un jour par une voie d'eau, celle-ci passe-

Ci-dessus: ferme des environs de Toulouse. A gauche: un aspect du Canal du Midi. A droite: un manoir du Lauragais.

«Canal Royal du Languedoc»: Riquet allait y engloutir sa fortune et sa santé, mourant à la tâche en 1680, quelques mois avant l'achèvement des travaux. Un obélisque élevé sur les «pierres de Naurouze» par ses descendants rend hommage à ce génial créateur dont l'œuvre, maintenant dépassée économiquement, trouve une nouvelle justification avec un tourisme nautique florissant. Ce fleuron d'une technologie d'un autre âge, est aussi parfaitement dans l'air du temps des terriens avec de vieilles écluses ovales et des ponts de brique qui sont autant de monuments historiques, des chemins de halage maintenant transformés en pistes cyclables ou en parcours de randonnées et par-dessus tout un cadre ombragé et serein qui semble intemporel et en tous cas à cent lieues de l'autoroute et du chemin de fer.

Plus que jamais le Lauragais est aujourd'hui céréalier, mais ce terroir entretient aussi une solide tradition de petit élevage, qu'illustrent notamment les fameux chapons de Saint-Julia. La région se découvre dès que l'on s'éloigne de Toulouse vers le sud-est, et c'est d'abord l'occasion d'une ample moisson de châteaux, d'églises et de moulins qui ont tous, peu ou prou, quelque chose à voir avec l'épopée cathare. Le Lauragais est en effet l'un des berceaux de ce mouvement, comme l'indique le concile tenu en 1167 à Saint-Félix-Lauragais par les cathares désireux d'organiser leur église. Patrie du musicien Déodat de Séverac, le vieux bourg proche de Revel montre une église toulousaine postérieure à ce concile et un château entouré d'une promenade d'où l'on toise la Montagne Noire et les Pyrénées par-dessus la plaine.

Dans un site moins pittoresque proche du col de Naurouze, Avignonet-Lauragais a laissé sa trace dans l'histoire avec le massacre des membres du tribunal de l'Inquisition qui étaient réunis en son château en 1242: perpétrée par des conjurés du pays qui avaient préparé leur expédition depuis Montségur, cette action déclencha les représailles que l'on sait contre la forteresse, signant l'arrêt de mort de l'hérésie cathare. A l'intérieur de l'église, un tableau du XVIIIe siècle évoque cet épisode.

Les autres localités notables du Lauragais sont Montgeard, une bastide rose surnommée le «Petit Albi» à cause de son église fortifiée, Villefranche-de-Lauragais, dont l'église de style gothique méridional est sans doute moins célèbre que le cassoulet, Montmaur au beau château fort du XVe siècle, et encore Montgey, avec un château féodal qui fut abattu par Simon de Montfort avant d'être relevé au XVIe siècle. Plus discrets, les Cassés, haut lieu du catharisme où le même Simon de Montfort fit brûler une cinquantaine d'hérétiques, Montferrand, qui conserve les ruines d'un des châteaux de cet impitoyable capitaine, Auvezines, où un monument a été élevé en mémoire de 5 000 croisés allemands taillés en pièces par les cathares en 1211: on le constate, les doux horizons du Lauragais n'ont qu'une histoire à raconter...

rait forcément par le Lauragais, mais le franchissement du seuil de Naurouze semblait impossible en raison de la médiocrité des cours d'eau qui y circulent. C'est en 1662 que Pierre-Paul Riquet, fermier de la gabelle de Languedoc, imagina une solution ingénieuse toujours en vigueur: la rigole de la Montagne devait collecter les eaux de la Montagne Noire et les rassembler dans un vaste bassin régulateur, d'où un second conduit, la rigole de la Plaine, les amènerait au seuil de Naurouze. Ce point haut serait parcouru par un bief de partage, encadré sur chaque versant d'autant d'écluses qu'il le faudrait pour épouser la pente.

Colbert fut facilement convaincu et en 1666 Louis XIV ordonna la construction de ce

A gauche: un surprenant clocher à Villefranche-du-Lauragais. A droite: vue de Revel. Au-dessous: vestiges de remparts, à Montgeard.

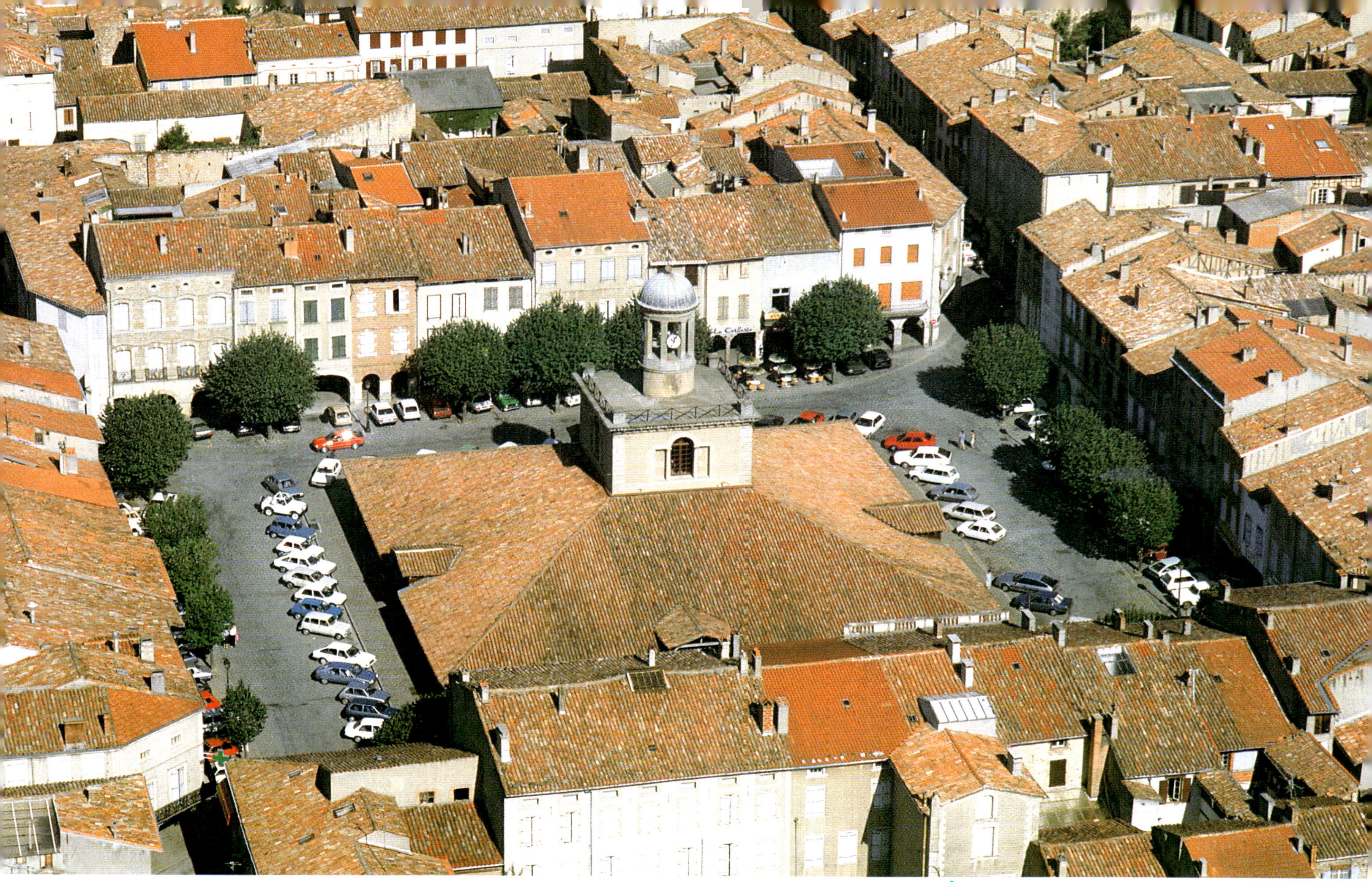

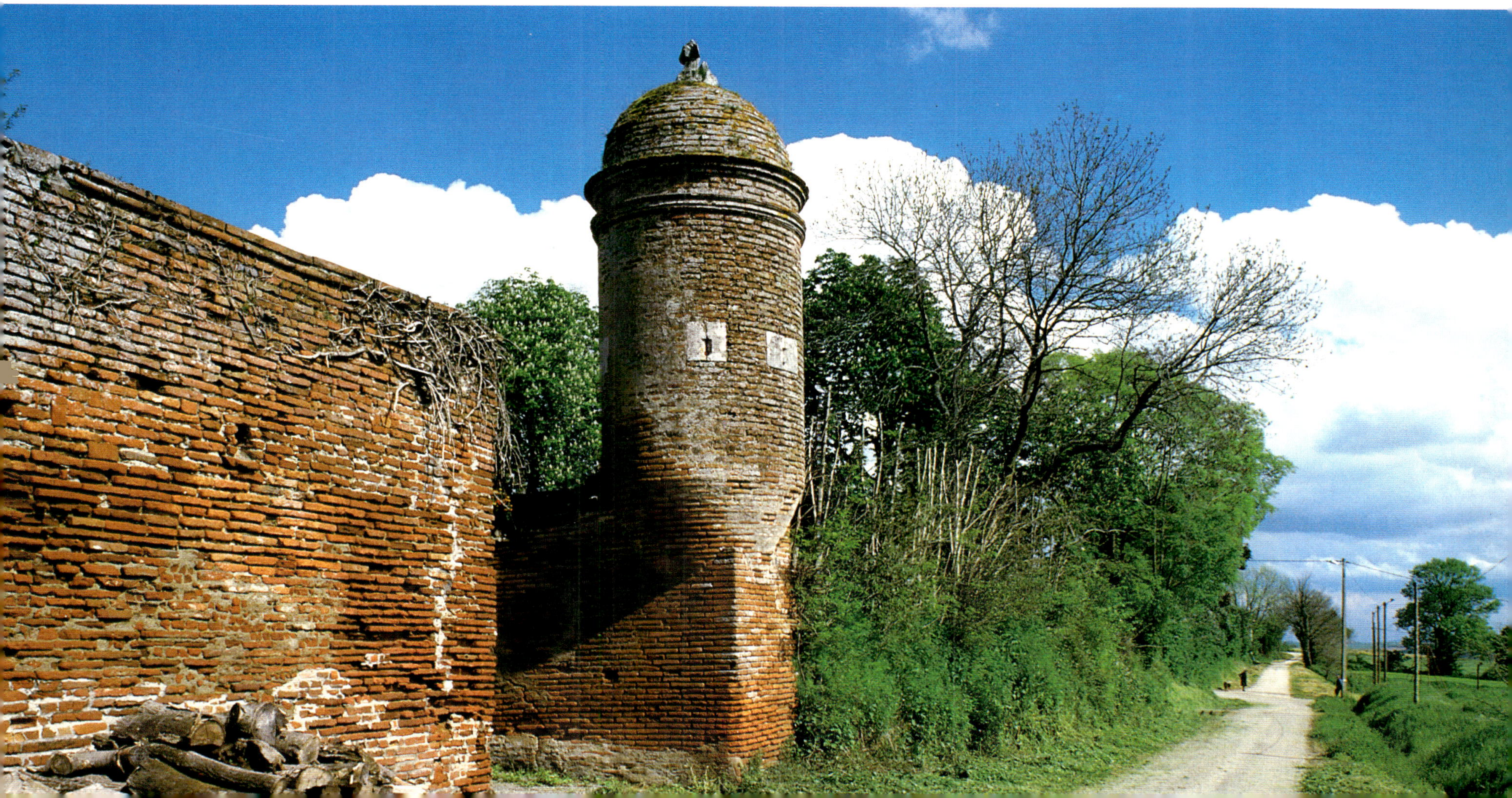

Communs d'une ferme du Lauragais. Ci-dessous : le moulin de St-Félix-du Lauragais. A droite : le cœur d'Avignonet.

LA CITE DE CARCASSONNE

Au carrefour des invasions, ainsi pourrait se résumer en une formule la situation de Carcassonne, tant la cité féodale en impose et parvient à faire oublier la moderne capitale de l'Aude viticole qui s'étale à ses pieds. Dernier ressaut des Corbières, l'escarpement qui porte cet ensemble prestigieux ne domine les berges du fleuve que de quelques dizaines de mètres, mais cela lui suffit pour commander les routes qui vont d'Aquitaine en Languedoc et de Catalogne en France.

Longtemps avant que ces pays aient été baptisés de la sorte, les Romains avaient établi là un camp retranché dont les limites correspondent à l'actuelle enceinte intérieure; en cinq siècles de civilisation gallo-romaine, Carcasso s'affirma comme l'une des principales cités de la Narbonnaise. Au terme des grandes invasions celle-ci était devenue la Septimanie des Wisigoths et les nouveaux maîtres de la place ne manquèrent pas d'apporter leur pierre à l'édifice, sans en changer le tracé.

Leur empire dura jusqu'à ce que Clovis parvienne à les déloger, mais la garnison franque ne réussit pas à repousser les assauts des Sarrasins qui se retranchèrent trente années durant derrière les remparts de Carcassonne : à défaut de témoignages architecturaux, ils ont laissé à la ville la plaisante légende de «dame Carcas» : épouse du prince sarrasin Balaack et seule survivante dans la cité encerclée par Charlemagne, la dame aurait réussi, à force de ruses, à décourager les assaillants. Une chanson de geste assure même que l'empereur, émerveillé, aurait finalement légué la ville à la courageuse veuve, lui donnant en prime pour mari l'un de ses chevaliers, nommé Roger.

Le récit des troubadours donne ainsi une origine légendaire à la lignée des vicomtes Trencavel, ces «Tranche-Bien» qui, après avoir affirmé l'indépendance de Carcassonne à la force de l'épée, délaissèrent les armes pour mieux embel-

Carcassonne. Divers aspects des remparts et l'une des portes de ceux-ci. En pages suivantes : vue générale de la merveilleuse Cité ancienne et, à ses pieds, de la ville moderne.

lir leur fief. Sous la protection d'une enceinte rénovée, la Cité de Carcassonne s'enrichit alors de la cathédrale romane Saint-Nazaire-et-Saint-Celse et du château comtal, tandis que deux bourgs fortifiés prospéraient à ses côtés. Ouverte aux meilleurs savants et aux artistes les plus raffinés des pays d'Oc, la cour des Trencavel fit naturellement bon accueil aux idéaux cathares, si bien qu'en 1209 la croisade des Albigeois vint buter devant les murailles de Carcassonne comme devant celles de Toulouse.

La forteresse n'était pas encore la «pucelle du Languedoc» et Raymond Roger Trencavel dut capituler devant Simon de Montfort : il mourra dans un cachot de son château après avoir vu son vainqueur, paré du titre de comte de Carcassonne, utiliser la ville comme base pour des expéditions contre les forteresses cathares de la montagne. Le fils de Raymond tenta en vain de reconquérir sa vicomté, mais la place revint finalement à la couronne de France : à cette occasion Saint Louis fit raser toutes les maisons qui se trouvaient à l'extérieur de la vieille enceinte et enjoignit aux habitants de s'installer de l'autre côté de l'Aude, donnant naissance à la ville basse.

L'espace dégagé autour de l'enceinte primitive permit d'établir une nouvelle ligne de défense avancée, avec des lices soigneusement aplanies entre les deux pour qu'un assaillant éventuel ne puisse s'y retrancher — en fait, comme leur nom l'indique, ces lices serviront uniquement à organiser des fêtes et des tournois — la porte Narbonnaise, principale entrée, prenant quant à elle l'apparence d'une forteresse à part entière. Après ces titanesques travaux poursuivis jusque sous le règne de Philippe le Hardi, Carcassonne était réellement devenue imprenable et sa Cité put à nouveau prospérer en paix ainsi qu'en témoigne le nouveau chœur gothique dont fut pourvue la cathédrale. Cependant le rôle historique de la place allait s'estomper à partir du rattachement du Roussillon à la France, en 1659 : transformée en caserne, la Cité semblait vouée à une lente agonie au-dessus de la ville basse qui seule se développait, en parvenant même à devenir la principale cité drapière du royaume.

La fière Cité voyait déjà ses murailles réduites à l'état de carrières de pierre à bâtir quand Prosper Mérimée, alors inspecteur général des Monuments historiques, et l'érudit local Cros-Mayrevieille parvinrent à émouvoir les autorités. Viollet-le-Duc s'enthousiasma à son tour à l'idée d'une restauration de ce qui était la plus vaste cité fortifiée du continent et les travaux lui furent confiés en 1844. Maintenant que les décennies ont suffisamment patiné l'œuvre du grand architecte, Carcassonne apparaît dans son intégrité médiévale, illustrant en outre l'évolution de l'architecture militaire depuis l'époque gallo-romaine jusqu'à celle de Louis XIII, car son enceinte intérieure conserve des éléments très divers qui font par exemple que les tours les plus anciennes sont espacées d'une portée de flèche, tandis que les dernières mises en place arborent des becs destinés à détourner les boulets de canons.

Le tourisme a depuis longtemps consacré la renaissance de la Cité de Carcassonne et de nombreux atouts sont venus s'ajouter à ces richesses architecturales : les visiteurs les plus consciencieux connaissent le musée lapidaire du château comtal ou les vitraux de la basilique Saint-Nazaire, mais nombreux sont les lices ou, mieux encore, qui assistent aux spectacles exceptionnels des Médiévales et de l'embrasement de la Cité, au mois d'août.

Carcassonne. La Cité : entrée et portail. A droite : monuments à l'intérieur de la Cité et pont-levis.

LES CONTREFORTS DE LA MONTAGNE NOIRE

Ce n'est pas seulement pour les raisons gastronomiques qui viennent à l'esprit à l'évocation de son nom que Castelnaudary constitue une étape obligée entre Toulouse et Carcassonne. La cité au célébrissime cassoulet se révèle en effet être une charmante escale au bord du canal du Midi, lequel s'élargit là jusqu'à former un plan d'eau bucolique où se mirent les maisons ocres et la haute silhouette pareillement colorée de la collégiale Saint-Michel. A l'opposé du canal, Castelnaudary est coiffé d'un autre monument cher au cœur de ses habitants, le moulin de Cugarel, dont les ailes tournent à tous les vents du Lauragais depuis le XVIIe siècle.

Le chapitre bien fourni des spécialités locales réapparaît d'ailleurs par le biais de cet ultime témoignage de la tradition meunière de la ville, qui évoque entre autres des petits gâteaux inconnus ailleurs et joliment appelés alléluias ou glorias. Quant au fameux cassoulet, son nom vient de la cassole dont les puristes affirment qu'elle doit être en argile d'Issel, qu'elle doit renfermer des haricots blancs de Lavelanet — outre les ingrédients habituels que sont couennes fraîches, jarret de porc frais, saucisse et confit d'oie — et qu'elle doit aller dans un four chauffé par des ajoncs de la Montagne Noire, riches de senteurs inimitables. De la sorte ce plat populaire rassemble-t-il symboliquement les opulentes plaines par où l'on passe de l'Aquitaine au Languedoc et les montagnes austères qui les encadrent.

Au nord de l'antique voie de passage se profilent ainsi le Cabardès et le Minervois, ces contreforts de la Montagne Noire dont l'histoire fut beaucoup plus animée que ne le laissent supposer des paysages empreints de grandeur sauvage. Tout en constituant l'ultime avancée du massif Central en direction des Pyrénées, cette montagne est nettement individualisée, car son versant nord s'élève de façon abrupte au-dessus de la vallée du Thoré, où trône l'importante cité de Mazamet. Très arrosé, ce flanc est couvert d'épaisses forêts contrastant avec la végétation méditerranéenne qui prévaut au sud et fait s'étager les châtaigniers, les genêts et la garrigue, puis les oliviers et la vigne aux approches de la plaine.

En conséquence, l'économie de la montagne mêlait dans le passé l'exploitation forestière, l'élevage et diverses cultures, tandis que les

Ci-dessous : vues de Castelnaudary et Mazamet. Ci-contre : l'église Notre-Dame du Cros, au cœur du vignoble du Minervois. A droite et au-dessous : la Montagne Noire et les champs des environs.

cours d'eau fournissaient leur force motrice à quantité de petites industries textiles et que de nombreuses mines s'enfonçaient à la recherche des métaux, précieux ou non, dont le massif regorgeait. Aujourd'hui l'on ne tisse plus le chanvre ni la laine et les moulins se sont immobilisés, mais quelques centaines de mineurs maintiennent une tradition séculaire en animant la célèbre mine d'or de Salsigne. Il faut mentionner aussi, dans ce registre, les dynamiques carrières de Caunes-Minervois dont les marbres colorés s'en vont encore orner les palais les plus lointains après avoir été consacrés chez nous au Grand Trianon et à l'Opéra de Paris. Surtout, la Montagne Noire s'est découvert une nouvelle richesse depuis qu'une partie en a été rattachée au parc régional du haut Languedoc, vocation touristique renforcée par la mise en eau de plusieurs barrages.

Du pic de Nore qui coiffe la Montagne, jusqu'aux gorges les plus secrètes du Cabardès et du Minervois, le retour à la nature se double ainsi d'une plongée dans un passé dont d'innombrables mégalithes disent l'ancienneté. On ne sait pas assez, par exemple, que le premier squelette d'homme fossile fut découvert au XIXe siècle dans la grotte de Bize, au bord de la Cesse, tandis que plus en amont de cette même vallée, la grotte de la Coquille révèle, outre de belles peintures, d'émouvantes traces de pas

humains et de pattes d'ours; dans le Cabardès, la grotte de Limousis, peu fournie en témoignages préhistoriques, présente par contre d'éblouissantes concrétions dont un «lustre» d'aragonite est le joyau. Les racines anciennes prennent aussi la forme des oppida mis à jour ici et là, en particulier à Mailhac, et qui témoignent d'une forme évoluée de civilisation remontant au VIIe siècle avant notre ère.

Le Moyen Age offre davantage de traces tangibles, et en Minervois les sanctuaires romans en sont l'expression la plus remarquable, moins pour leur ampleur que pour la finesse de leur décor. Il faut voir l'abbatiale Saint-Pierre-et-Saint-Paul de Caunes-Minervois et ses chapiteaux historiés en marbre, la curieuse église à sept côtés de Rieux-Minervois, le chevet de Notre-Dame-de-Puichéric, et encore les églises de Pouzols-Minervois, de la Caunette, ainsi que les délicates chapelles Saint-Germain-de-Cesseras et Notre-Dame-de-Centeilles.

Dans le Cabardès l'art sacré est présent aussi, mais les sites de cette âpre contrée sont avant tout marqués par des constructions fortifiées plus ou moins ruinées qui rappellent la farouche indépendance dont sa noblesse fit toujours preuve et qui culmina lors de l'épopée cathare. Au premier rang des cités pittoresques qui émaillent ces reliefs figurent Saissac et Montolieu, toutes deux faisant voisiner des remparts, un château et une noble église. Montolieu, dans les environs duquel s'élèvent les vestiges de l'abbaye cistercienne de Villelongue, y ajoute les bâtiments d'une ancienne manufacture royale de draps, une vocation partagée avec Conques-sur-Orbiel où la façade de la manufacture de Colbert porte encore fièrement les armes du roi.

Dans le Minervois. Vues de Caunes et, à droite, de La Caunette.

LA HAUTE VALLEE DE L'AUDE

Les horizons de Carcassonne, majestueusement remplis au nord par la silhouette monolithique de la Montagne Noire, se perdent au contraire au sud dans les reliefs désorganisés du piémont pyrénéen. Sans sommet incontesté ni bassin à la mesure d'une grande ville, cette contrée s'est identifiée à l'Aude, fleuve encore torrentueux qui l'a ciselée de gorges grandioses formant un passage privilégié vers l'Espagne. Cette puissance de l'Aude s'explique par des origines tout à fait montagnardes : en effet, née sur le versant oriental du Carlit qui culmine à près de 3 000 m, la rivière traverse ensuite les hautes terres boisées du Capcir où l'enneigement est particulièrement abondant, et c'est donc avec un flot gonflé par les eaux de fonte qu'elle dévale saison après saison à travers les contreforts des Pyrénées.

Maintenant domestiquée par les retenues de Matemale et de Puyvalador qui alimentent une cascade de centrales hydrauliques en aval, l'impétueux cours d'eau commence à témoigner de son ancien pouvoir d'érosion en abordant le pays de Sault, qui est une sorte de causse forestier couvrant l'extrémité méridionale du département de l'Aude. Après avoir dévalé les granits du pays de Donézan à travers les sapins, les hêtres et les ormes de la forêt du Carcanet, le fleuve baigne Escouloubre-les-Bains, puis Carcanières et Usson, qui ont en commun une vocation thermale remontant à l'Antiquité. Ces modestes villages du fond des gorges font écho aux cités du plateau, à peine moins discrètes, et ce ne sont pas leurs demeures ramassées, percées de rares fenêtres, qui constituent le principal attrait de cette rude contrée balayée par les vents et les frimas.

Architecturalement, le pays de Sault se distingue par une série de châteaux, tels Puilaurens et Usson, dont l'histoire est souvent liée à l'épopée

cathare, et pour le reste, les villages ont surtout à faire valoir la beauté de leurs sites. Car sur le plan de la nature, cette montagne est un morceau de choix : ce sont de superbes sapinières dont les géants dépassent parfois 50 m de hauteur, comme dans la forêt des Fanges, des hauteurs déchiquetées ou pastorales que parcourent les isards, de sombres futaies où abondent cerfs, biches, daims et sangliers, des curiosités géologiques, dont la grotte de l'Agazou qu'il faut plusieurs heures pour parcourir est le plus bel exemple, le tout entrecoupé de gorges aux proportions saisissantes. Celles de l'Aude, évidemment, qui prennent le nom de Saint-Georges à l'endroit où elles se resserrent jusqu'à ne mesu-

Ci-contre : le château de Puylaurens. Ci-dessus et à droite : le plateau et la chaîne du Capcir.

rer qu'une vingtaine de mètres de largeur pour plus de 300 en hauteur, mais aussi celles de la Frau et du Rebenty ; méconnues, ces dernières ne le cèdent en rien aux gorges de l'Aude pour ce qui est du grandiose, comme on peut le constater aux défilés de Niort et d'Able.

A proximité du confluent de ces deux rivières et donc très bien située pour les besoins du tourisme, la bourgade d'Axat a supplanté Belcaire, traditionnelle capitale montagnarde du pays de Sault. Avec ses rues aux passages couverts, son vieux pont et son église-belvédère, Axat est la première illustration des pittoresques cités qui occupent chaque bassin des bords de l'Aude, si resserré soit-il. En aval, les gorges reprennent de plus belle et, à force de tunnels et d'encorbellements, la route se fait l'une des plus spectaculaires de notre pays pour le franchissement du défilé de Pierre-Lys.

Longtemps impraticable, ce passage n'a été ouvert aux piétons que peu avant la Révolution,

Après l'étroit d'Alet, la vallée prend en effet de l'ampleur et dégage un vaste bassin noyé de soleil qui a contribué à faire la fortune de Limoux. La vigne omniprésente rappelle à qui l'ignorerait encore que la moderne capitale du Razès doit son renom à la blanquette, seul cru de vin mousseux du Languedoc-Roussillon. Cependant, à côté de ce breuvage pétillant, la cité a d'autres atouts et en premier lieu un carnaval très suivi, qui est l'un des plus hauts en couleurs de la province. Cette tradition séculaire s'accorde bien avec une cité dont le riche patrimoine architectural va du «Pont Neuf» du XIVe siècle à la flèche aiguë de l'église Saint-Martin en passant par de beaux vestiges de remparts et nombre de demeures anciennes.

A gauche : le château des ducs de Joyeuse, à Couiza; en bas, vue de Quillan. A droite : deux aspects de Limoux.

grâce à la ténacité de Félix Armand, curé de Saint-Martin-Lys, maintenant statufié sur l'esplanade de la gare de Quillan. Au débouché du défilé, cette ville s'active au beau milieu d'une petite plaine entourée de montagnes abruptes et elle ajoute à ce cadre agréable le charme de plusieurs monuments notables que couronnent les ruines d'une forteresse médiévale au plan carré inhabituel dans la région.

Plus bas débute le pays du Razès, dont la capitale historique fut Rennes-le-Château, ce village perché recélant un mystérieux trésor qui défraye la chronique depuis près d'un siècle. A son pied se tient Couiza, où l'on ne peut manquer le château des Ducs de Joyeuse qui est une imposante place d'allure guerrière cachant un palais Renaissance. Vient ensuite le petit bassin d'Alet-les-Bains, une antique cité thermale qu'une importante abbaye bénédictine éleva au rang d'évêché jusqu'à la Révolution : les ruines de la cathédrale sont encore majestueuses et confèrent un cachet tout particulier au village médiéval fortifié qui la surplombe. Le microclimat dont jouit Alet vient de ce que la station est protégée des vents du nord par le dernier défilé de cette haute vallée de l'Aude.

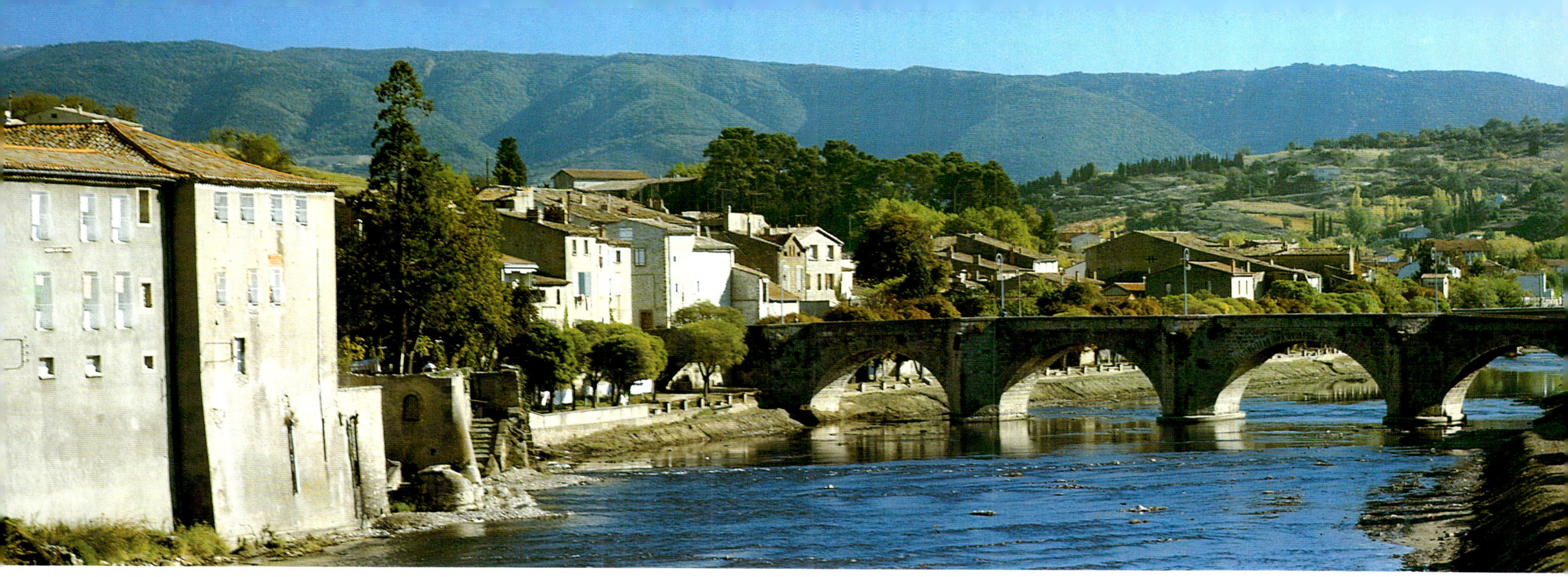

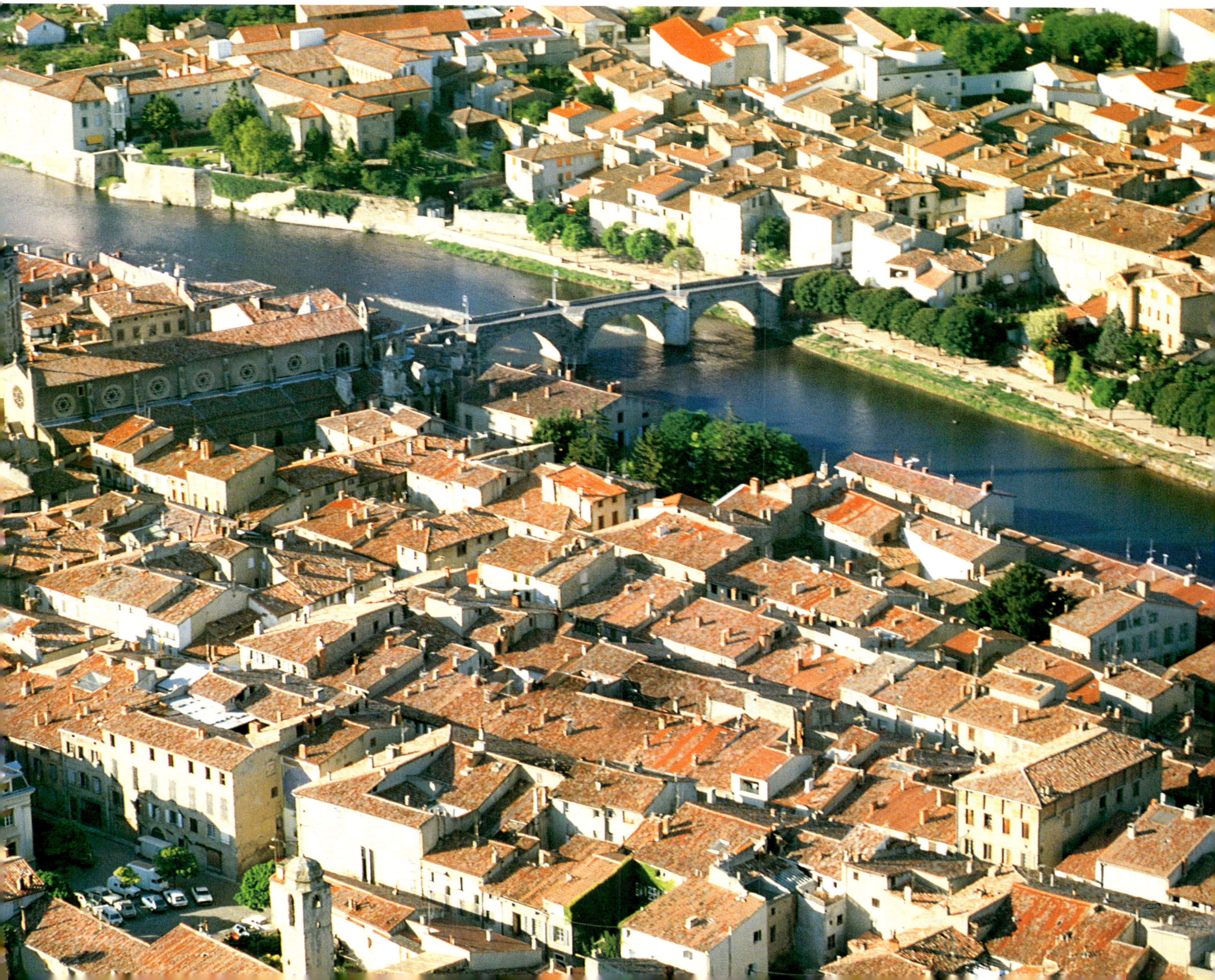

MONTSEGUR ET LES «CITADELLES DU VERTIGE»

«Les infidèles, ne pouvant résister aux attaques des fidèles, livrèrent aux assaillants, moyennant la vie sauve, le château et ce qui s'y trouvait d'hérétiques... lesquels, tant hommes que femmes étaient au nombre de deux cents environ. Or, était parmi eux Bertrand Marty, qu'ils avaient fait leur évêque, et, tous, ayant refusé de se convertir comme on les y invitait, ils furent enfermés dans une clôture faite de pals et de pieux, et brûlés là, ils passèrent au feu du Tartare». Ainsi le chroniqueur Guillaume de Puyaurens relate-t-il l'horrible fin des martyrs de Montségur, au pied du château, au lieu-dit «Prat dels Cremats», autrement dit le Pré des Brûlés.

Daté du 16 mars 1244, ce tragique épilogue d'un siège de plus de huit mois symbolisa la chute d'une Occitanie qui compte encore aujourd'hui beaucoup de nostalgiques, plus qu'il ne marqua la fin de l'hérésie cathare. D'après les registres d'inquisition, ce mouvement persista en effet secrètement pendant encore près d'un siècle, mais la prise de Montségur sonnait bien le glas des espoirs d'un contexte historique plus large.

Les élites de ces régions étaient, on le sait, éprises d'indépendance et dépositaires d'une culture raffinée dont les troubadours sont l'illustration la plus connue. Insatisfaits des modèles que véhiculait l'Eglise, nobles et bourgeois du Midi se tournèrent donc à la fin du XIe siècle vers de nouvelles doctrines, en particulier le catharisme, venu d'Orient. Répondant d'abord par la prédication avec saint Dominique comme maître en la matière, l'Eglise décida d'employer la force après l'assassinat en 1208 de Pierre de Castelnau, moine de Fontfroide et légat du pape. La croisade des Albigeois reçut alors le renfort des barons de l'Ile-de-France et du Nord, qui convoitaient les richesses du Languedoc. Sous la houlette de Simon de Montfort leur brutalité fut extrême et l'on se souvient du mot d'un légat du pape ordonnant que tous les habitants de Béziers soient passés par les armes, hérétiques ou non : «Dieu reconnaîtra les siens».

Avant même que Carcassonne ne tombe entre les mains des croisés, les cathares s'étaient retranchés dans les montagnes les plus inaccessibles et c'est ainsi que dès 1204 le nid d'aigle de Montségur devint l'une de leurs places principales. En 1242 les cathares y étaient encore en sécurité, mais cette année-là, répondant au terrorisme d'une Inquisition impitoyable, une troupe descendue du château s'en alla massacrer les membres d'un de ces tribunaux à Avignonet, dans le Lauragais, et la riposte des forces conjuguées de l'Eglise et du pouvoir royal ne se fit pas attendre.

Le site et les vestiges de Montségur.

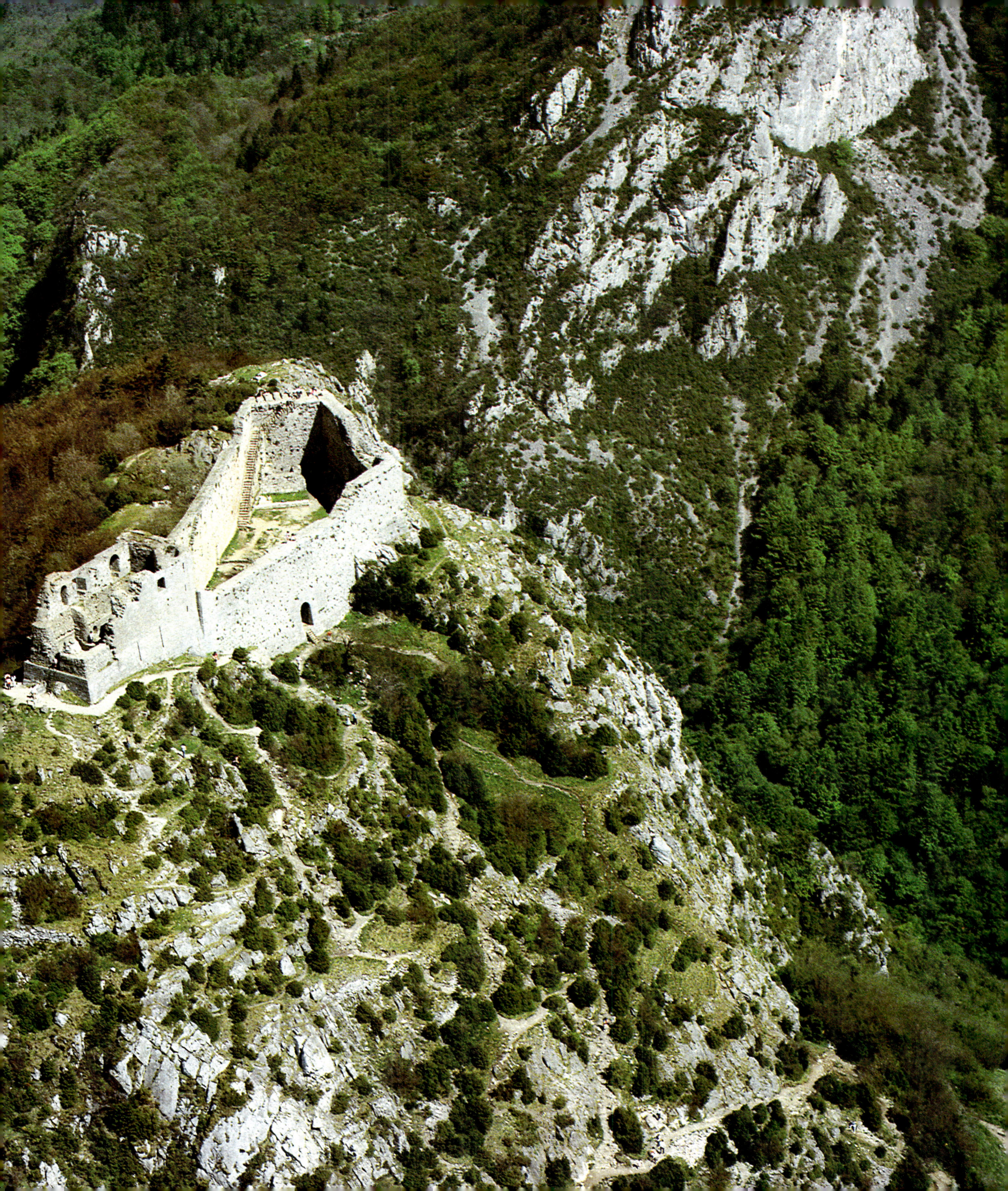

L'une après l'autre les forteresses cathares dispersées sur les sommets des Pyrénées audoises et ariégeoises, mais aussi des Corbières, du Minervois et de la Montagne Noire, tombèrent aux mains des croisés. Ce fut notamment le cas des «Cinq fils de Carcassonne», Puylaurens, Peyrepertuse, Quéribus, Termes et Aguilar qui, situées près de la ligne de frontière avec l'Aragon, furent aussitôt relevées par les ingénieurs royaux en raison de leur valeur stratégique. Montségur connut le même sort, si bien que les murailles où les exégètes en mal de mystère voient quantité de symboles ésotériques n'ont en fait qu'un très lointain rapport avec les constructions des cathares. Des parcelles d'inconnu n'en subsistent pas moins et nul n'a par exemple pu élucider l'affaire du trésor des Albigeois, sorti clandestinement de Montségur pendant le siège et transporté dans un lieu tellement sûr qu'il n'a jamais été découvert: bien que l'on présume qu'il s'agisse de livres et de documents précieux pour la doctrine, nombreux sont ceux qui le recherchent encore...

Brossée à grands traits, l'histoire de ces «citadelles du vertige» semble toujours se répéter, mais à y regarder de plus près leurs murailles évoquent cent facettes du drame vécu par l'Occitanie, duquel naquit, il ne faut pas l'oublier, l'unité de notre pays. Pour s'en tenir aux principales places, mentionnons au nord Lastours, composé de quatre châteaux distincts dont aucun ne tomba par la force aux mains des croisés, ainsi que le village fortifié de Minerve, pris en 1210 au terme d'un siège très dur; comme à Montségur, les Parfaites et les Parfaits de Minerve refusèrent d'abjurer leur foi et périrent en chantant sur un énorme bûcher.

Des réminiscences nettement moins guerrières s'attachent à d'autres châteaux, tels Puivert,

Sur cette page: à gauche, deux aspects du château de Lastours. Ci-dessous: le château de Puylaurens. A droite: les vestiges du château d'Aguilar; au-dessous: ceux du château de Puivert.

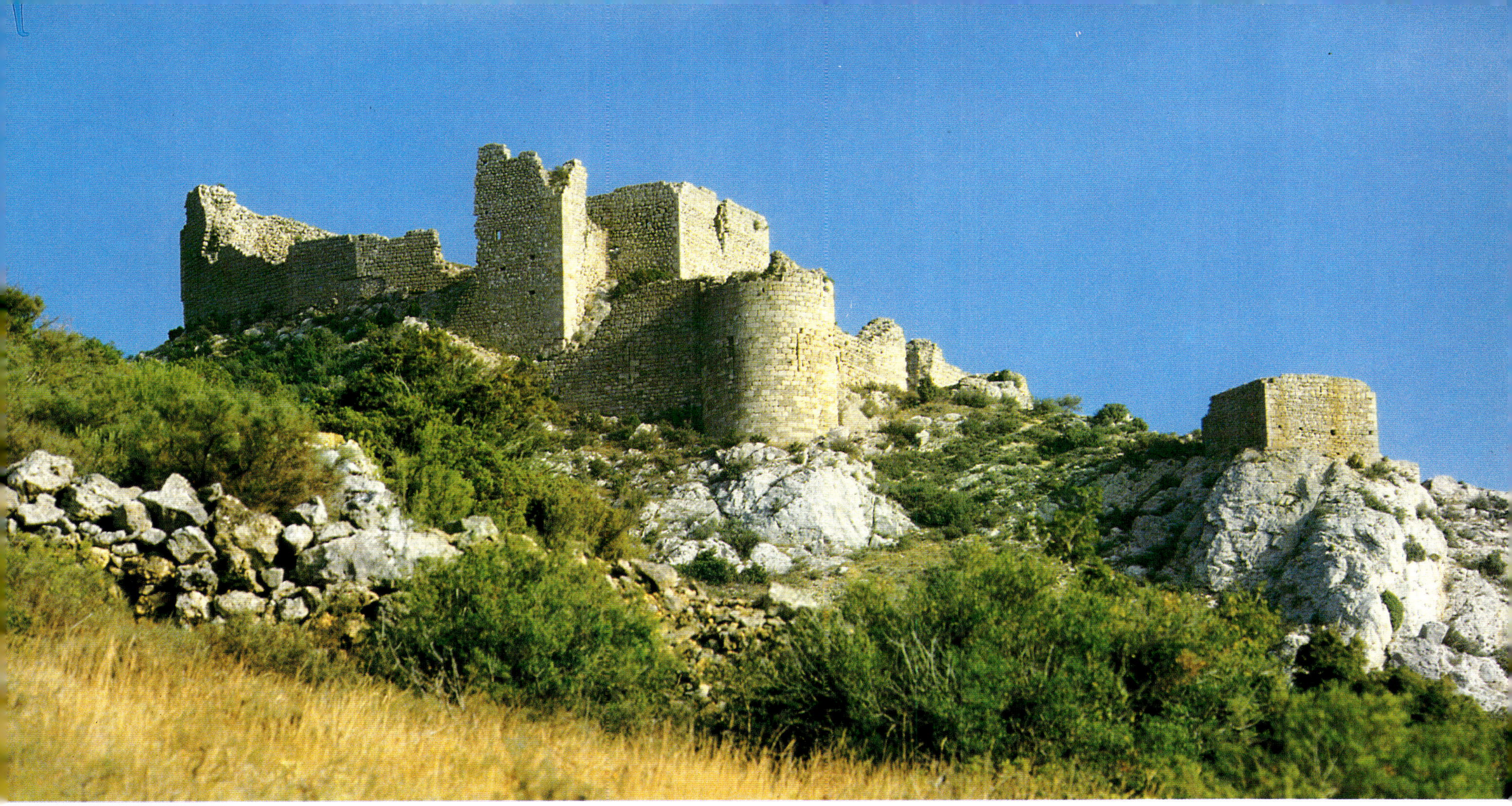

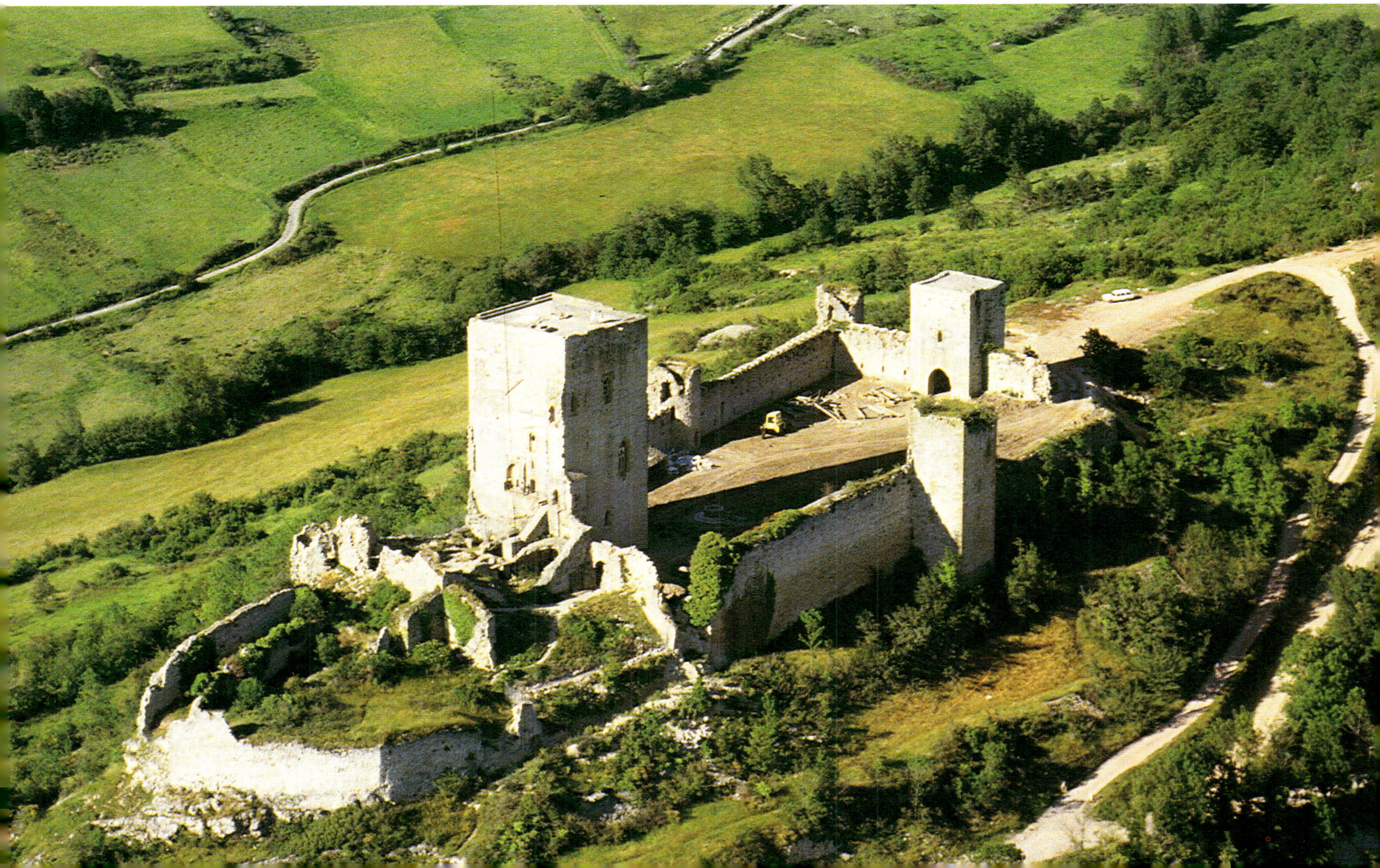

célèbre pour ses belles sculptures et sa salle dite des musiciens. Certaines places se distinguent au contraire par la qualité de leur appareil militaire et Puylaurens est exemplaire à cet égard avec quatre lignes de défense successives que Simon de Montfort se garda bien d'attaquer. Ailleurs prévaut la hardiesse de la conception : la palme revient là sans doute aux bâtisseurs de Roquefixade, qui ont lancé une courtine au-dessus d'une énorme faille au moyen d'une voûte très aérienne.

Enfin deux châteaux voisins, Peyrepertuse et Queribus, justifient particulièrement le terme de «citadelle du vertige» attaché aux places cathares. Peyrepertuse, dont les murailles occupent tout le faîte d'une longue échine rocheuse, se révèle être une véritable petite ville forte dominée au couchant par le château San Jordi; l'ensemble paraît inexpugnable, et pourtant les Parfaits assiégés là en 1240 se rendirent après trois jours de siège seulement, n'ayant pas eu le temps de constituer des provisions. Le château de Queribus quant à lui, petit mais remarquablement conçu, tomba par traîtrise en 1256, gagnant toutefois l'honneur d'être la dernière place cathare à avoir résisté aux croisés; surplombant le village de Cucugnan immortalisé par Daudet, cette vertigineuse construction fut alors réutilisée par une garnison royale qui s'y maintint jusqu'à la toute fin du XVIIe siècle en dépit du rattachement du Roussillon à la France.

Deux «citadelles du vertige»: les anciens châteaux de Peyrepertuse et de Quéribus. A droite: le village de Minerve.

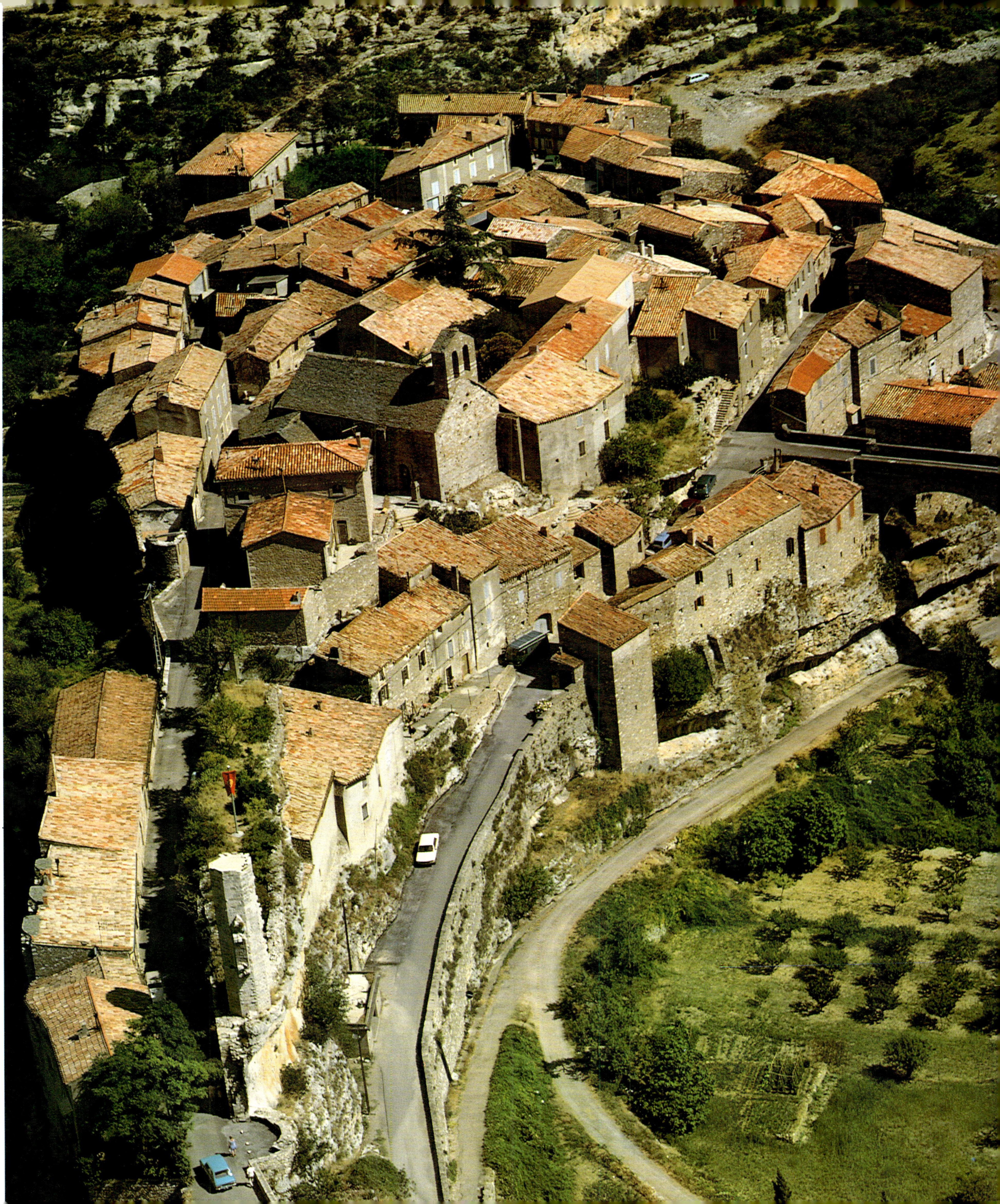

Le village de Cucugnan, rendu à jamais célèbre — ainsi que son curé — par Alphonse Daudet.

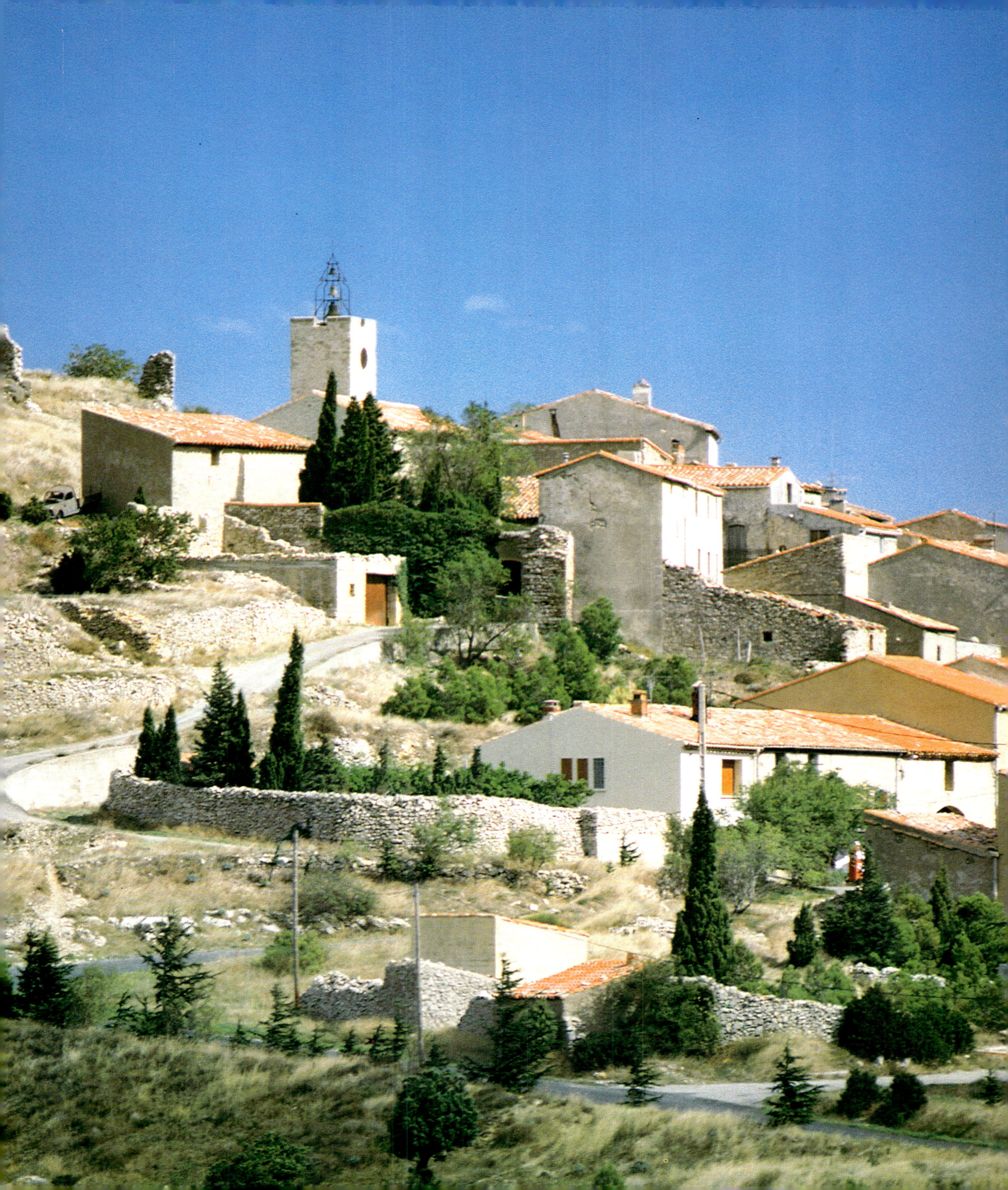

UNE CONQUE OFFERTE AU SOLEIL, LA CERDAGNE

Les géographes n'ont pas toujours eu raison des coutumes locales lorsqu'il s'est agi de tracer la limite entre l'Espagne et la France et les six cents bornes-frontières qui se succèdent le long de la cordillière pyrénéenne s'écartent souvent de la ligne de partage des eaux. Ainsi la Garonne prend-elle par exemple sa source en territoire ibérique, tandis que la Cerdagne, qui draine vers l'Ebre le flot du Sègre, demeure le théâtre d'un imbroglio international assez anachronique : le traité des Pyrénées de 1659 attribua en effet cet ancien comté pour moitié à chaque pays, faisant toutefois de la cité de Llivia et de ses environs une enclave en territoire français, qu'une route neutre relie encore actuellement à l'espagnole Puigcerda...

Sans plus de rapport avec l'histoire qu'avec la géographie, puisque la Cerdagne dans son entier fut au Xe siècle le berceau de l'Etat catalan, cette disposition ne vint à bout de l'unité de ce pays qu'à une date récente. Tout comme se ressemblent, des deux côtés de la frontière, les villages aux toits d'ardoise serrés autour de belles églises romanes, la même civilisation pastorale a coulé de part et d'autre des jours limpides, et le même tourisme revitalise aujourd'hui l'ensemble de la Cerdagne.

Contrée bénie des dieux, la Cerdagne n'attendait qu'une amélioration des liaisons routières et ferroviaires pour s'ouvrir à cette nouvelle orientation économique : le tourisme fut d'abord climatique et lié à la mise en service du toujours vaillant « petit train jaune » entre Villefranche-de-Conflent et Latour-de-Carol, puis vinrent les amateurs de sports d'hiver qui disposent maintenant d'une dizaine de stations. Les derniers découvreurs de la Cerdagne sont les randonneurs qui n'en finissent pas de passer des crêtes granitiques et ensoleillées de la soulane, dans le massif du Carlit, aux majestueuses forêts de pins de l'ombrée, du côté du Puigmal.

On l'a deviné, la soulane et l'ombrée sont les équivalents pyrénéens de l'adret et de l'ubac des Alpes, ces termes traduisant un contraste marqué entre les différents versants, selon leur exposition. C'est ainsi que Font-Romeu doit sa renommée à un emplacement judicieusement choisi sur une soulane protégée des vents du nord, à 1 800 m d'altitude, en lisière d'une forêt. Cette station s'est développée à partir d'un hôtel construit là à la Belle Epoque pour profiter d'un climat exceptionnellement sec et ensoleillé ; elle en a gardé une spécialisation dans le traitement de l'asthme infantile, mais doit son rang de première ville de Cerdagne française au développement des sports d'hiver et du tourisme estival, une vocation que sont venues confirmer d'im-

Les remparts, du XIe siècle, de Villefranche-de-Conflent. A droite, Font-Romeu : maisons anciennes, le « four solaire », le lycée préolympique dans un site dominé par le massif du Carlit. En pages suivantes : a/ pins et champs enneigés à Font-Romeu, avec vue sur le Canigou ; b/ Llo en Cerdagne et son église romane.

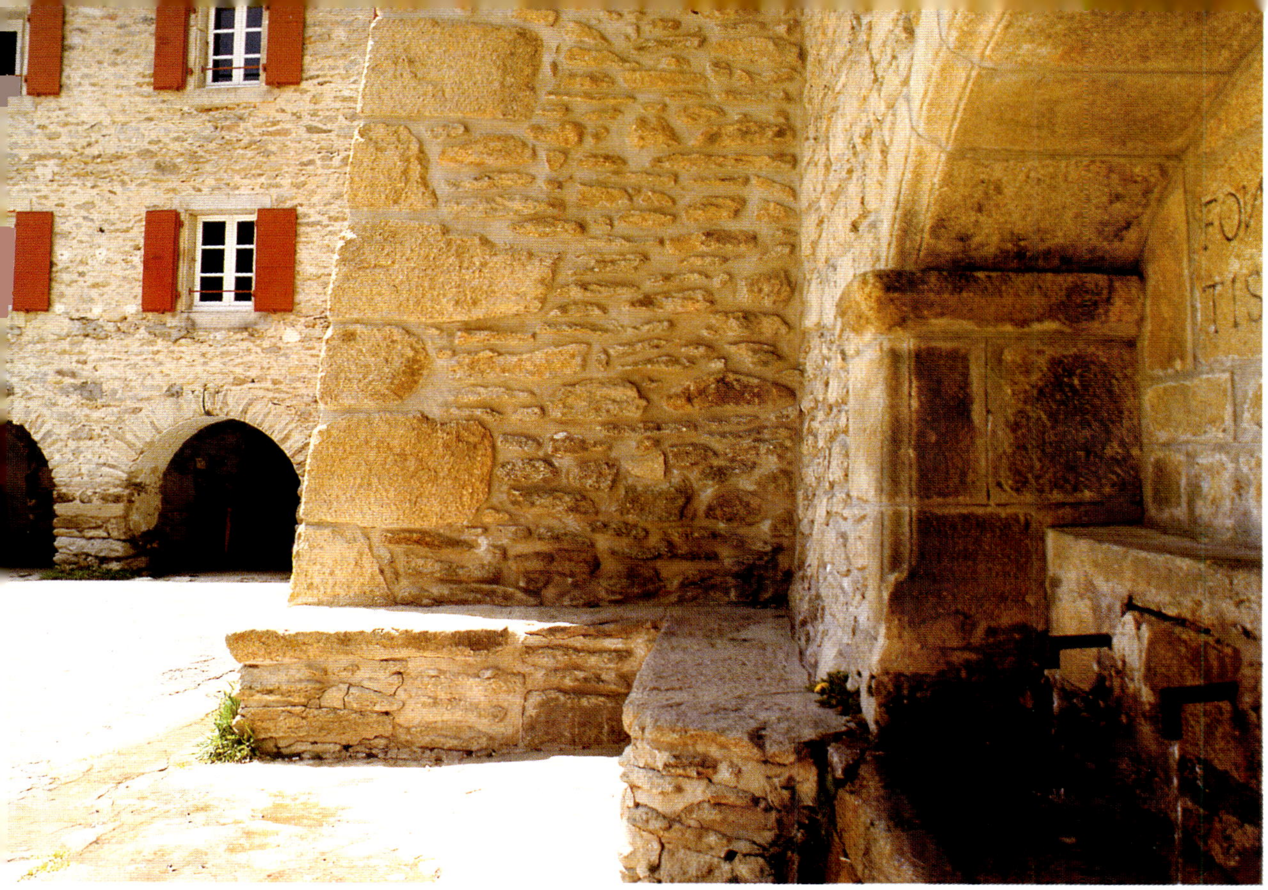
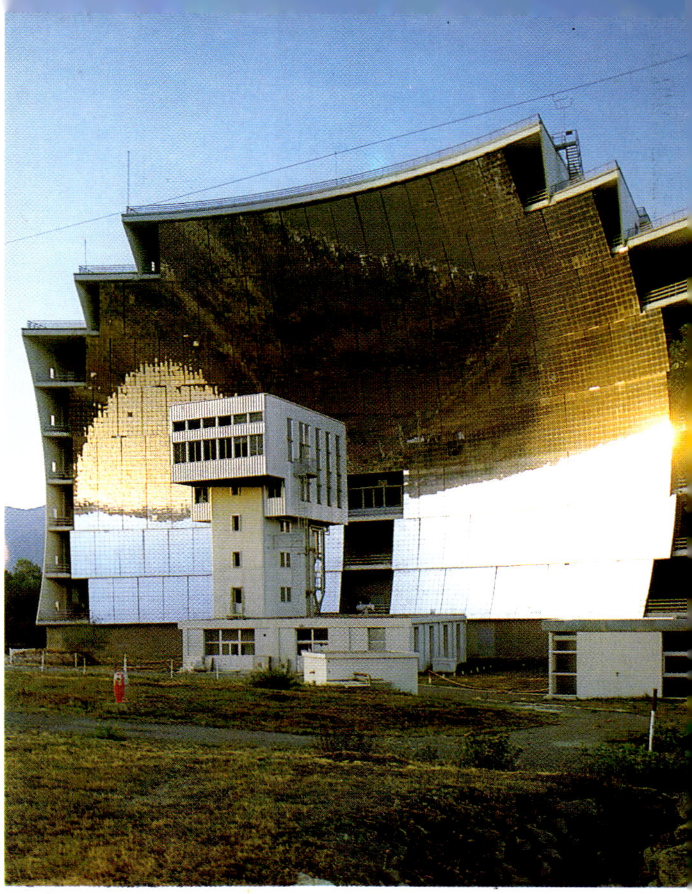
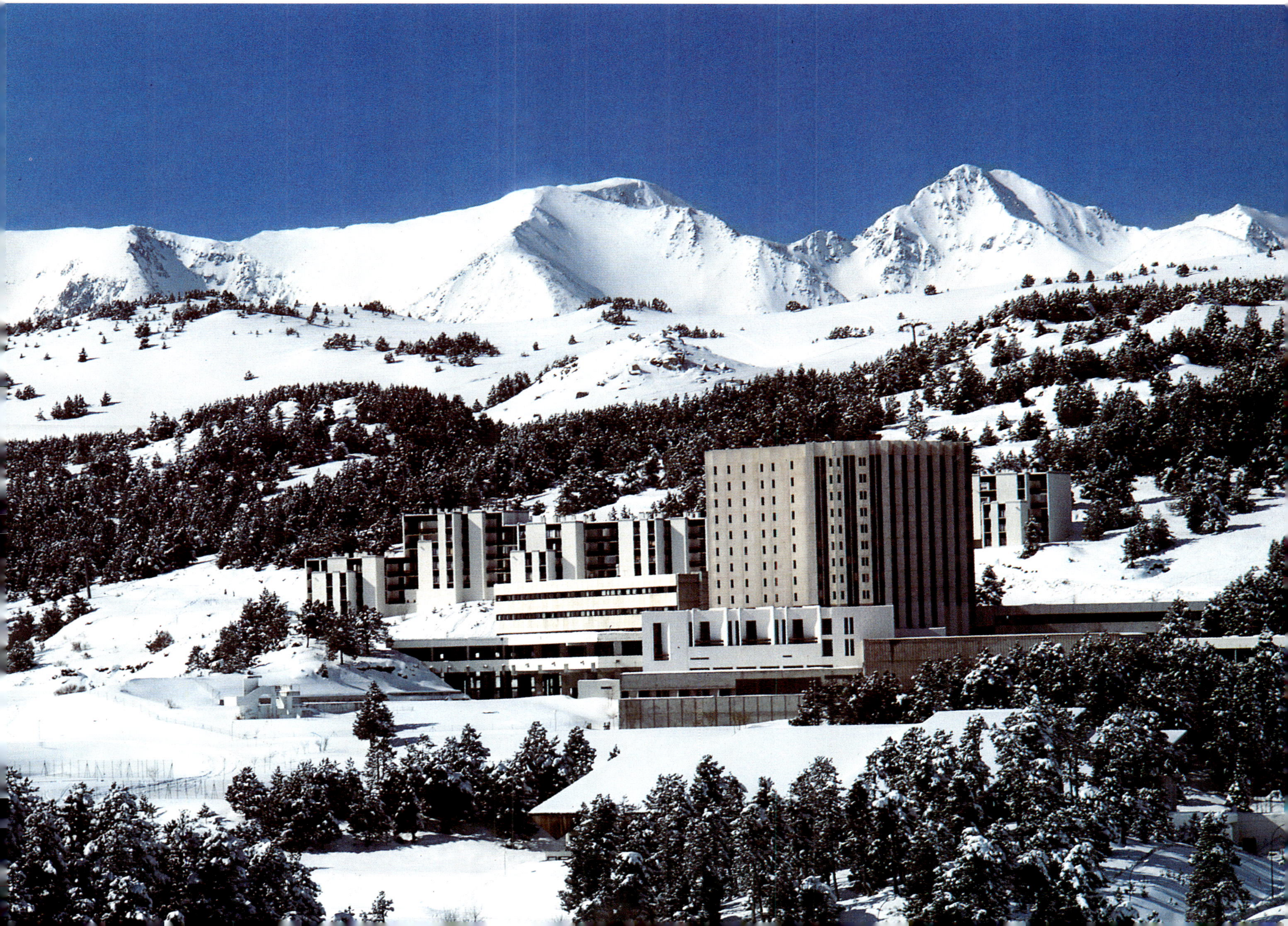

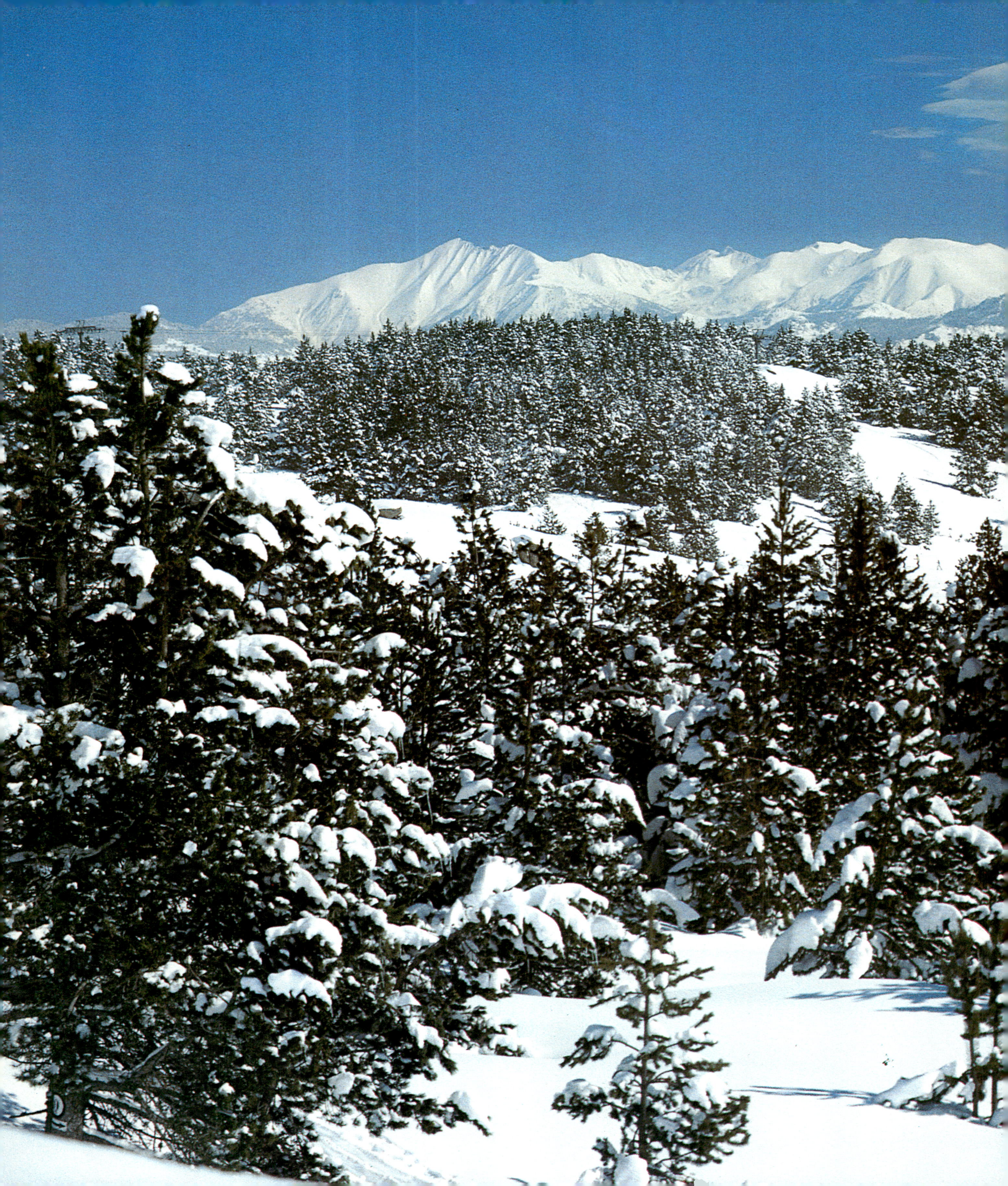

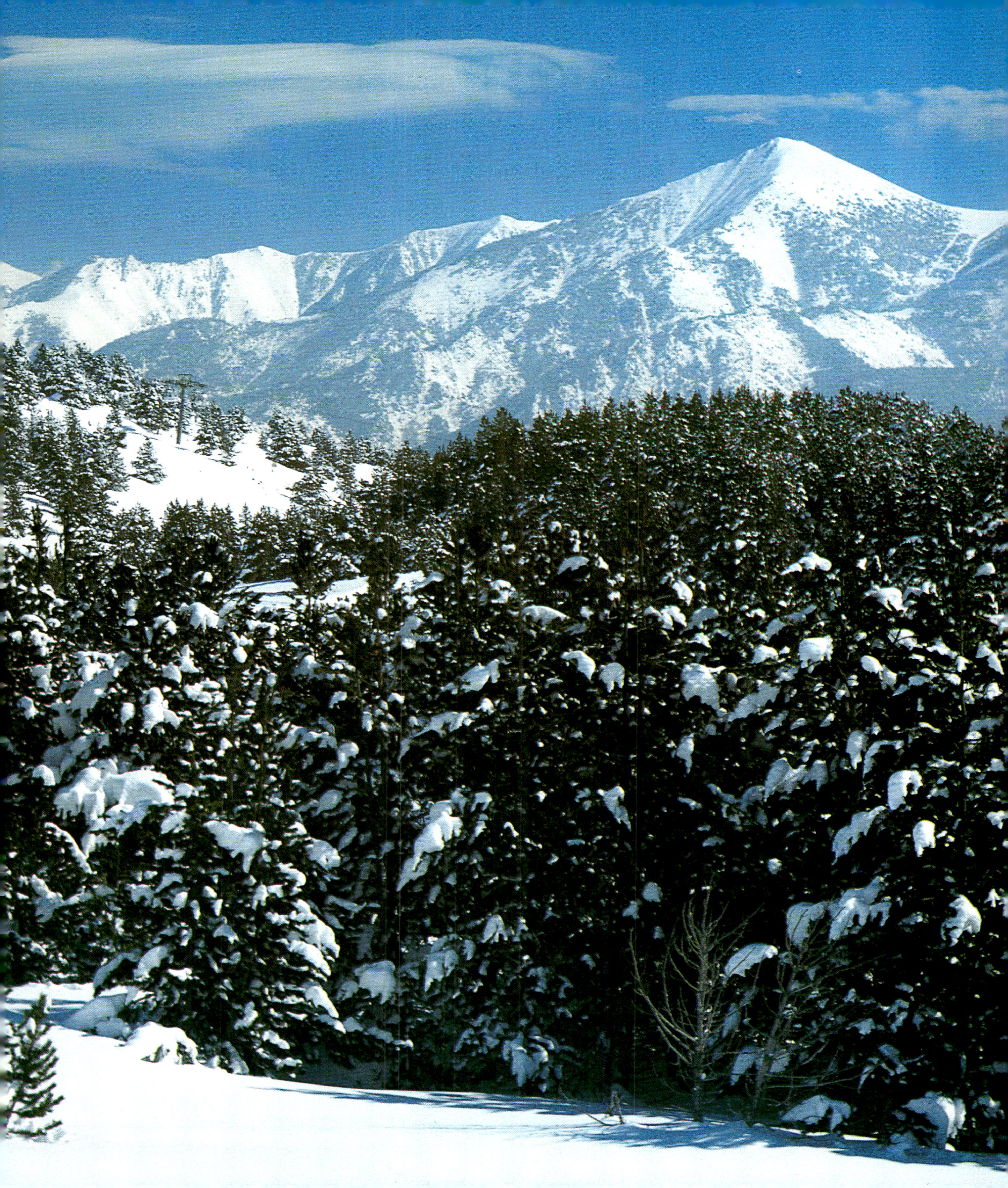

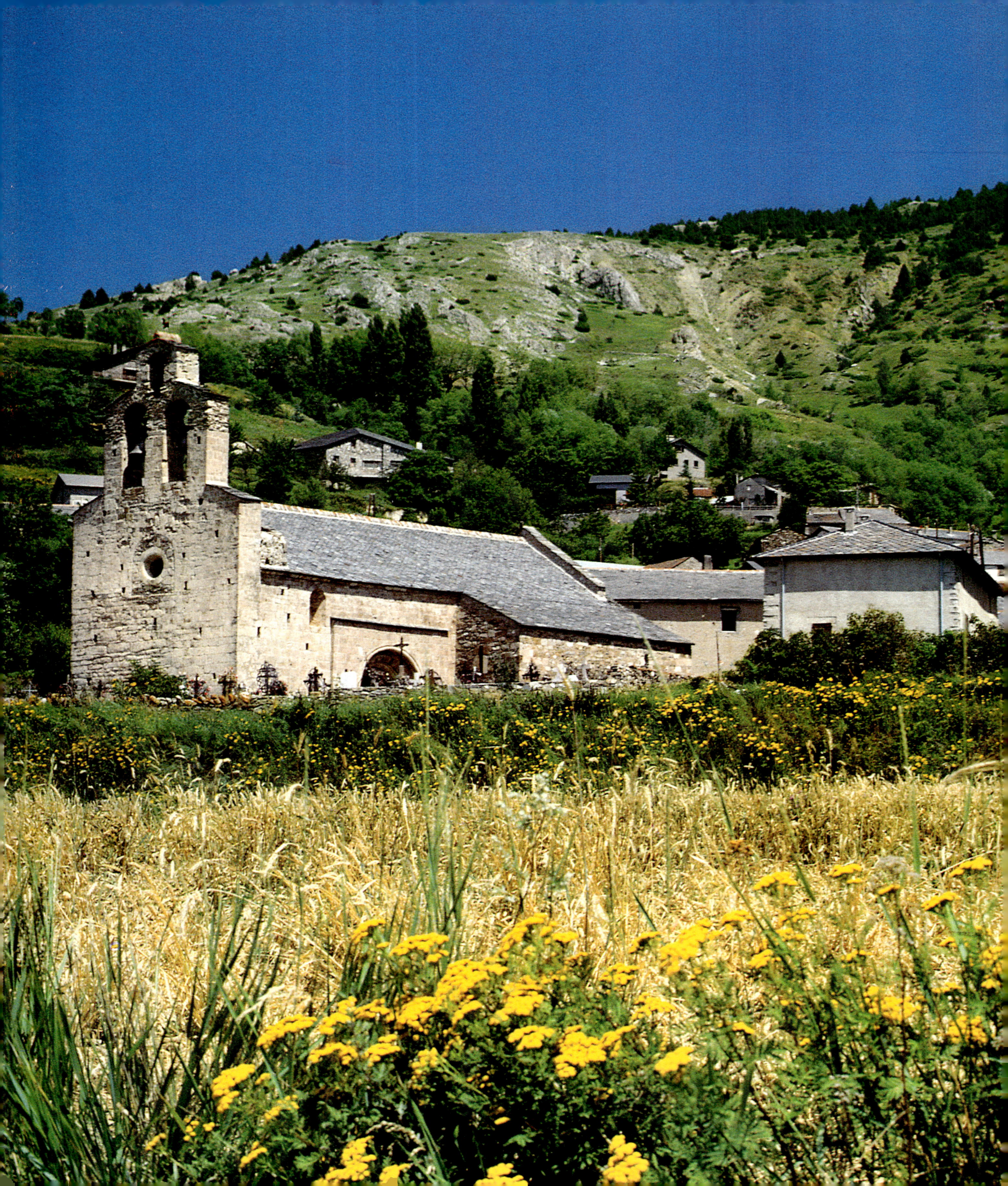

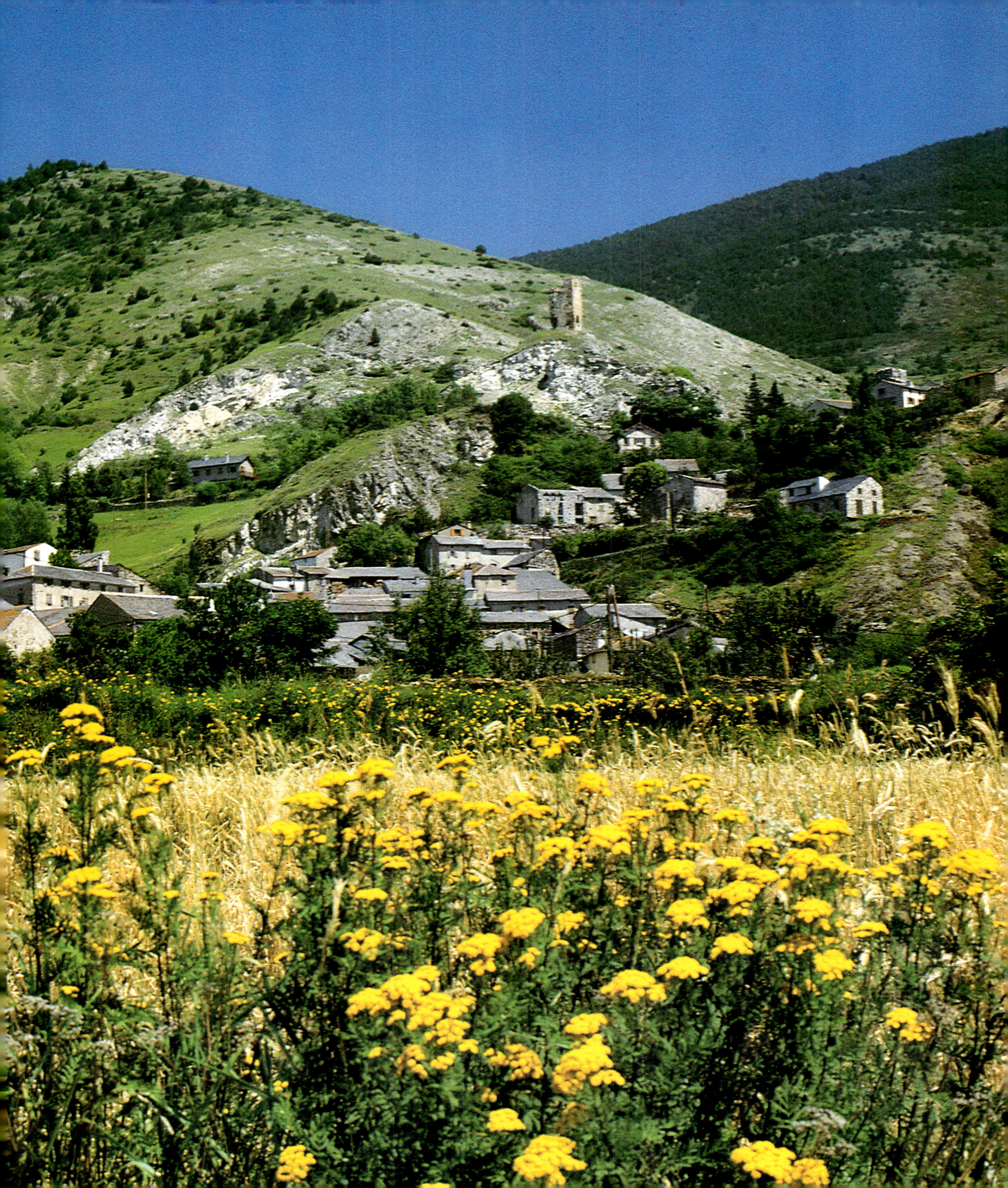

portantes installations sportives préolympiques. Plus récemment, les skieurs épris de neige et de lumière ont vu leur domaine s'élargir avec les stations de Pyrénées 2000 et de Superbolquère, voisines de Font-Romeu.

Au milieu de la forêt qui sépare ces champs de neige émergent les bâtiments de l'ermitage de Font-Romeu, et ce nom qui signifie «fontaine de pèlerin» demeure parfaitement justifié car l'endroit rassemble plusieurs fois par an des milliers de fidèles : à la fin de l'été, ils viennent accompagner la Madone de Font-Romeu dans sa descente vers l'église d'Odeillo, et ils la raccompagnent au printemps près de la source miraculeuse. Outre la statue vénérée, œuvre en bois datée du XIIe siècle, la chapelle abrite un magnifique rétable sculpté en 1707 par Joseph Sunyer, qui est aussi l'auteur du camaril, délicieux petit salon baroque destiné à la Vierge.

D'inspiration espagnole, de tels trésors sacrés ne sont pas rares en Cerdagne où la plupart des églises renferment un somptueux mobilier, les sanctuaires eux-mêmes offrant un remarquable aperçu de l'art roman particulier à la Cerdagne : ainsi l'église de plan triangulaire de Planès, le chevet tréflé de Saint-Martin d'Ur ou le portail de Saint-Fructueux de Llo. Hix, qui fut la résidence des comtes de Cerdagne avant que Puigcerda ne la détrône comme capitale, s'enorgueillit de la plus belle de ces églises, riche, elle encore, d'un Christ en croix et d'une Vierge à l'Enfant du XIIe siècle.

De création beaucoup plus récente puisqu'elle doit son nom à la fille de Louis XVI, Bourg-Madame est la principale cité commerçante de Cerdagne française, mais là est son seul intérêt. Baptisé suivant le même procédé, Mont-Louis rend hommage à Louis XIV et fut créé de toutes pièces par Vauban à la croisée des chemins de la Cerdagne, du Capcir et du Conflent : toujours restées à l'écart des conflits, l'austère cité et sa citadelle n'ont guère changé depuis l'Ancien Régime.

C'est dire combien surprend l'installation dans le cadre des glacis de la forteresse du premier four solaire de la région, imaginé en 1953 par Félix Trombe. Par la suite, le physicien allait tirer encore mieux parti de l'insolente lumière de Cerdagne puisqu'il fut à l'origine du four beaucoup plus puissant de Font-Romeu-Odeillo. Enfin, preuve supplémentaire du climat privilégié de la région, c'est à Targasonne, à quelques kilomètres de là, que fut mis en service en 1977 la centrale solaire expérimentale Thémis.

A cet inventaire déjà bien fourni et à ses montagnes, la Cerdagne ajoute des sites de premier plan comme le chaos de Targasonne, un amoncellement de blocs de granit roulés par les glaciers du quaternaire, comme les gorges de Llo, un défilé où rugit le Sègre, ou encore l'étroite vallée glaciaire du Carol, qui est la voie d'accès au col de Puymorens. Ces curiosités naturelles ont en outre reçu le renfort des grands lacs de barrage de Lanoux et des Bouillouses qui encadrent les sommets du Carlit.

Le célèbre petit train de Cerdagne et l'église de Hix. A droite : fermes et monts de Cerdagne, dans les environs de Font-Romeu; au-dessous : le col du Puymorens, en hiver, et un troupeau dans les mêmes lieux, en été.

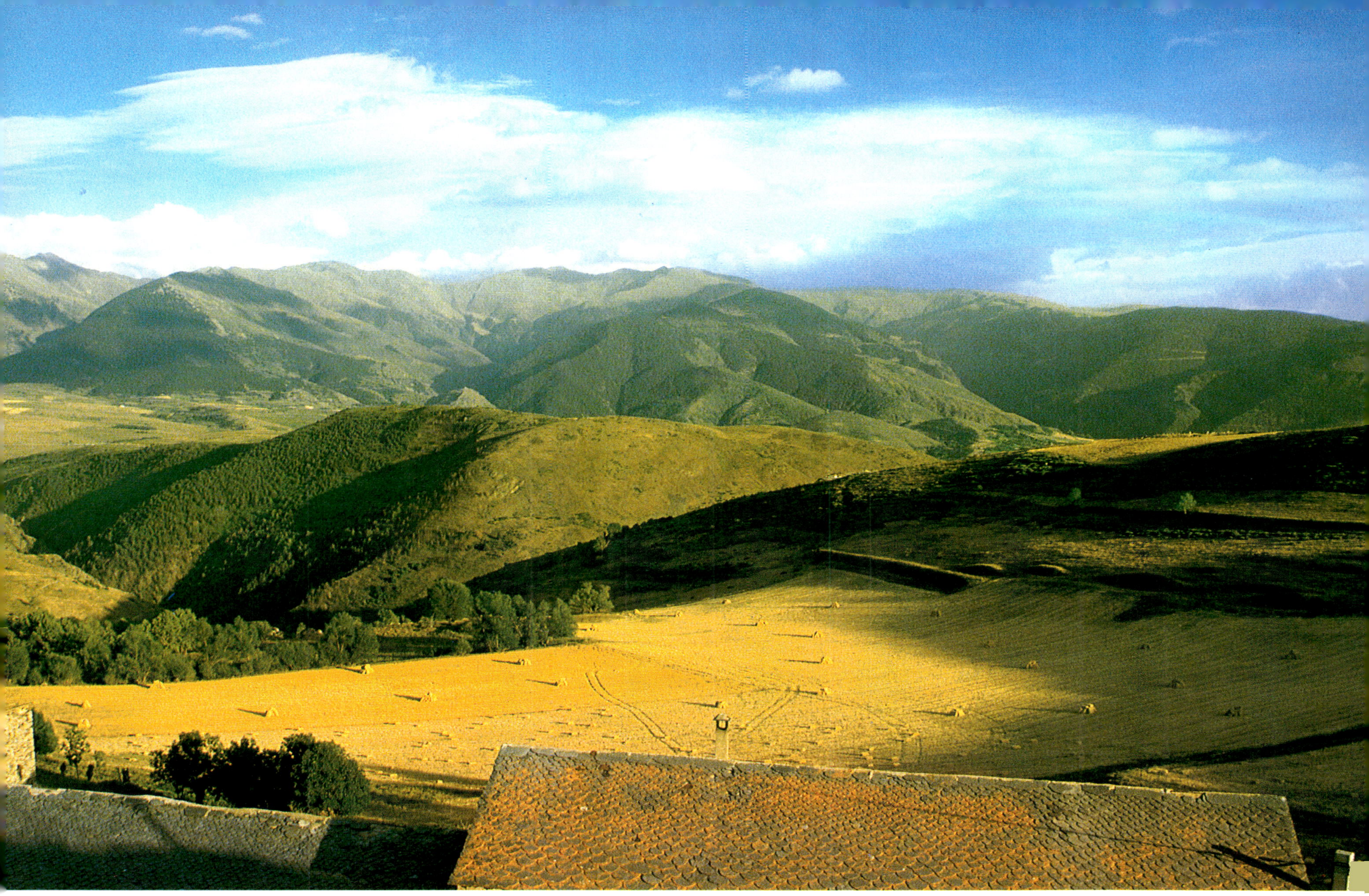

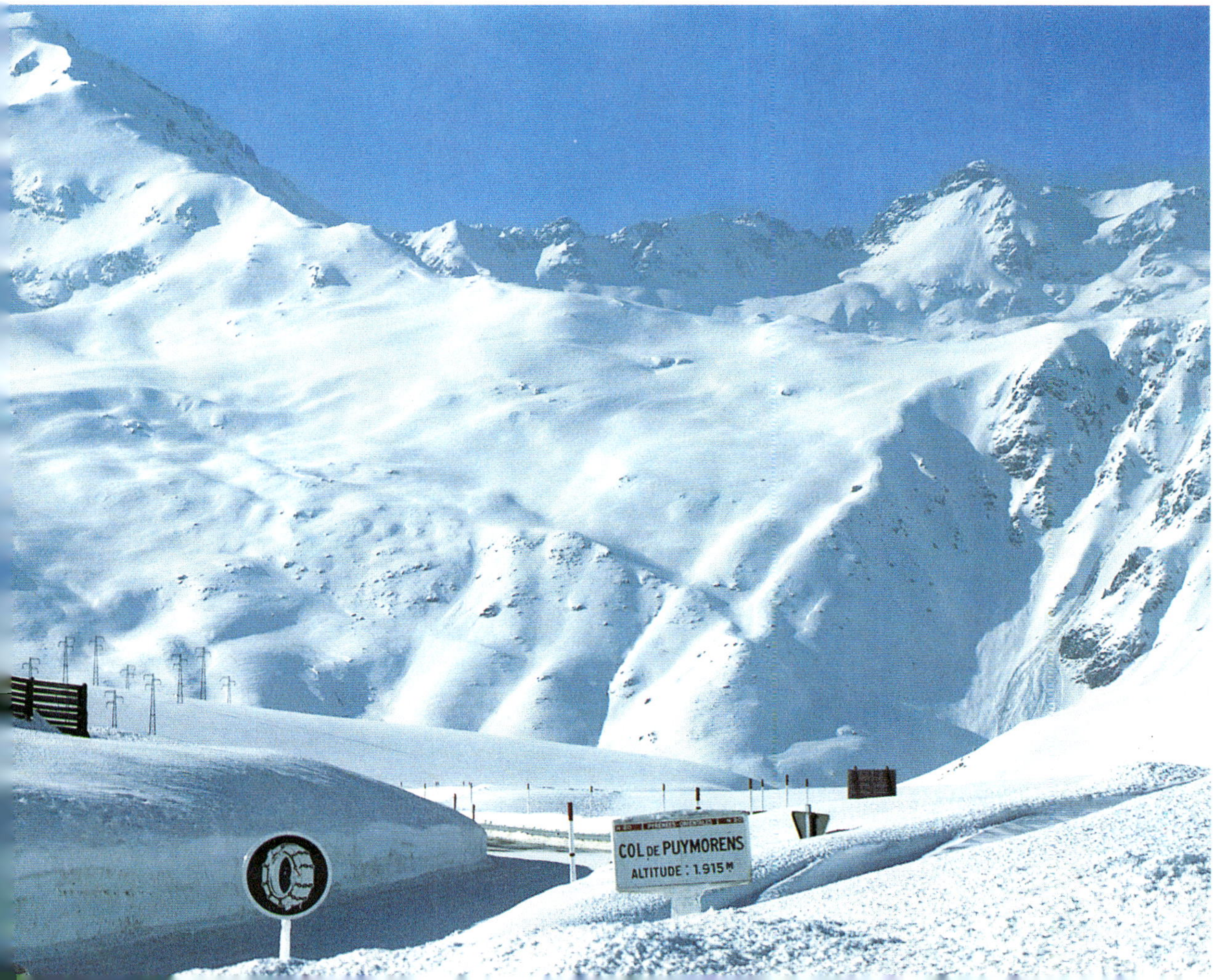
COL DE PUYMORENS
ALTITUDE : 1.915 M

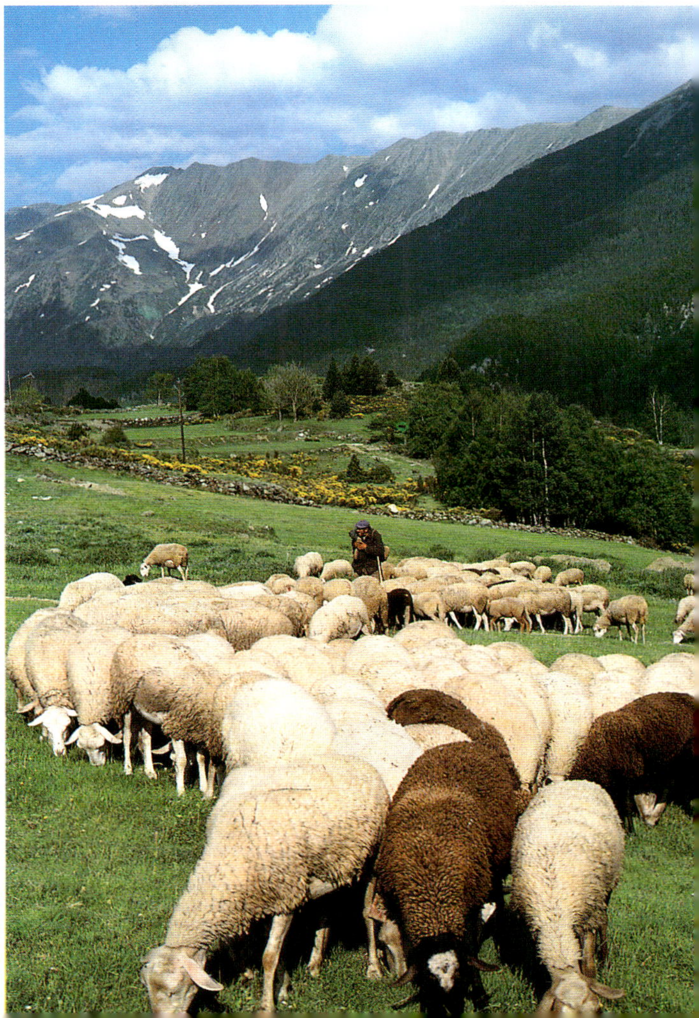

LE CAPCIR ET LE FENOUILLEDES

Les toutes premières longueurs du cours de l'Aude font communiquer la Cerdagne avec le Capcir, un petit pays qui lui fut associé dans l'histoire pour être la clef des plaines du Languedoc. Tous deux ont la même physionomie de bassins largement évasés au cœur de la montagne et seul le modeste col de la Quillane les sépare, mais le Capcir n'a pas reçu en partage la douceur climatique qui fait de la Cerdagne un délicieux jardin d'altitude. En effet, le terrible carcanet venu du nord souffle ici en maître pendant de longs mois et fait une vie si dure que les éleveurs et les forestiers traditionnellement établis là quittèrent en masse leur pays aux temps modernes.

A quelque chose malheur est bon cependant, car le long enneigement du Capcir a favorisé l'installation de stations fort prisées des amateurs de ski alpin et plus encore de ceux qui pratiquent les disciplines nordiques, la région étant sans rivale sur ce plan dans les Pyrénées. La désertification du Capcir n'est donc plus une fatalité, d'autant qu'à la belle saison les adeptes de cette contrée se font de plus en plus nombreux : les villages aux maisons basses bardées de schistes roux demeurent des hâvres de calme, chaque route forestière devient une invitation à la promenade, tandis que le lac de Matemale voit fleurir des voiles multicolores et que le petit aérodrome du col de la Quillane se fait le rendez-vous des amateurs de vol à voile.

Une dizaine de villages montagnards composent le paysage humain du Capcir et dès le IXe siècle Formiguères fit figure de chef de file de ce modeste troupeau. Comme il est de mise dans ces contrées, son église abrite un mobilier remarquable et notamment un grand Christ du XIIe siècle. A l'extrémité septentrionale du Capcir, Puyvalador, «la montagne sentinelle», se targue également d'un rôle historique avec les ruines d'un château fondé en 1192 par le roi Alphonse d'Aragon. Pour le reste, il faut mentionner l'exceptionnel intérêt du mobilier de l'église Saint-Vincent de la Llagonne et la place que tient dans le cœur des habitants du Capcir la discrète chapelle Notre-Dame-de-Villeneuve, très ornée elle aussi. Enfin, la dynamique station de sports d'hiver des Angles vient compléter ce tableau, avec le renfort de Matemale en ce qui concerne le ski nordique.

A l'est du Capcir, deux fleuves côtiers, l'Agly et la Têt, envoient leurs ramifications dans la montagne, chacun d'eux constituant l'ossature d'un pays de moyenne montagne bien individualisé. Autour de l'Agly il s'agit du Fenouillèdes, un terroir cousin des Corbières qui fleure bon les «Côtes de Roussillon», mais où beau-

En haut: le barrage de Puyvalador. Ci-contre: au pied du Canigou, vignes des «Côtes-du-Roussillon»; à droite: le lac de Balcère.

57

coup reste à découvrir dans les marges farouches qui encadrent ces vignobles. De la sorte la tournée des meilleurs crus est l'occasion de recenser toutes les curiosités naturelles de la région, à moins que ce ne soit l'inverse, sans négliger les trésors de civilation qui émaillent un Fenouillèdes décidément prodigue de ses richesses.

Avec la chronologie pour fil conducteur, ce périple commence près des plaines roussillonnaises, à Tautavel, un village qui occupe un cirque dégagé par le Verdouble dans des montagnes arides. Déjà réputé pour ses vins, Tautavel accéda à la célébrité internationale en 1971, quand on exhuma dans la garrigue environnante un crâne humain remontant à 450 000 ans, le plus ancien jamais découvert sur notre continent. Cet «homme de Tautavel», qui ne connaissait pas le feu et se servait tout juste de galets en guise d'outils, a été statufié scientifiquement sur place et au village un musée de la préhistoire fait le point sur nos très lointains ancêtres du Roussillon. Dans le chapitre historique figure ensuite le pont-acqueduc à deux étages que les Romains édifièrent près d'Ansignan et qui est toujours en service, puis la forteresse médiévale de Montalba-le-Château, cadre de nombreuses manifestations culturelles, et plusieurs églises romanes, dont celle de Bélesta présente l'originalité d'être fortifiée.

Si le village de Fenouillet, minuscule et bien caché, a donné son nom à la région, il ne garde de ce passé que les maigres ruines de deux châteaux, et depuis longtemps c'est Saint-Paul-de-Fenouillet qui fait ici office de capitale. La petite cité, qui marqua durablement la frontière de l'Aragon, est aujourd'hui réputée pour ses vins doux naturels et ses biscottins aux amandes; sa fréquentation tient aussi à la proximité de deux sites étonnants creusés par l'Agly dans les escarpements calcaires, les gorges de Galamus au nord et la cluse de la Fou à l'opposé. A ce haut lieu viticole il faut associer le bourg de Maury, renommé aussi pour ses vins doux, qui se blottit sous la silhouette-sentinelle du château de Quéribus, ainsi qu'Estagel, aux bons vins de macabeu et de malvoisie, et accessoirement patrie d'Arago.

A l'image de la citadelle cathare de Quéribus, les points de vue abondent dans le Fenouillèdes, souvent associés à des ermitages : le plus connu d'entre eux est celui de Força Réal d'où l'on embrasse les horizons des Corbières, du Conflent avec le Canigou, mais aussi la plaine, les Albères et la mer. Ce belvédère se trouve à la limite des terrains calcaires formant les reliefs caractéristiques du nord de cette contrée et de l'ensemble granitique qui détermine un haut pays bien différent autour du village de Sournia. Il s'y trouve des landes peuplées de rochers biscornus et de nobles paysages forestiers mêlant sapins, pins et hêtres, avec la futaie d'Aiguebonnes-Boucheville comme fleuron.

En haut : les villages de Tautavel (à gauche) et Belesta (à droite). Ci-dessous : le site de Quéribus, les gorges de Galamus et l'ermitage du même nom, dans les environs de St-Paul-de-Fenouillet.

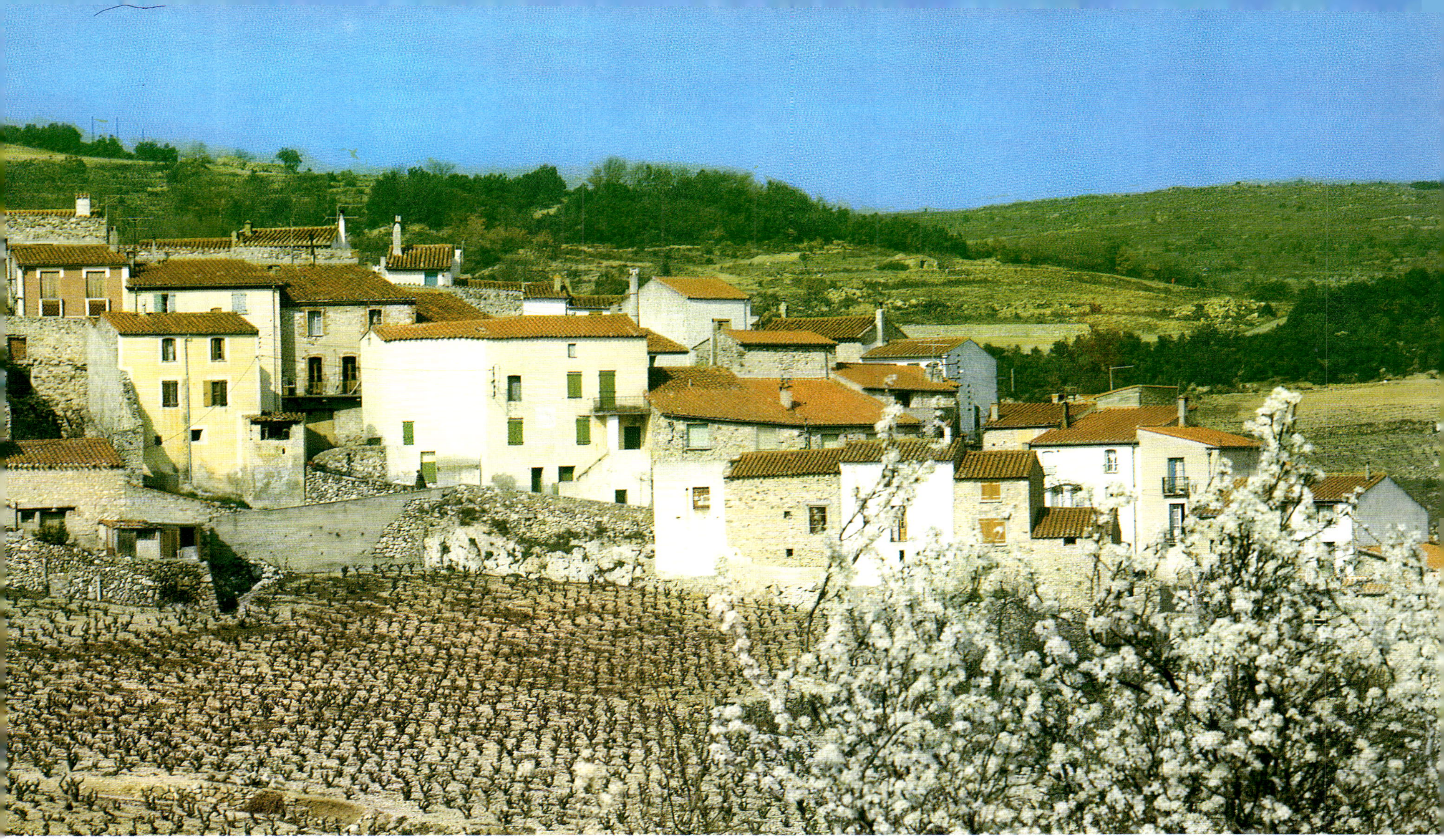

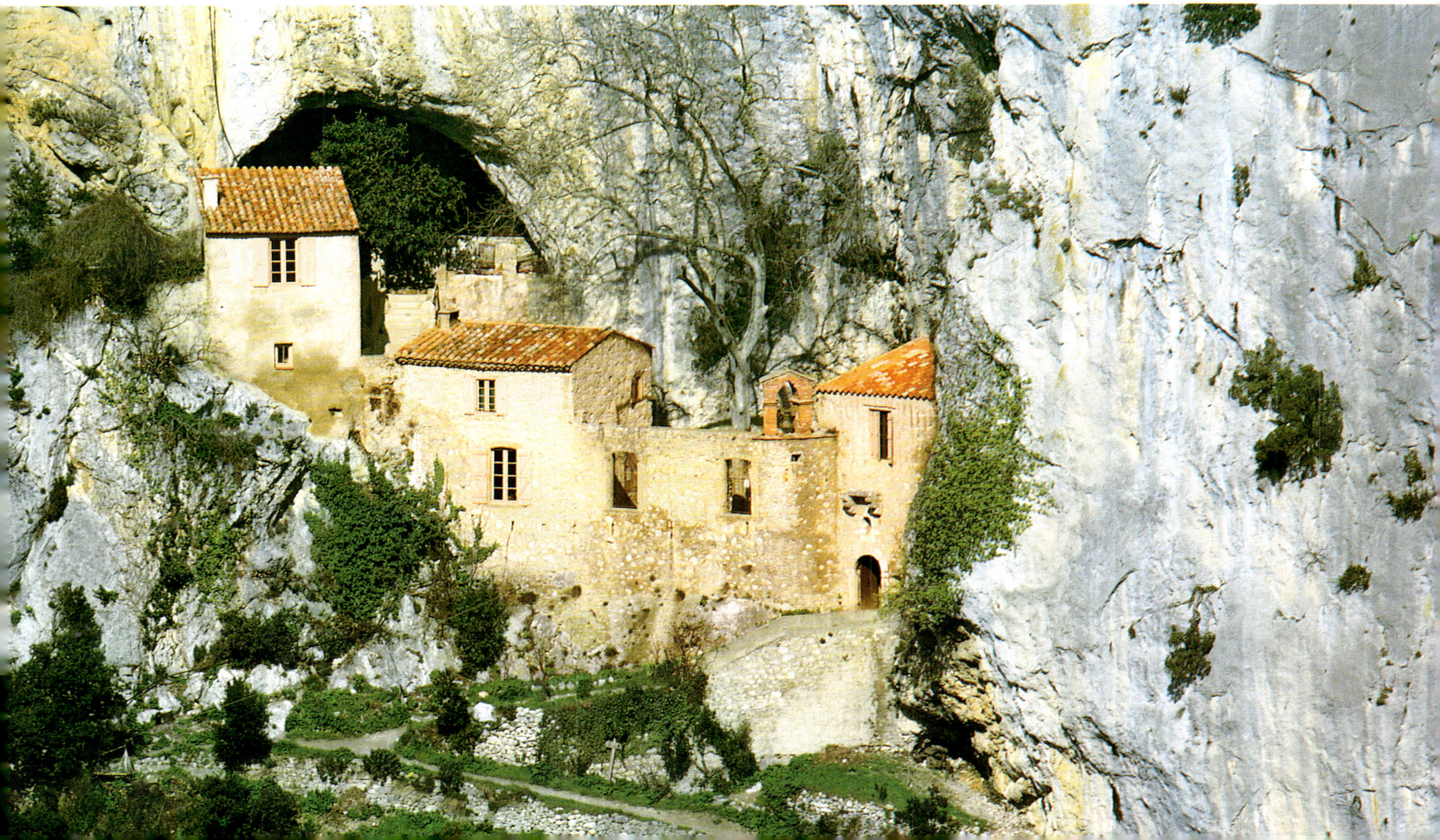

SOUS LES NEIGES DU CANIGOU, LE CONFLENT

Le Conflent est un généreux pays de montagne qui doit son nom et son caractère à la confluence des deux douzaines de rivières venues grossir les eaux de la Têt en amont du col de Ternière. Mariée aux chaleureuses influences de la Méditerranée toute proche, cette abondance de l'eau a permis l'épanouissement dans le bassin supérieur du fleuve d'une civilisation agricole florissante allant de la vigne aux arbres fruitiers et aux cultures maraîchères, tandis que diverses formes d'élevage occupent les hauteurs. Le tout sous la présence à la fois débonnaire et envahissante du Canigou, qui est comme une pyramide sacrée abolissant la frontière aux yeux de l'ensemble des Catalans.

En bonne logique, les principales cités du Conflent se succèdent au fond de la vallée de la Têt, Vernet-les-Bains faisant seul exception pour les besoins du thermalisme. Ayant contrôlé une voie de passage convoitée entre les plaines du Roussillon et la Cerdagne, la plupart de ces bourgades sont fortifiées et établissaient un chapelet défensif qui s'allonge depuis Vinça, la porte du bas, jusqu'à Mont-Louis, le verrou montagnard. Paisiblement installée dans un bassin du milieu de la vallée sur laquelle elle règne, la ville de Prades fait contraste par une tranquille opulence rurale que ne trouble aucun vestige guerrier. A l'écart de cet axe très parcouru, au hasard des vallées secondaires, de charmants villages au tempérament ibérique se perchent ou s'étirent en terrasses autour de petites églises romanes rivalisant pour la richesse de leur décor baroque. Cette petite musique sacrée trouve un final somptueux avec les abbayes de Saint-Michel-de-Cuxa et de Saint-Martin-du-Canigou.

Le Conflent n'a toutefois rien d'une région-musée, comme on le vérifie dès la première de ses cités en aval : Vinça, fière des vestiges de son enceinte Saint-Julien — dont un orgue baroque apprécié des concertistes — est également tournée vers les modernes activités de loisir que lui permet une longue retenue aménagée sur la Têt. Plus haut voisinent les villages fortifiés de Marquixanes et d'Eus, le premier déroulant des remparts près du fleuve et le second, accroché à un éperon de la Soulane, se targuant d'être le plus ensoleillé de France.

Capitale du Conflent, Prades apporte au tourisme une dimension culturelle de la meilleure veine, dans le sillage du festival de musique créé par Pablo Casals; l'impulsion donnée par le violoncelliste catalan, qui avait choisi la ville pour nouvelle patrie après avoir fui le régime fran-

Vernet-les-Bains et le Canigou (ci-dessus); Ille-sur-Têt et le Canigou (à droite). Ci-contre : la Citadelle de Montlouis.

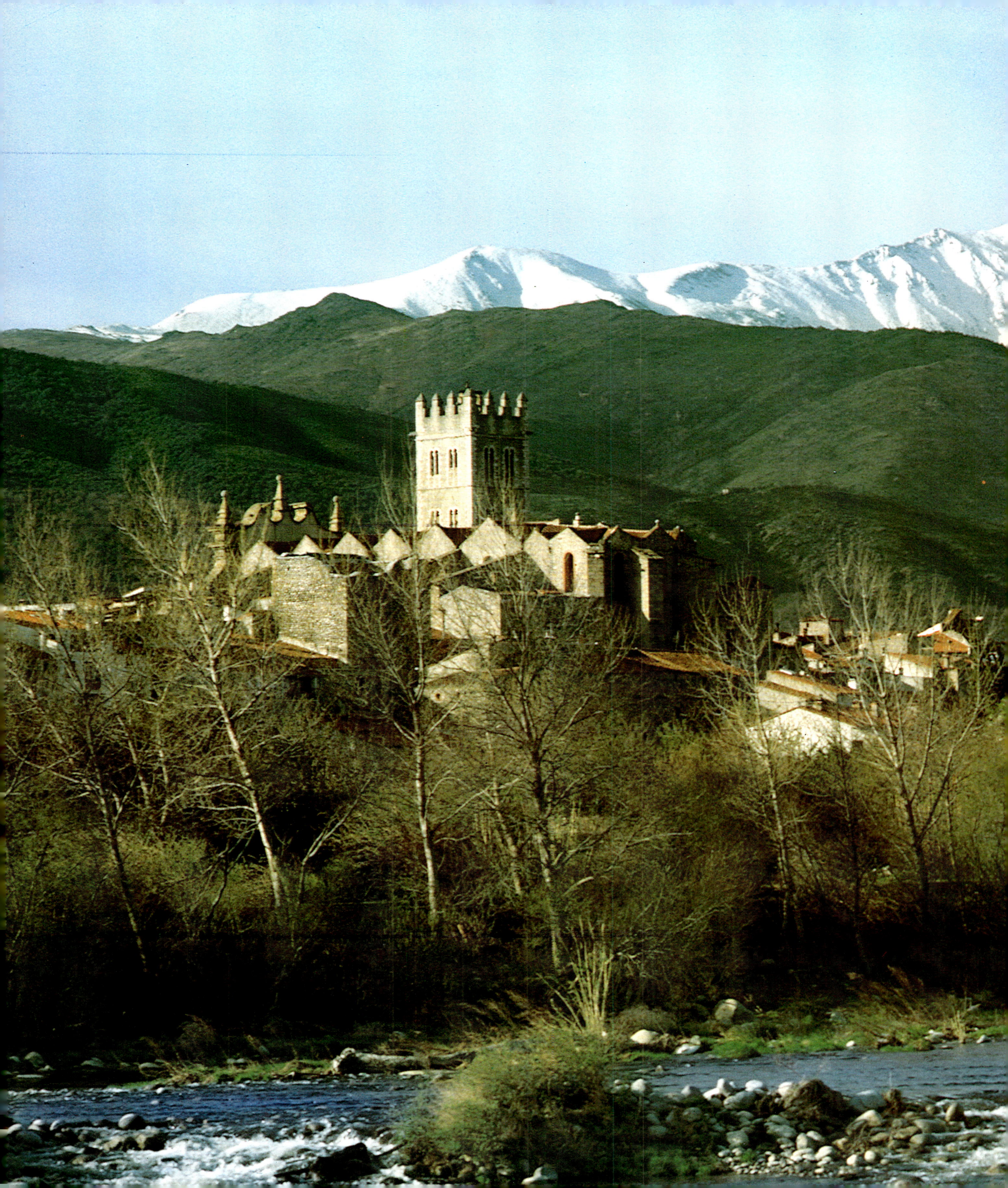

quiste, fut en effet à l'origine de plusieurs manifestations telles que les «Journées romanes» ou les «Rencontres cinématographiques». Le principal monument de la ville est l'église Saint-Pierre, sous les voûtes de laquelle jouèrent tout d'abord les musiciens invités par Casals, avant que ce sanctuaire du XVIIe siècle ne cède la place au décor raffiné de Saint-Michel-de-Cuxa.

La prestigieuse abbaye, située dans un vallon proche de la ville, a retrouvé ainsi une part du rayonnement international qui fut le sien dès sa création au IXe siècle et que les suites de la Révolution avaient annihilé. L'abbaye Saint-Michel-de-Cuxa a été largement restaurée après que ses trésors aient été dispersés et elle est de nouveau vouée à la méditation par la grâce de Bénédictins venus de Montserrat. Celà n'empêche pas d'en voir les plus belles parties, notamment le vaisseau préroman de l'abbatiale, la crypte de la Vierge de la Crèche et le cloître reconstitué.

Sur l'autre rive de la Têt, une route tortueuse mène de Prades à Moligt-les-Bains, une agréable station qui inaugure le volet thermal du Conflent. En effet, avec encore Canaveilles-les-Bains, Thuès-les-Bains et Saint-Thomas-les-

Le marché, à Prades. Ci-dessous: l'abbaye de St-Michel-de-Cuxa. A droite: le village, anciennement fortifié, d'Eus, «le plus ensoleillé de France».

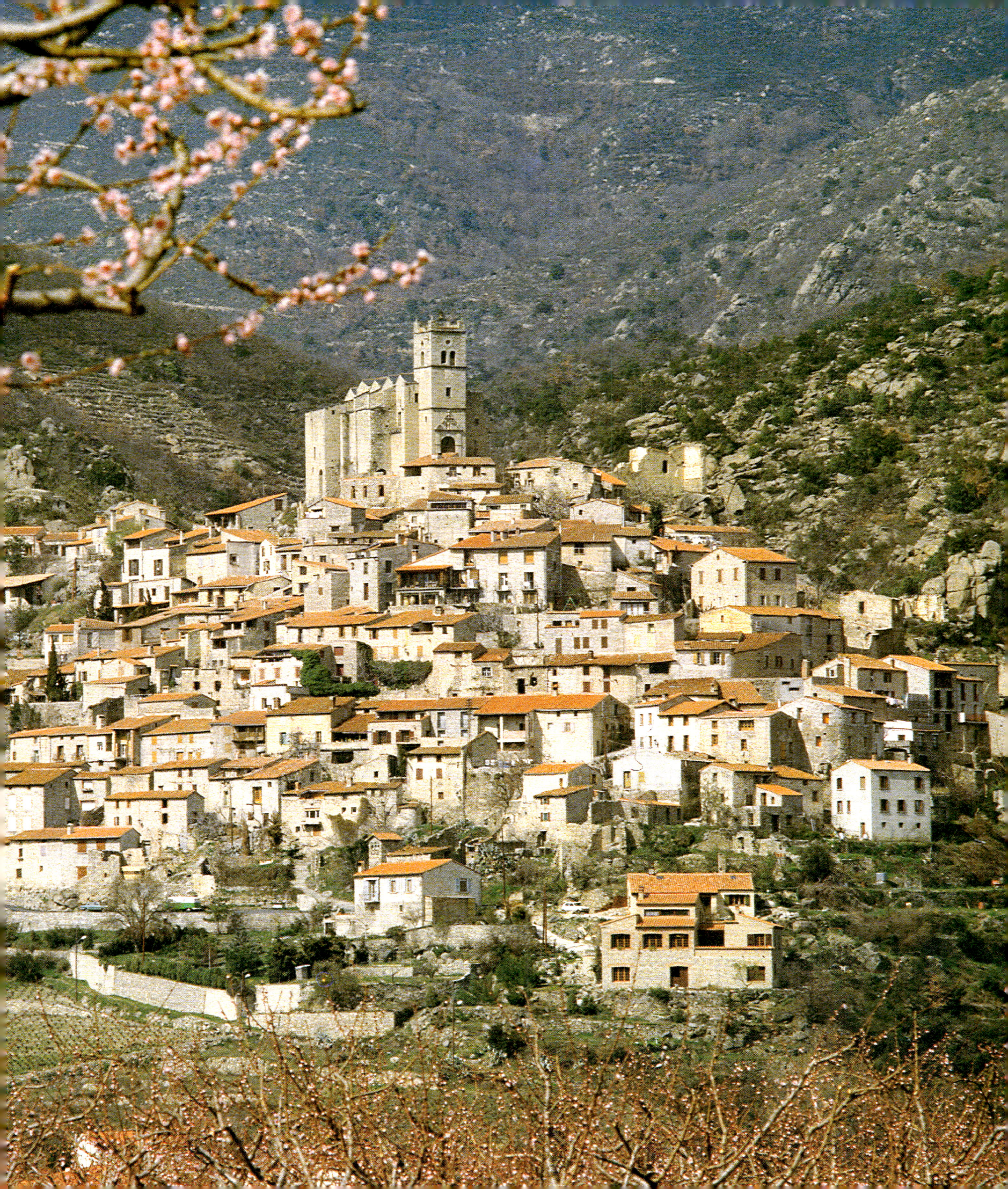

Bains, l'importante et renommée station de Vernet-les-Bains s'entoure de satellites aux qualités complémentaires. Dans ces contreforts du Canigou les sports et les loisirs font aussi partie de la remise en forme et l'on a notamment le choix entre le canoë-kayak, la spéléologie, l'équitation, le ski de fond, la pêche en rivière ou la randonnée.

Les adeptes d'un tourisme plus tranquille n'en sont pas frustrés pour autant car maintes visites s'offrent à leurs pas, deux d'entre elles constituant des étapes obligées. Il s'agit tout d'abord de l'abbaye Saint-Martin-du-Canigou, qui marqua dès l'an mille la naissance du style roman dans un décor montagneux inoubliable. C'est ensuite la ville fortifiée de Villefranche-de-Conflent, établie à peu près à la même époque dans une position très encaissée de la vallée de la Têt.

Moins commode est la découverte du massif du Canigou, car cette montagne-symbole n'a jamais été livrée aux remontées mécaniques ou aux routes carossables. C'est un univers naturel dévolu aux randonneurs à pied ou à ski, qui y disposent de refuges et d'aires de pique-nique. Ainsi savoure-t-on pleinement la montée au plus extraordinaire belvédère de toute la chaîne pyrénéenne car, isolé et culminant à 2784 m, le Canigou révèle aussi bien le Carlit que les Corbières ou les échancrures de la Costa Brava.

A Villefranche-de-Confluent, petite place devant l'église paroissiale; un cadran solaire. A droite: l'abbaye de St-Martin-du-Canigou. En pages suivantes: la même en son site grandiose.

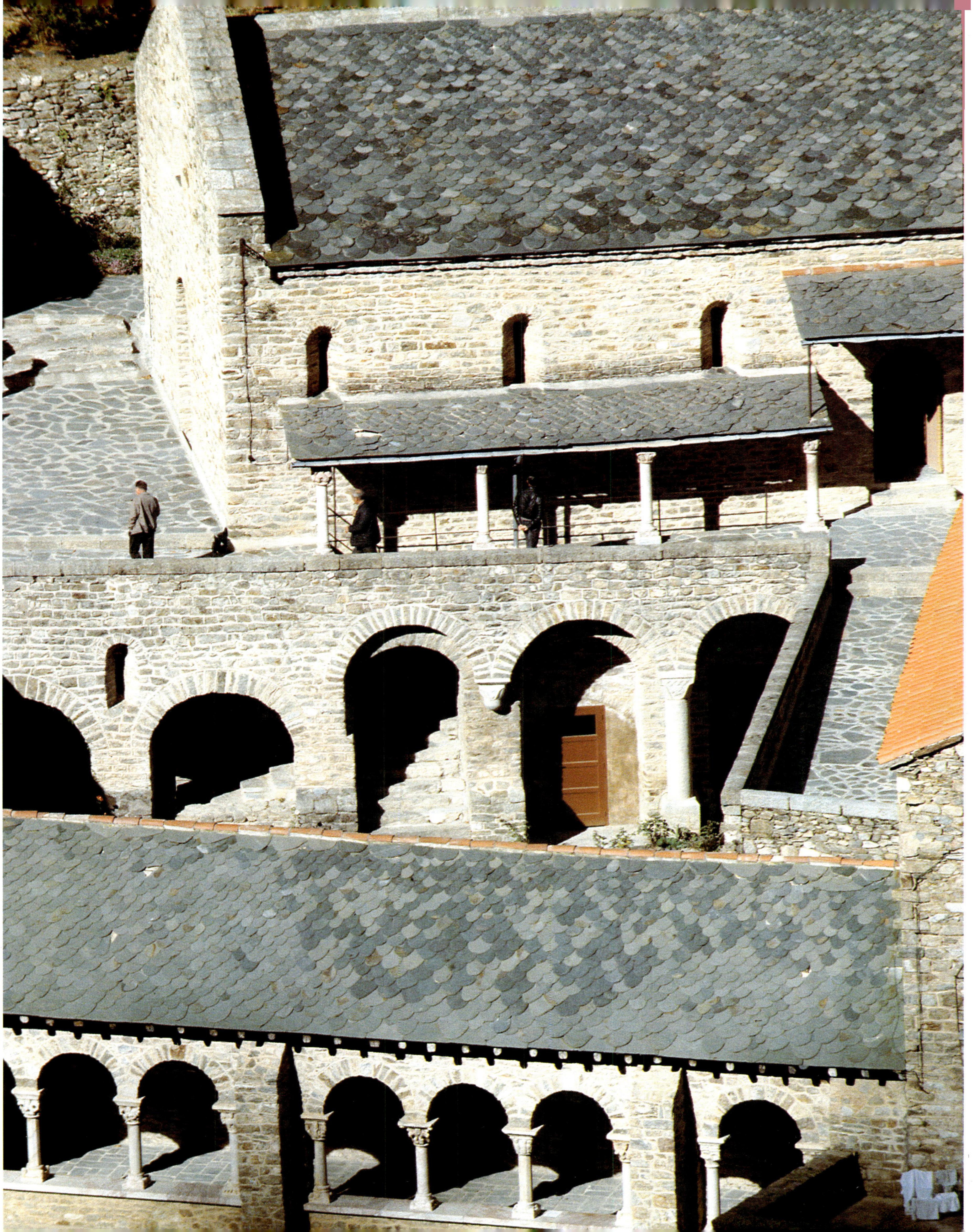

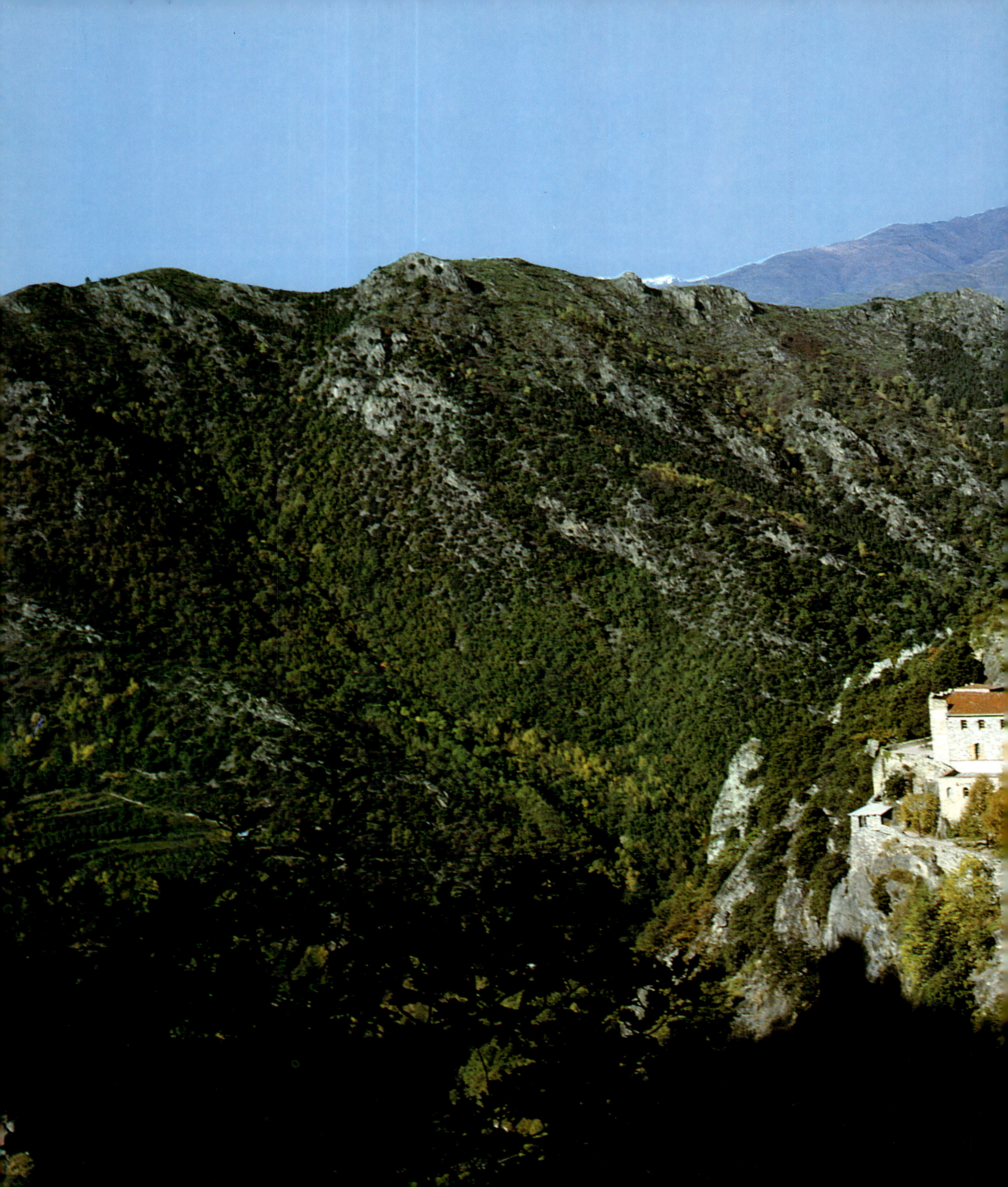

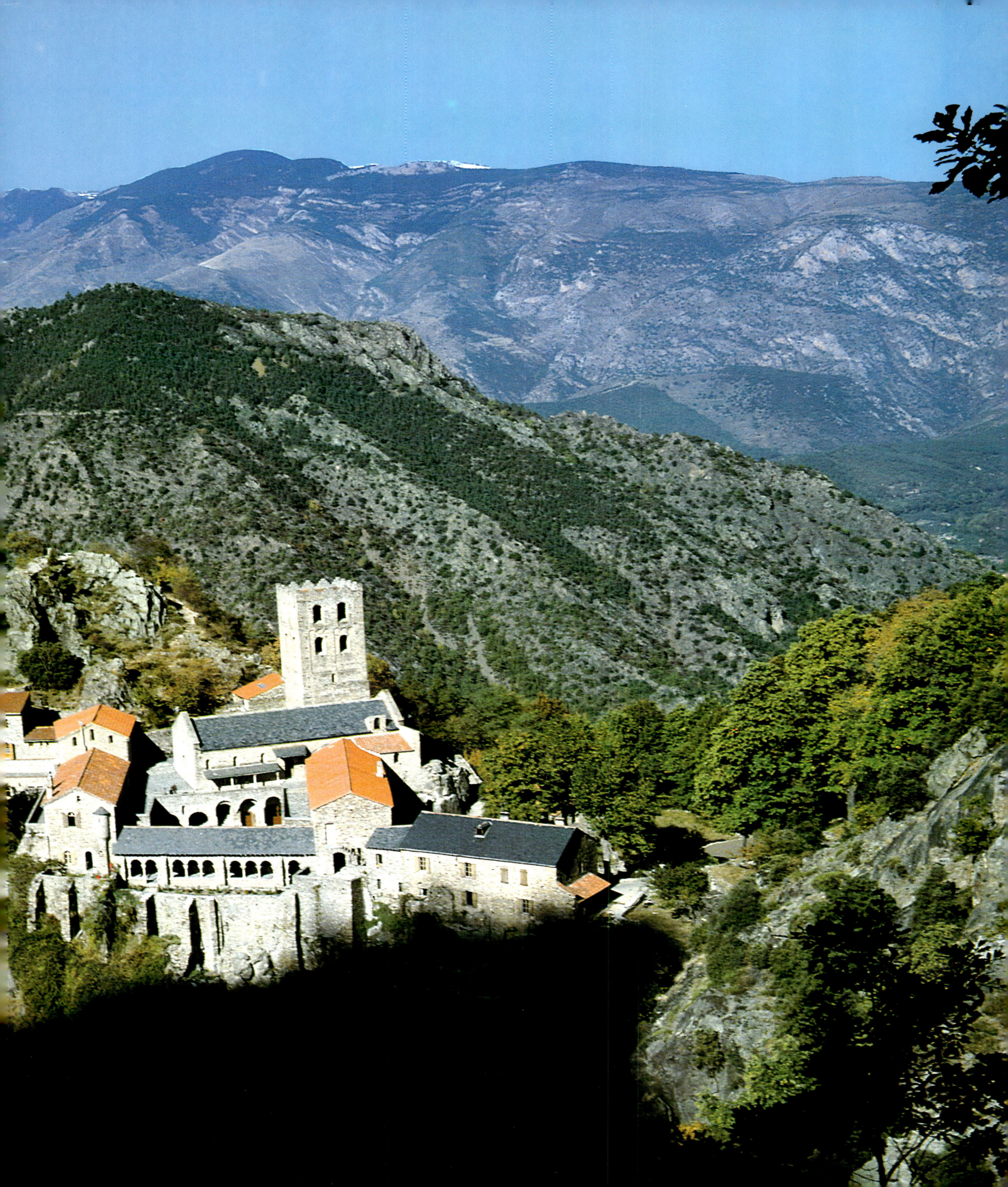

LE VALLESPIR ET LES ALBERES

Des trois fleuves côtiers qui parcourent les Pyrénées-Orientales, le Tech est le plus proche de la frontière et donc du cœur de la cordilière, ce qui accentue d'autant le contraste entre sa vallée supérieure et son parcours dans la plaine roussillonnaise, au contraire de l'Agly et de la

A gauche : le prieuré de Serrabone (XIe siècle). Au-dessous : le château féodal de Castelnou et ses fortifications. Ci-dessus : les toits du village de Castelnou. En pages suivantes : l'église et le site de Fontcouverte, depuis Castelnou.

Têt. En effet, si les vergers en terrasses sont encore présents autour du Céret, en amont le Tech et ses affluents ont ciselé des reliefs vigoureux qui sont à l'origine du nom de la région où ils cascadent, le Vallespir, autrement dit la vallée escarpée.

Longtemps préservée en raison de l'impossibilité de tracer des routes carrossables, la civilisation traditionnelle du Vallespir associait l'élevage et une exploitation forestière répondant aux besoins du bas pays, depuis l'alimentation des forges catalanes traitant le minerai local jusqu'à l'approvisionnement des viticulteurs en bois de châtaigniers pour les piquets et les tonneaux ou en liège pour les bouchons. Depuis le temps du mulet et des contrebandiers bien des choses ont changé en Vallespir, mais le folklore y est encore vivace autour du symbole catalan de la sardane, et si l'exode rural a vidé les hauteurs, le tourisme est en train de renverser la tendance, tandis qu'une activité industrielle non négligeable anime toujours la vallée.

Deux ensembles montagneux encadrent le Vallespir sans vraiment le couper des régions environnantes, les Albères du côté de la frontière et de la plaine d'Ampurdan et des Aspres vers le Conflent. Ce dernier relief est un piémont schisteux du Canigou où se mêlent garrigues et couverts de chênes-lièges, vergers et vignobles, châteaux et sanctuaires. Ce pays de silence et de lumière est ponctué de villages perchés et d'ermitages qui sont autant de balcons sur la plaine et les Corbières; au nombre de ses hauts lieux figurent Thuir, la capitale des apéritifs aromatisés ou à base de vins doux naturels, le prieuré de Serrabone, d'un abord sévère mais qui abrite un riche décor de marbre, ou encore le village fortifié et le château de Castelnou.

Le long des Albères, la crête-frontière par laquelle les Pyrénées se donnent à la Méditerranée, la montagne est granitique et plus massive, jalonnée de tours à signaux du Moyen Age et de fortins plus récents et couverte dans sa partie supérieure de forêts aux essences étonnamment variées. Aux approches de la mer, cette végétation passe par le stade intermédiaire de la garrigue de cistes avant l'omniprésence des vignobles de Banyuls. Le sommet principal des Albères est le pic Neulos dont les 1256 m suffisent à faire un balcon de choix duquel la vue porte du golfe de Rosas jusqu'aux Corbières.

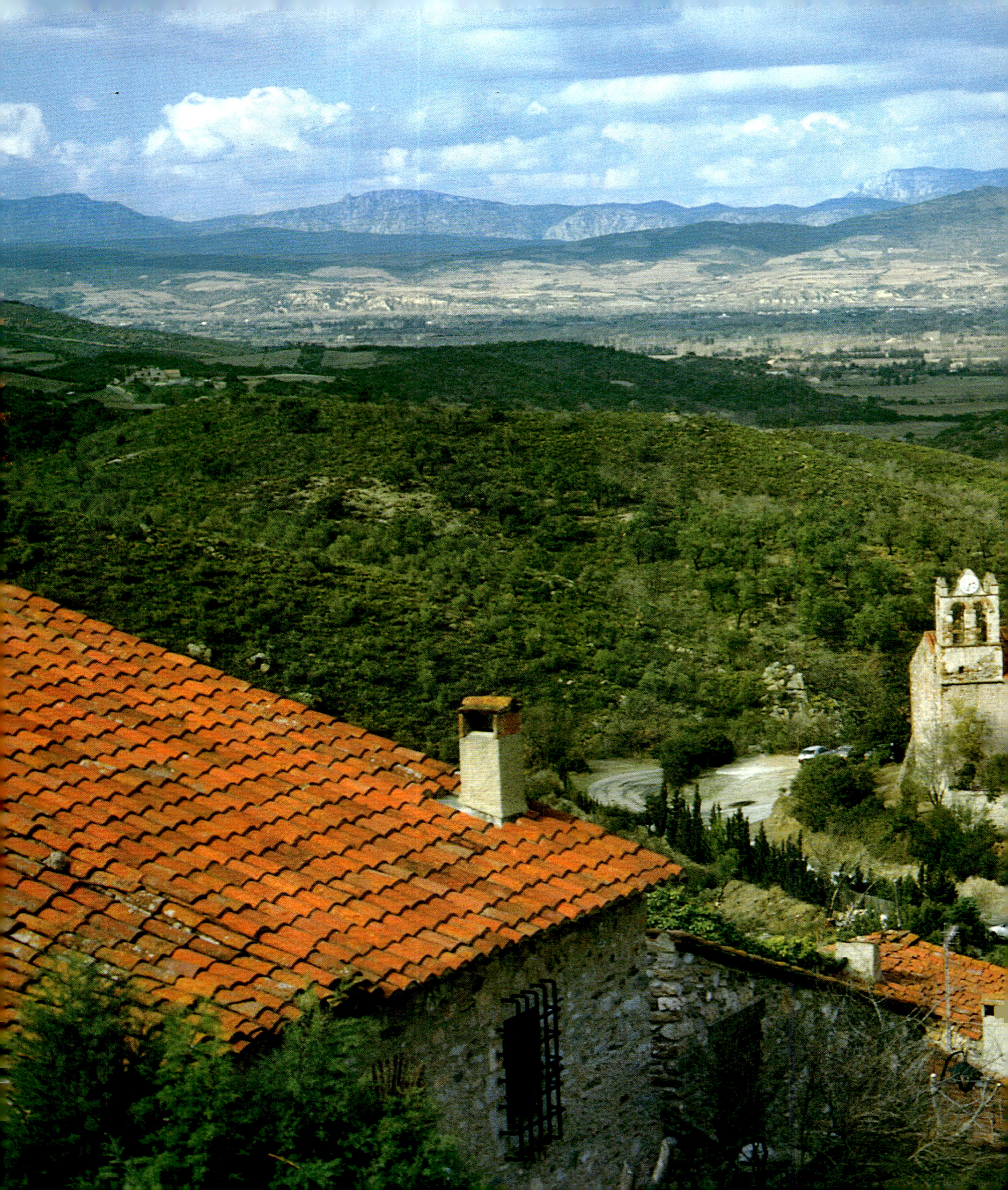

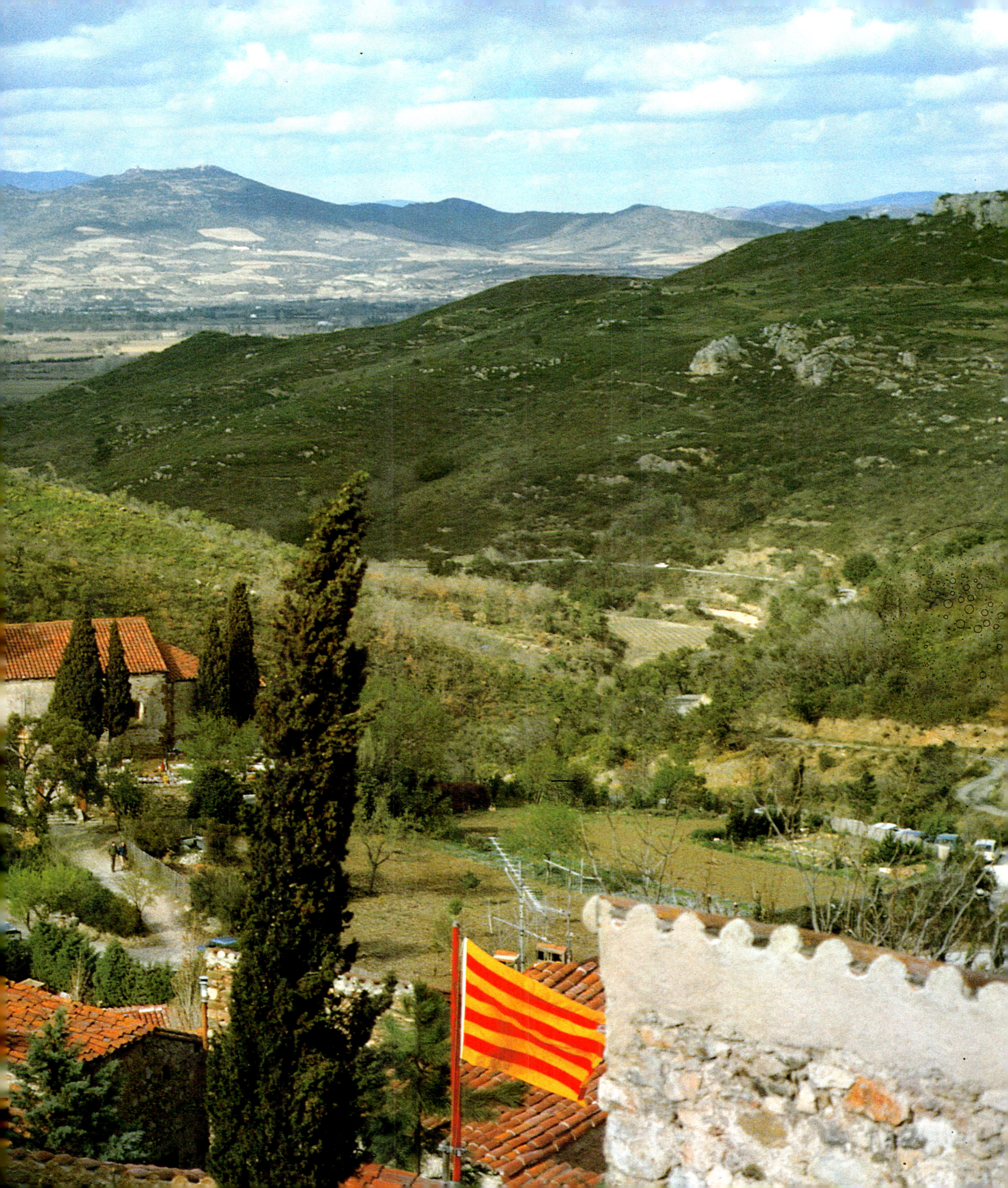

Bien que Céret soit la porte historique du Vallespir, de nos jours ce rôle est repris par le Boulou, qui se trouve à la fois au débouché de la vallée et sur la route — et l'autoroute — menant au Perthus, ce caravansérail des temps modernes. Animée par un important flot touristique, la petite ville n'en perpétue pas moins une double tradition en se consacrant à la fabrication des bouchons de champagne et en accueillant les curistes dans ses thermes. En remontant le Tech l'on s'engage dès lors vers les communes les plus méridionales de France, ce qui se traduit bientôt pas des panneaux proclamant Céret «capitale de la cerise».

Réputée pour ses primeurs, Céret a d'autres titres à faire valoir puisqu'elle est aussi la «Mecque du cubisme» et la «capitale de la sardane». La cité catalane joue il est vrai un rôle culturel prestigieux avec une histoire artistique où se bousculent les noms de Picasso, Matisse, Saint-Saëns, Cocteau, Dufy, Chagall, Braque, Juan Gris ou Max Jacob, sans compter Déodat de Séverac, enfant adoptif du pays. Les festivals de sardane de Céret et son remarquable musée d'Art moderne maintiennent bien vivante cette fructueuse rencontre entre les peintres, les musiciens et l'attachant morceau de Catalogne que constitue le Vallespir.

L'étape suivante fait s'enfoncer dans le vif du pays où l'étroite vallée du Tech voit s'allonger la station d'Amélie-les-Bains : ce nom hérité de l'épouse de Louis-Philippe ne doit pas masquer une réalité thermale remontant bien au-delà de l'époque romaine souvent citée en la matière, puisque les hommes préhistoriques furent les premiers à vénérer ces sources chaudes et sulfurées. A partir des jardins méditerranéens de la station de nombreuses promenades permettent d'explorer la montagne et notamment les spectaculaires gorges du Mondony.

En amont, ce Haut-Vallespir est illustré par Arles-sur-Tech, qui est dépositaire des traditions religieuses et folkloriques de la région. La cité s'enorgueillit en effet de la belle abbatiale Sainte-Marie que flanque un cloître non moins remarquable et elle est le cadre de manifestations aussi diverses que la procession du Vendredi saint ou la fête de l'Ours, éminemment profane puisque les ethnologues en situent l'origine à la préhistoire. A Arles-sur-Tech, la tradition passe également par la fabrication de tissus catalans et par une gastronomie pleine de bonnes surprises.

Au-delà, le fleuve resserre un peu plus sa vallée qui conserve les cicatrices de la terrible inondation d'octobre 1940 et les richesses monumentales sont à chercher dans les sanctuaires des villages de montagne comme Coustouges, Serralongue, Montferrer ou Corsavy. Avant de s'engager dans ce défilé, le Tech coule plus paisiblement au milieu des pâturages proches de sa source et là se tient Prats-de-Mollo, pittoresque cité catalane d'altitude dont Vauban rénova les remparts pour contrôler la vieille voie de passage du col d'Arès.

Une ancienne fontaine, à Céret, et le vignoble voisin (ci-dessus) avec vue sur le Canigou. A droite, en haut : le cloître d'Arles-sur-Tech; au-desssous : vue de Serralongue.

72

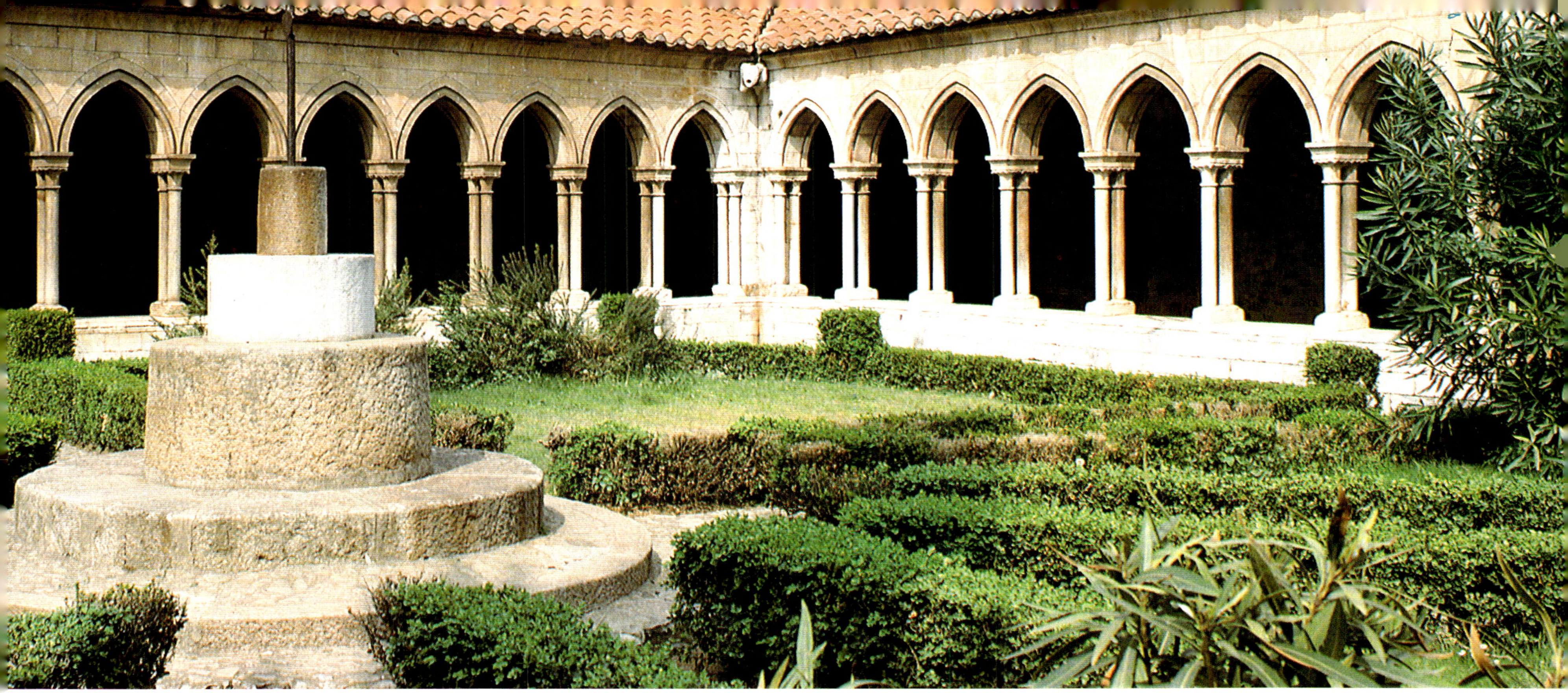

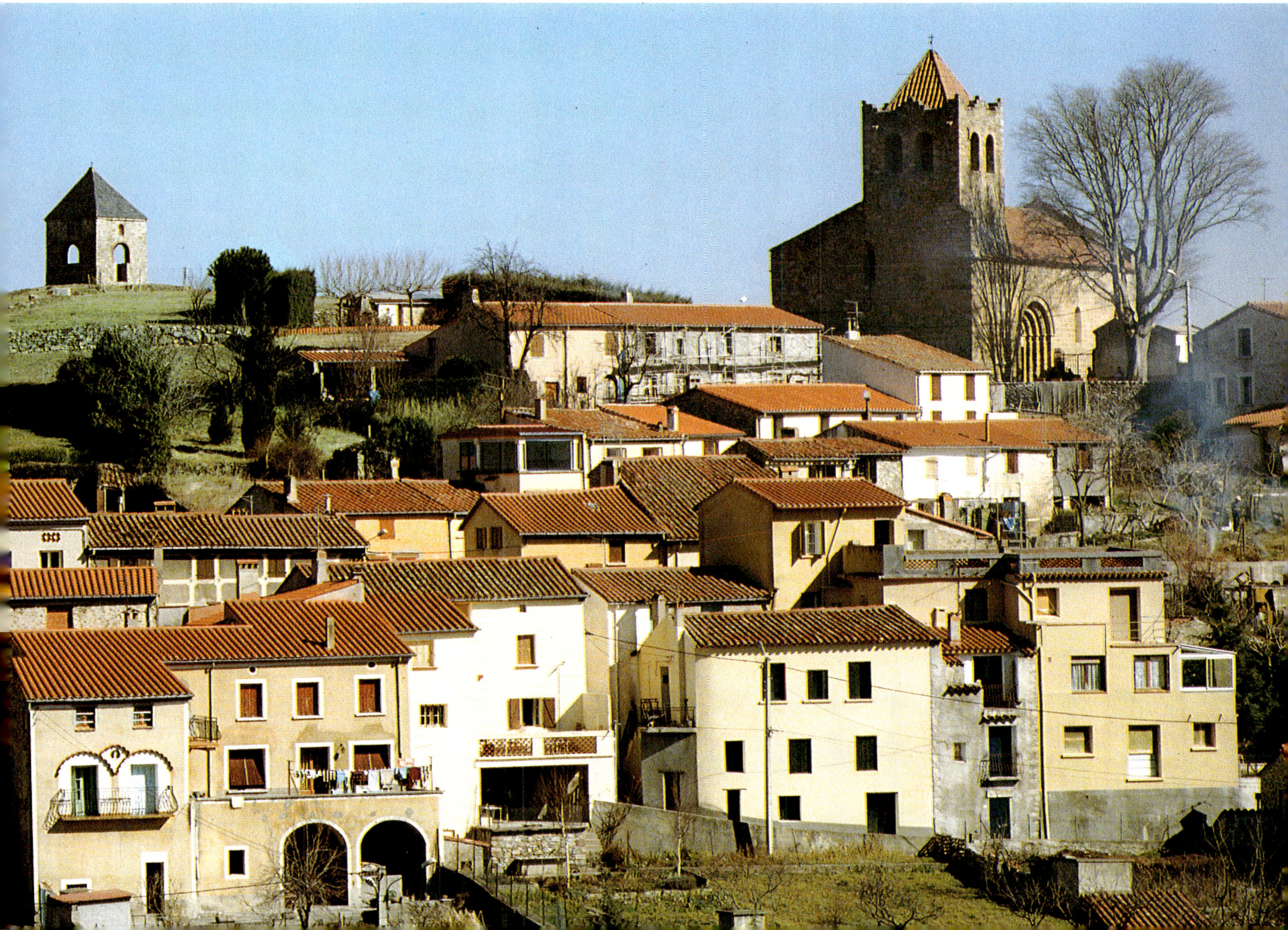

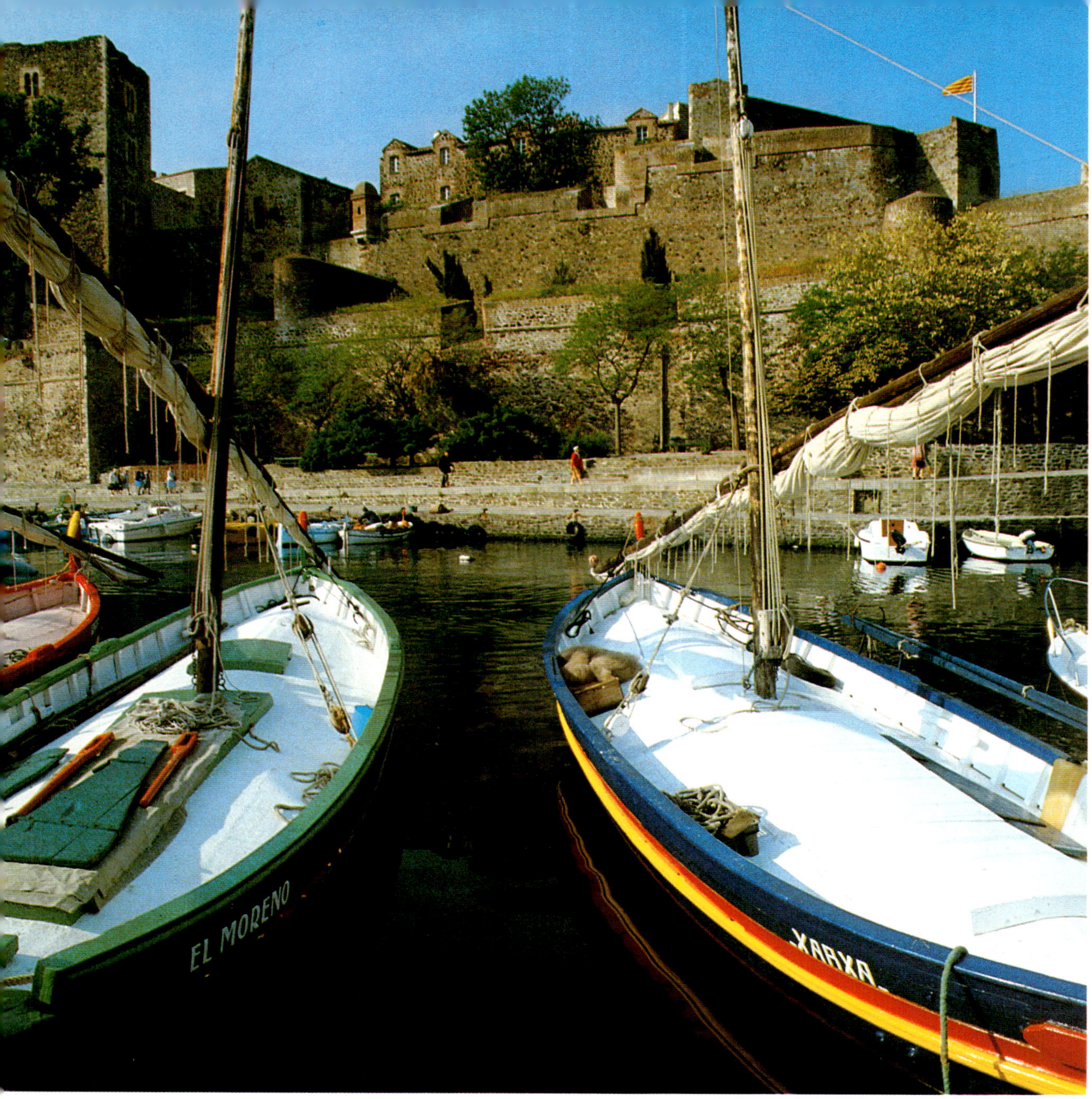
EL MORENO
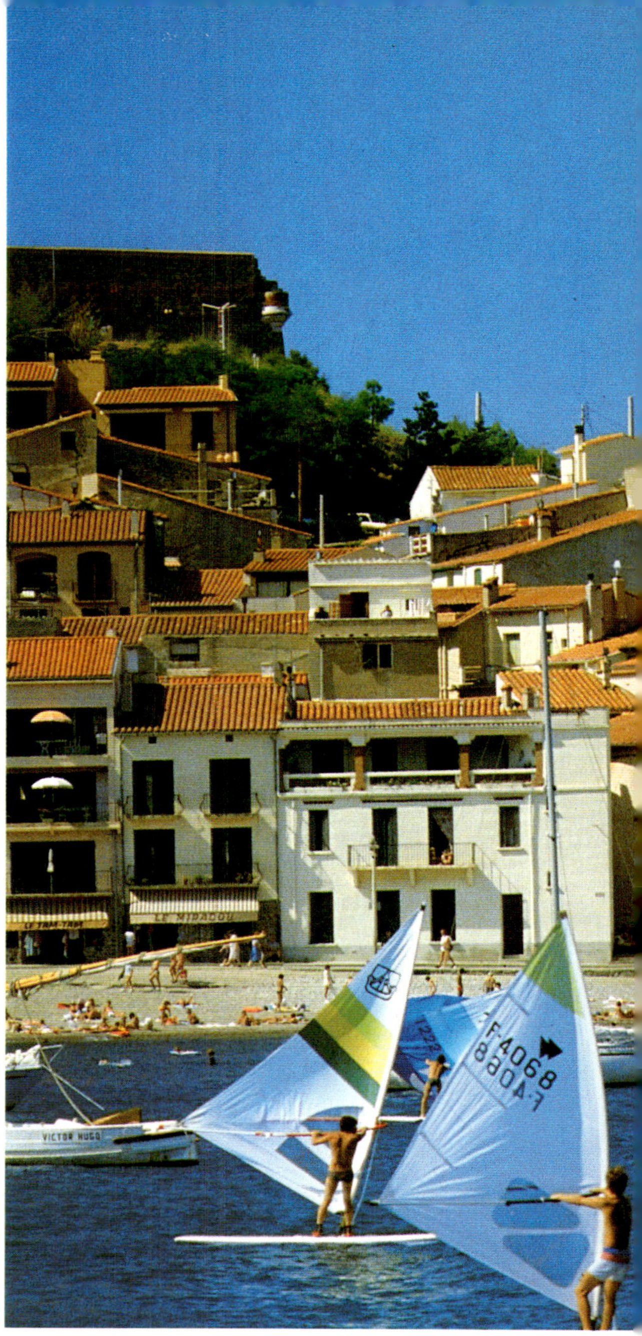
F4068
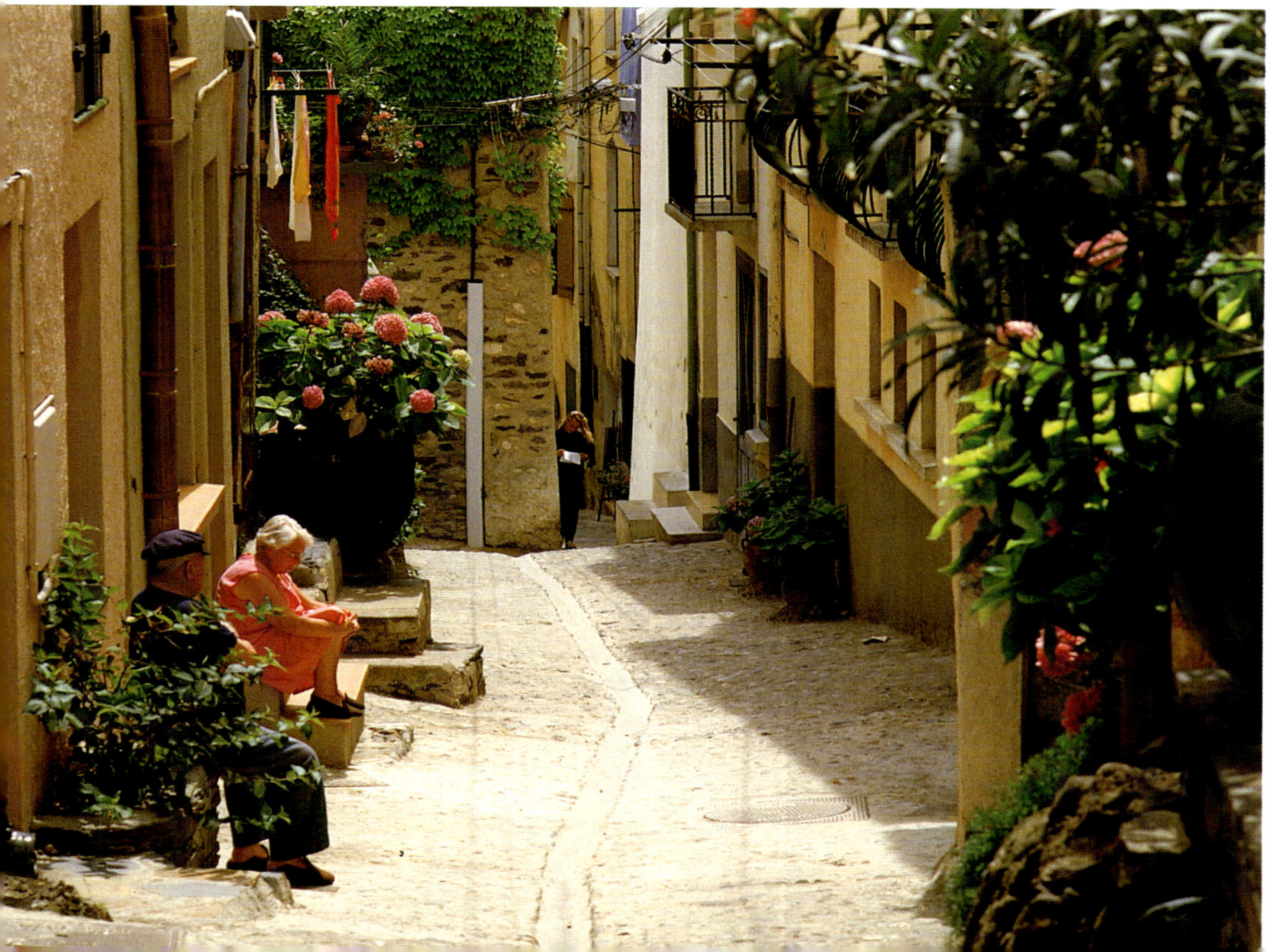
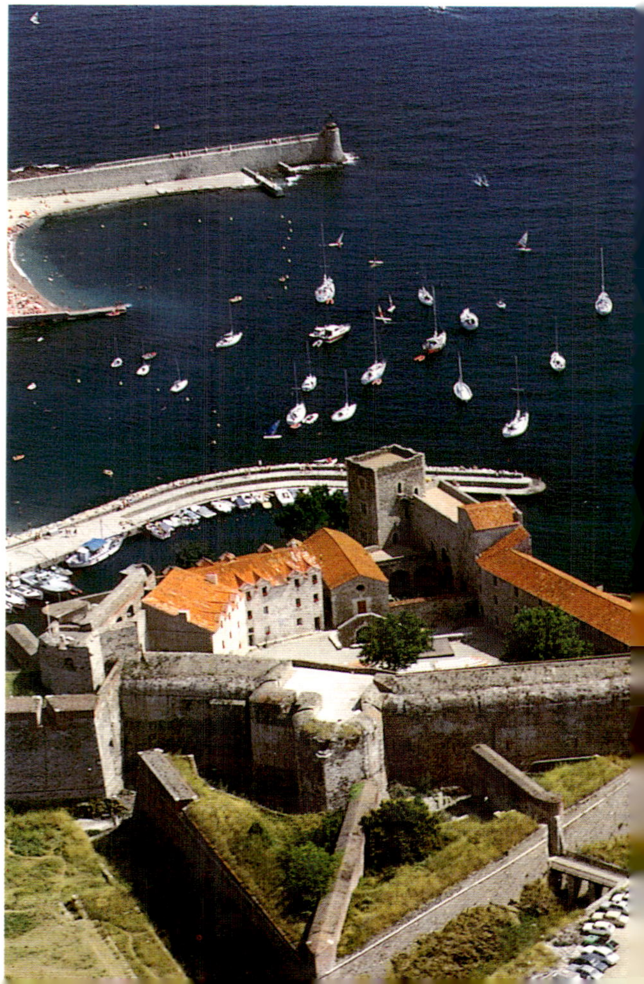

COLLIOURE ET LA COTE VERMEILLE

«Plus transparente et plus pure que la plus pure des soies», la lumière de la côte rocheuse du Roussillon a reçu la consécration des artistes avant celle des touristes et ce n'est certes pas un hasard si Collioure fut un des berceaux du fauvisme et du cubisme avec Matisse, Picasso et bien d'autres. Devant «cette mer qui baigne les côtes catalanes après avoir baigné celles de Grèce» il n'est pas non plus surprenant que se soit éveillé la vocation d'Aristide Maillol qui, chaque fois qu'il regardait une fille de Banyuls, sa ville natale, avait l'irrépressible envie de réinventer la sculpture classique.

Ainsi fut on ne peut mieux légitimé le nom de côte Vermeille, imagé aux débuts de la vogue balnéaire et faisant référence aux nuances colorées que prennent les rochers de ce littoral quand le soleil s'abaisse sur l'horizon. Des sables d'Argelès jusqu'à la frontière, une demi-

Collioure. Un aspect du port au pied du château; une ruelle; la forteresse et, ci-dessus, l'église et le quartier voisin. En pages suivantes: vue générale.

douzaine de caps avancent vers l'est leur échine rocheuse et séparent des anses aux plages de galets: les plus abritées d'entre elles ont conservé depuis l'Antiquité des vocations portuaires dont le pittoresque a survécu aux grandes heures artistiques du début du siècle.

Le meilleur exemple en est donné par Collioure. Bien que la pêche artisanale à la sardine et à l'anchois n'y soit plus pratiquée, les traditionnelles barques catalanes, soigneusement restaurées, explosent à nouveau de couleurs sous les murailles ocres du Château Royal et les régates disputées chaque été par cette flottille font revivre dans toute la Catalogne française l'âge d'or de la voile latine.

Probablement créé par les Celtes, puis colonisé par le Grecs, le port de Collioure apparaît dans l'histoire avec les Romains, à l'époque de leur lutte contre Hannibal. Ballottée par la suite au gré des invasions barbares, la cité entrait au Moyen Age dans une ère de prospérité que l'on a peine à imaginer: sous la protection des rois d'Aragon, Collioure devint en effet le principal port du Roussillon sur le «lac catalan» qu'était alors la Méditerranée, son double rôle portuaire et militaire atteignant son apogée au XIVe siècle. Passée à la France, la cité est confirmée dans sa vocation de place-forte, mais voit son activité maritime décliner au profit de Port-Vendres, jusqu'à ce que la plaisance redonne quelque vie à son merveilleux décor.

Autour de son antique bassin, la physionomie de Collioure témoigne éloquemment de cette longue histoire, le vieux quartier du Mouré étant celui des réminiscences arabes et le Château Royal résumant les épisodes suivants. Sur l'escarpement battu par le ressac se dressa à l'origine le château des Templiers que Pierre IV d'Aragon utilisa comme base d'un nouveau palais, plusieurs fois renforcé par ses successeurs et enfin englobé dans les fortifications de Vauban. Celui-ci fit raser la ville haute qui entourait le château de façon à aménager un glacis, et compléta ses défenses par les nouveaux forts Saint-Elme et du Miradou, ainsi que par des fortifications pour la ville.

La perte du sanctuaire de la ville haute allait être l'occasion pour Collioure d'ajouter une dernière touche à un visage déjà bien séduisant, sous la forme de l'église Saint-Vincent, dont le flanc jaillit de la mer entre deux plages et dont le délicieux clocher au dôme rose était l'ancien phare du port. Ainsi parée de sable, de rochers, de flots bleus, de barques éclatantes et vieilles murailles, la tranquille cité de pêcheurs et de vignerons avait tout pour retenir, avant les touristes, des artistes rêvant d'orchestrer des couleurs pures.

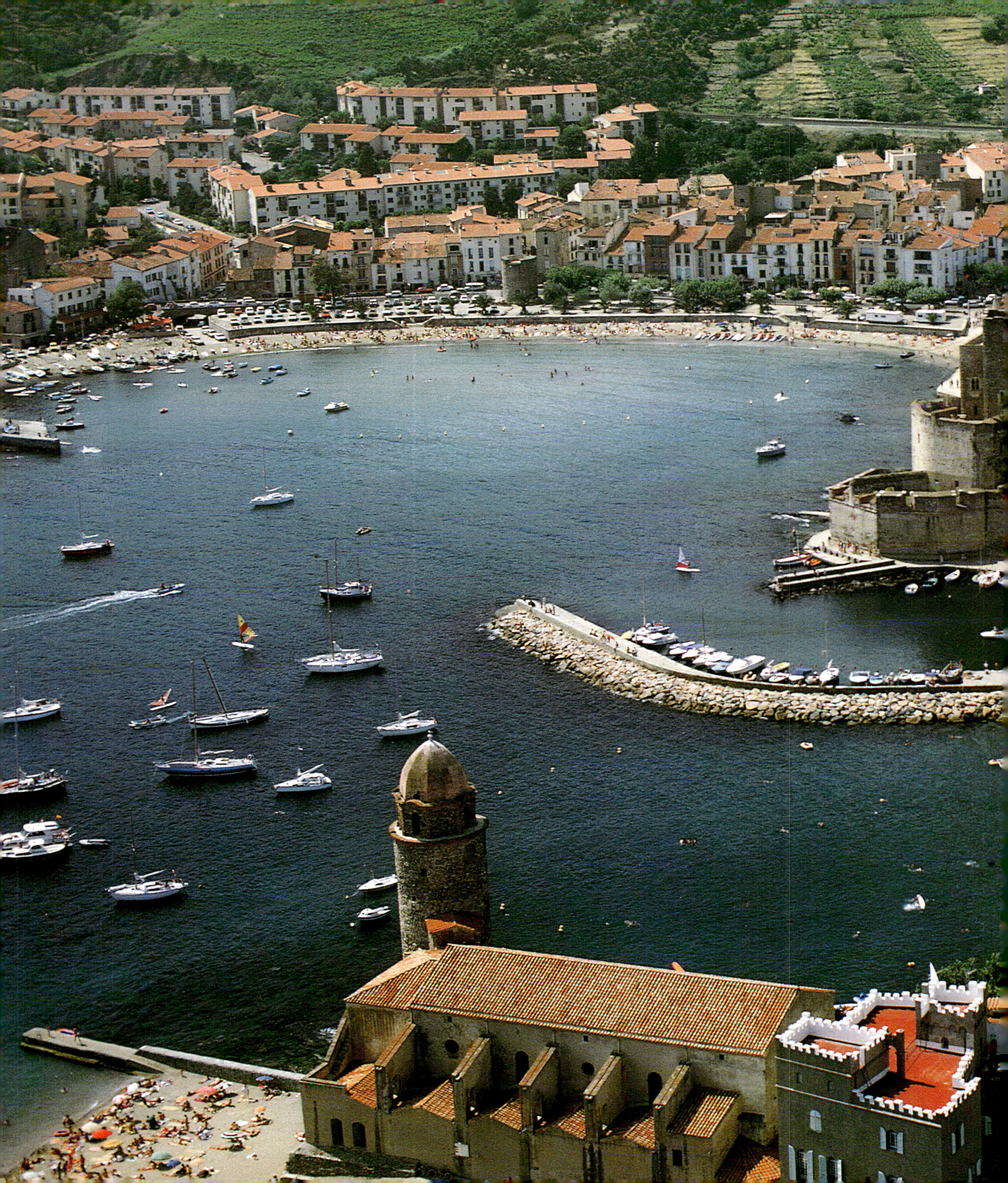

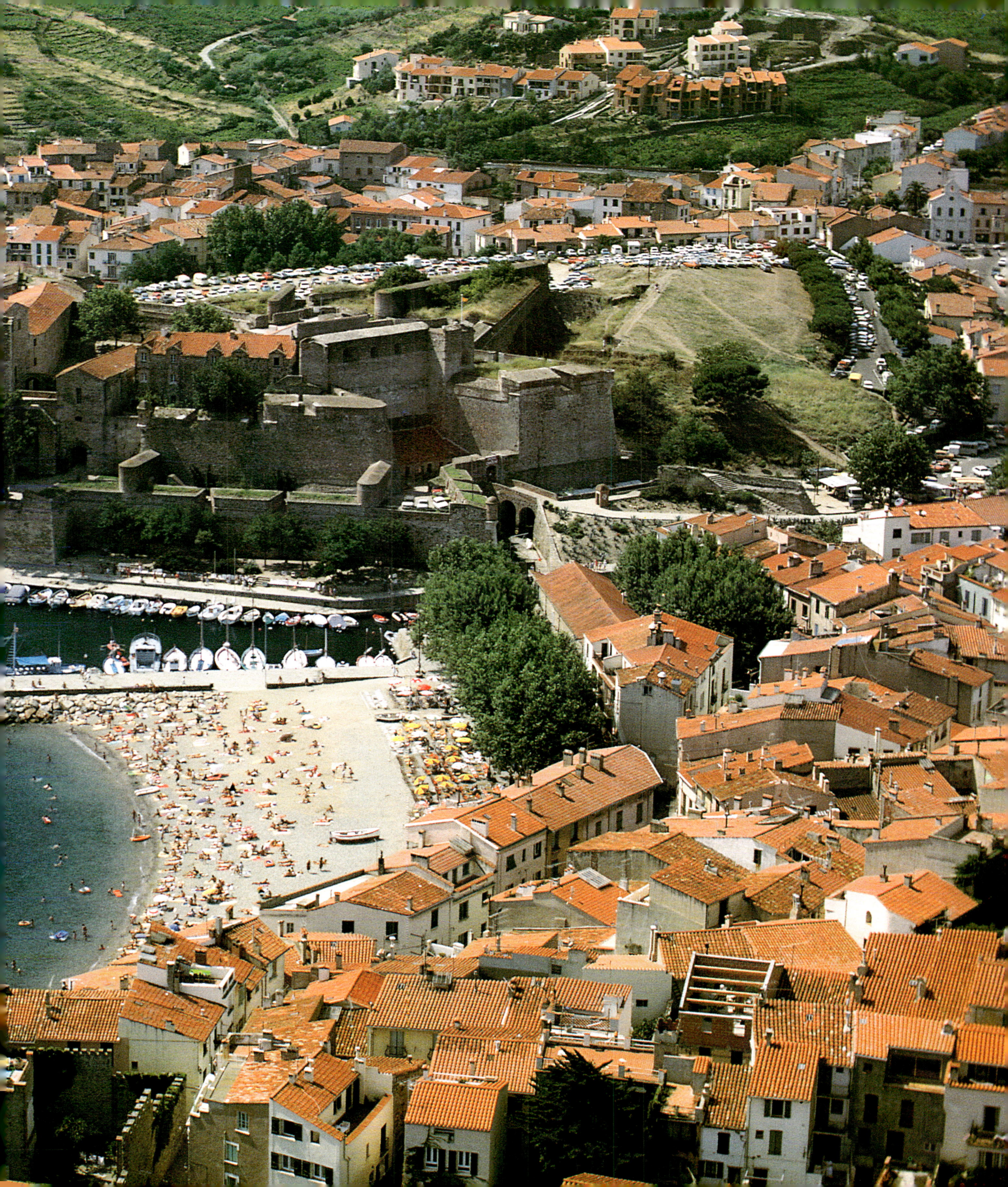

Dans une échancrure voisine de la côte, Port-Vendres offre un tableau bien différent avec des installations militaires et un urbanisme hérité du XVIIIe siècle, ainsi que de vastes bassins animés par des bateaux de plaisance et par la flotille de pêche la plus active du Roussillon. Ce relatif modernisme masque en réalité des origines fort anciennes puisque Port-Vendres, étymologiquement, est le «port de Vénus».

Plus au sud, la tradition et le pittoresque réapparaissent avec Banyuls, un nom dont les consonnances catalanes évoquent irrésistiblement le vin doux naturel produit sur les quatre communes qui se partagent la Côte Vermeille. Cependant Banyuls-sur-Mer cultive avec autant d'application ses profondes attaches marines, comme le prouvent un récent port de plaisance aménagé au fond de sa large baie, un centre héliomarin réputé, ainsi que le laboratoire Arago, qui se consacre depuis plus d'un siècle à l'océanographie et à la biologie marine.

Alanguie entre le vignoble hérité des Templiers et la Méditerranée du bout de laquelle ont fait voile ses fondateurs, Banyuls étage donc sereinement ses maisons colorées et ses jardins exotiques préservés de la tramontane. «Un chant qui a la plénitude de l'accord entre la Terre et la Mer», c'est aussi ce que l'on a pu dire de l'œuvre de Maillol, dont la présence demeure très forte à Banyuls : c'est par exemple sa maison natale avenue du Puig-del-Mas, ou le monument aux morts qu'il sculpta pour la cité, ou encore, à quelques kilomètres dans le vallon de la Baillaury, sa tombe surmontée de la plus belle des Vénus issues de son ciseau.

Balnéaire plutôt que portuaire, Cerbère constitue la dernière étape sur une Côte Vermeille dont la Costa Brava ne va pas tarder à prendre la suite. Après avoir goûté chaque crique et chaque promontoire de ce littoral enchanté, il reste en apprécier l'arrière-pays, sur les crêtes des Albères : une halte s'impose en particulier à la tour Madeloc, d'où l'on embrasse un exceptionnel panorama marin allant du cap Creus au cap d'Agde.

En haut, à gauche et ci-contre, à droite : deux aspects de Port-Vendres. Ci-dessus : vue de Banyuls. Ci-contre, à gauche : la Tour Madeloc, d'où la vue s'étend jusqu'au Cap d'Agde.

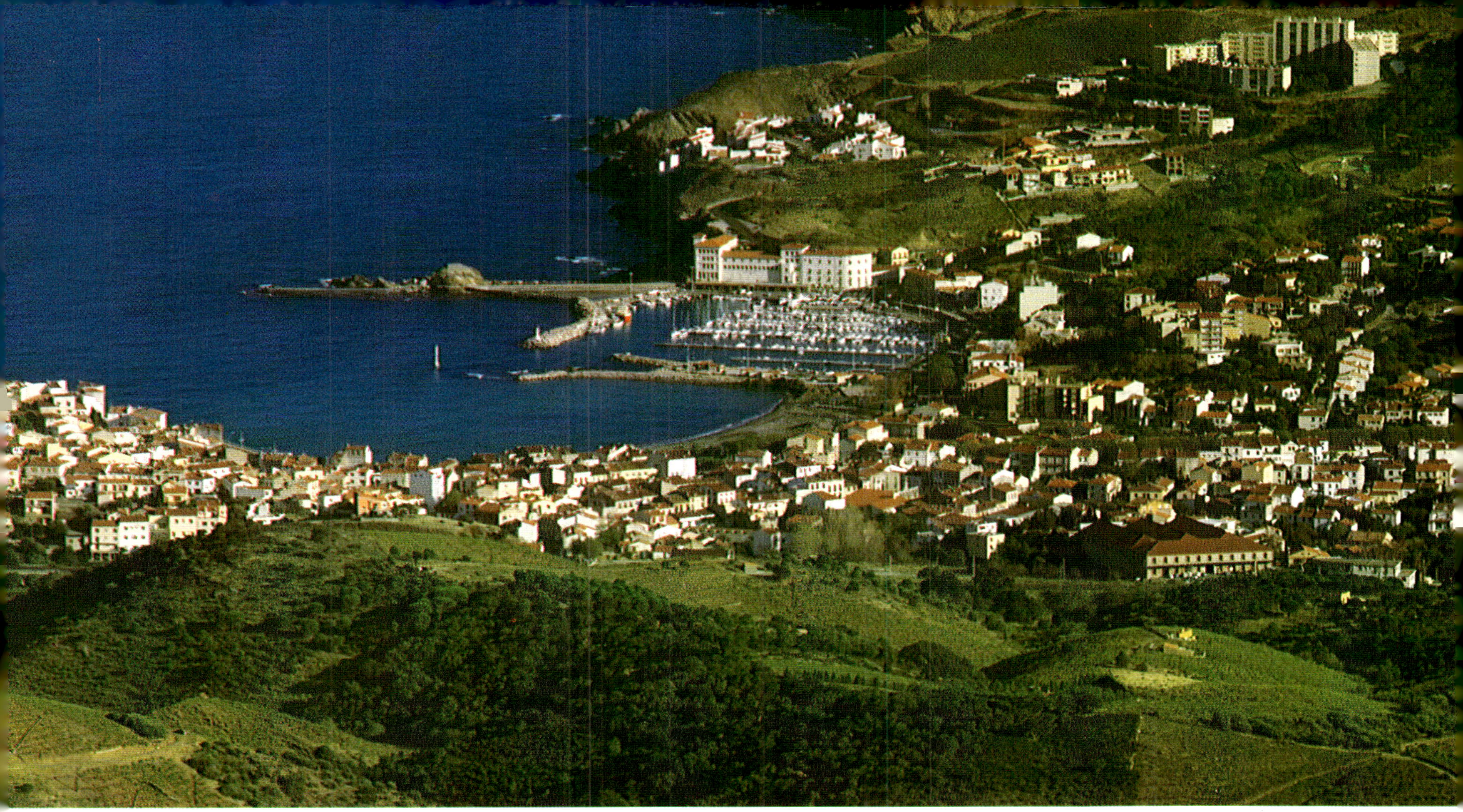

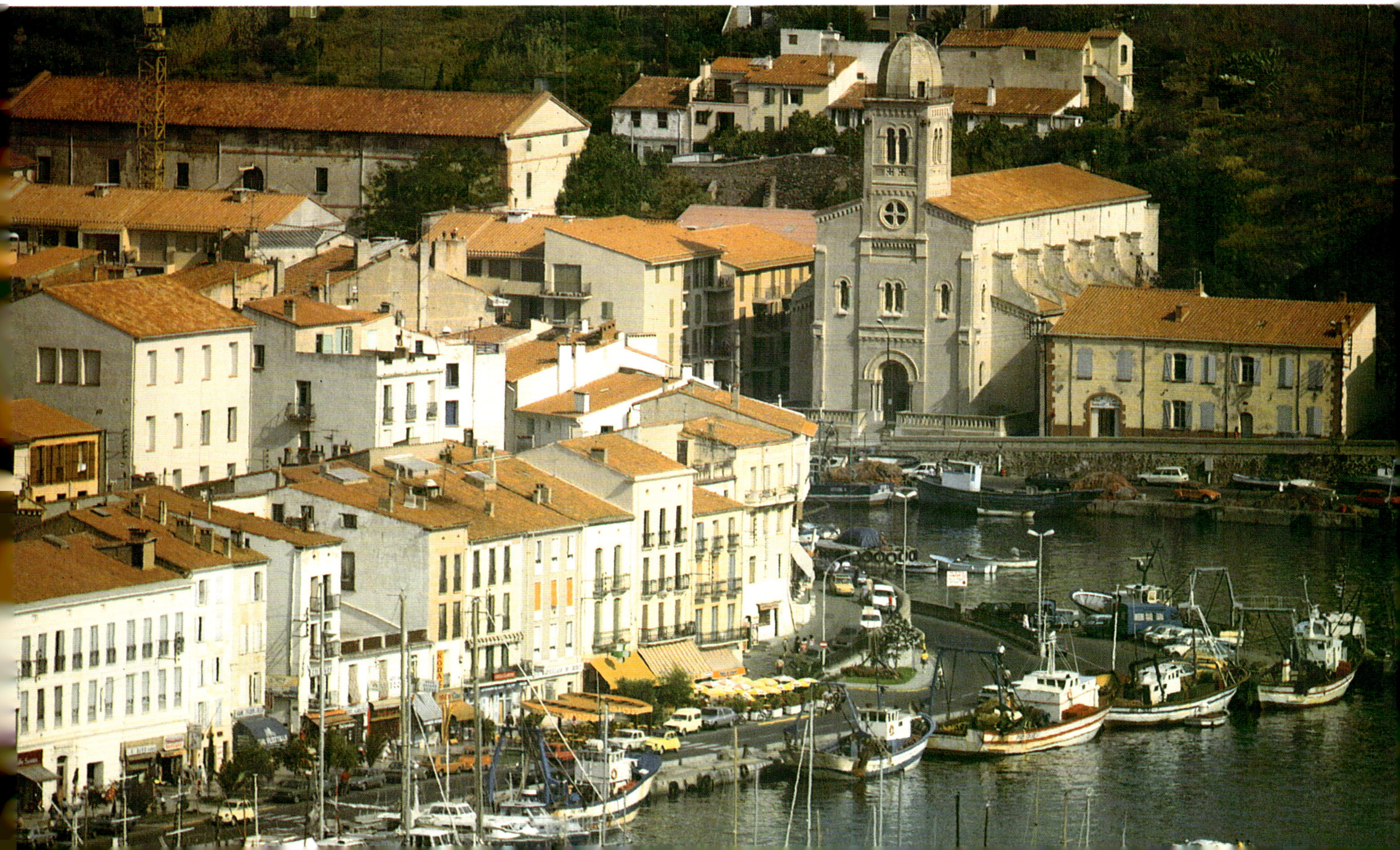

PERPIGNAN, UNE CAPITALE AUX COULEURS DU SUD

La métropole du Roussillon, province qui aime à s'appeler la Catalogne française, s'étale dans les terres, de part et d'autre de la Têt, à la manière d'une ville solaire pétrie de références méditérranéennes. Avec des palmiers, des maisons aux tons africains, aux façades flamboyantes et aux larges patios, un palais majorquin, une loge de Mer qui pourrait être vénitienne et des fêtes de la Sanch dont les pénitents sont aussi impressionnants que ceux de Séville, Perpignan s'entête en effet à rappeler que sa destinée s'est jouée au sud, sur l'horizon des Pyrénées et de la mer. Aujourd'hui encore, cette ville qui tient à son passé cultive des relations privilégiées avec Barcelone, son homologue de la Catalogne espagnole, et ne montre pas un empressement excessif à s'intégrer à la partie languedocienne de sa région administrative.

Les fondements historiques de Perpignan sont à peine millénaires, car la ville fut précédée, un peu en aval sur la Têt, par l'antique Ruscinio, qui est à l'origine du nom de Roussillon. Les comtes de Roussilllon, alors vassaux du roi de France, fondèrent la cité en 991 sur l'ancienne villa Perpinianum des Romains mais, faute de successeurs, léguèrent en 1172 leur province au comte de Barcelone et roi d'Aragon, qui fit de Perpignan son séjour de prédilection. Les Perpignanais y gagnèrent des libertés communales qui furent pour beaucoup dans l'essor de la ville, mais quatre siècles de luttes franco-

Perpignan. La «loge de mer», détails architecturaux de celle-ci et une façade du «Castillet». Ci-dessus : la place de Catalogne. A droite : la fontaine de la place des Orfèvres.

espagnoles allaient aussi découler de cette cession.

Cent ans plus tard, une nouvelle succession apporta le Roussillon à Jacques, roi de Majorque, qui choisit Perpignan comme capitale continentale et lieu de villégiature de sa cour; revenant bientôt sous la tutelle aragonaise, la cité fit partie d'une fédération catalane liée à Barcelone, mais en conservant une indépendance propice à son développement. Les XIVe et XVe siècles furent de la sorte l'âge d'or de la draperie locale et, par l'intermédiaire de Collioure, d'un commerce maritime que favorisait une expansion aragonaise atteignant les rivages du Levant.

Les convoitises de la couronne française, les soubresauts politiques agitant l'Espagne et l'attachement des Perpignanais à leur indépendance se combinèrent malheureusement ensuite pour engendrer une période confuse à laquelle le traité des Pyrénées mit un terme en 1659. D'avoir été l'enjeu de tant de conflits, Perpignan gardait la physionomie d'une cité médiévale enfermée dans les remparts successifs des rois d'Aragon et de Majorque, des rois d'Espagne et de Vauban, et elle mit fort longtemps à se développer hors les murs, ce qui explique la survivance d'un centre ville à l'ancienne où sont faits actuellement de gros efforts de réhabilitation.

Le développement moderne de la ville est lié à ce qui a constitué de tous temps l'une de ses richesses, c'est-à-dire à la très fertile «huerta» qui l'entoure, production agricole qui fut relancée par l'arrivée du chemin de fer. L'on ne peut s'empêcher à ce propos d'évoquer la figure de Salvador Dali, le plus fantasque des Catalans, qui plaçait le centre de l'Univers dans la très quelconque gare de Perpignan. La prospérité récente de la ville est également due à une activité touristique bénéficiant du voisinage des plages, des villes thermales et des stations de sports d'hiver, ainsi qu'au renouveau d'une vocation culturelle remontant à l'Université fondée en 1349 par Pierre IV d'Aragon.

Le monument majeur de Perpignan est sans conteste l'ensemble formé par la citadelle et le palais des Rois de Majorque : vue de l'extérieur, la massive construction ne laisse en rien supposer que s'adosse à ses murailles une demeure médiévale raffinée, en fait le plus ancien palais royal de France. Particulièrement remarquables sont les galeries à deux étages qui donnent sur la cour et dont l'ornementation est faite d'une alternance de rognons de silex, de galets de marbre et de brique. Les galeries de l'est donnent accès à deux chapelles palatines superposées, de style gothique flamboyant : au rez-de-chaussée, la chapelle de la reine montre un pavement de céramique verte et une Vierge à l'Enfant du XVe siècle, auquel répond, à l'étage supérieur, le Christ catalan de la chapelle royale.

Chargée d'autant de symboles, la loge de Mer est une construction du bas de la ville qui abritait la bourse et le tribunal du commerce maritime. Construite en 1397 et remaniée au XVIe siècle, la loge de Mer couronnée par une girouette en forme de caravelle qui évoque les fastes d'une époque révolue. Le bâtiment voisin est celui de l'hôtel de ville, siège des cinq consuls de la municipalité médiévale : sur la façade, trois bras de bronze représentent les catégories de citoyens participant à leur élection et dont étaient exclus les nobles et le clergé; dans la cour, la statue de la *Méditerranée* par Maillol complète cet ensemble de la plus heureuse manière. La troisième construction adjacente est le palais de la Députation, un chef-d'œuvre de l'architecture catalane du XVe siècle qui abritait les «corts», autrement dit le parlement roussillonnais.

Le patrimoine de Perpignan compte bien d'autres trésors, militaires comme le célèbre Castillet de brique rescapé de l'enceinte primitive, et surtout religieux, avec en particulier la cathédrale Saint-Jean, fleuron du gothique méridional auquel est accolée la chapelle du Dévot Christ, un extraordinaire Christ en croix sans doute sculpté en Rhénanie au début du XIVe siècle. Il convient d'y associer l'église Saint-Jacques où se trouve le siège de la Sanch : revêtus d'une tunique rouge ou noire surmontée d'une haute cagoule pointue, les membres de cette confrérie font revivre chaque Vendredi saint les mystères du Moyen Age à travers les rues de Perpignan, transformant radicalement l'atmosphère d'une ville d'habitude lumineuse et truculente.

Perpignan. Le Palais des Rois de Majorque. Façade et vue plongeante. En bas, à gauche : la Sardane, dansée par un groupe folklorique dans la cour du Palais.

D'ARGELES AU CAP LEUCATE, LES PLAGES DU ROUSSILLON

Au pied de l'ultime fortin qui protège Collioure au nord, les rochers de la Côte Vermeille cèdent la place sans transition aux sables d'un littoral qui file, bas et rectiligne, jusqu'aux falaises de calcaire du cap Leucate. Malgré leur netteté, ces quarante kilomètres de grève ne signent pas une franche rencontre entre la plaine roussillonnaise et la Méditérannée : en effet la Salanque de l'arrière-pays, formée par les nappes d'alluvions des fleuves côtiers et fertilisée par l'irrigation, se prolonge par une zone indécise dans laquelle des cordons littoraux emprisonnent des lagunes.

Encore imprégnés de sel, ces abords marins n'ont pour toute végétation qu'une maigre salicorne et des touffes de roseaux, si bien que les activités traditionnelles de ces rivages insalubres se limitaient à une pêche aux méthodes assez primitives : des engins fixes servaient à traquer dans les étangs les petits crustacés, les anguilles, les muges et autres loups, tandis que les modestes cités de Canet-en-Roussillon, d'Argelès-sur-Mer et de Saint-Cyprien permettaient des sorties en mer pour la pêche du lamparo. Situés à l'intérieur des terres, ces semblants de ports étaient reliés au domaine maritime par des chenaux, les *graus*, et la grève de sable constituant le littoral proprement dit n'était occupé qu'occasionnellement par des pêcheurs s'abritant sous des cabanes de roseaux.

Avec le déclin de la pêche artisanale, ces espèces de paillottes nommées *barracas* en catalan servirent de rendez-vous dominical et familial, si bien que les véritables découvreurs des plages roussillonnaises furent les gens du cru, longtemps avant les aménageurs touristiques des années 60 ; l'ancienneté d'une station comme Canet-Plage, qui était florissante entre les deux guerres grâce à la fréquentation des Perpignanais, confirme d'ailleurs la chose. Une véritable révolution balnéaire n'en a pas moins bouleversé ces plages au temps de la civilisation des loisirs triomphante, remodelant les paysages naturels pour creuser d'impressionnantes mari-

A gauche : vue de Canet-Plage et son rivage. Ci-dessus : l'étang de Canet et le Canigou. En bas, à droite : le cap Leucate.

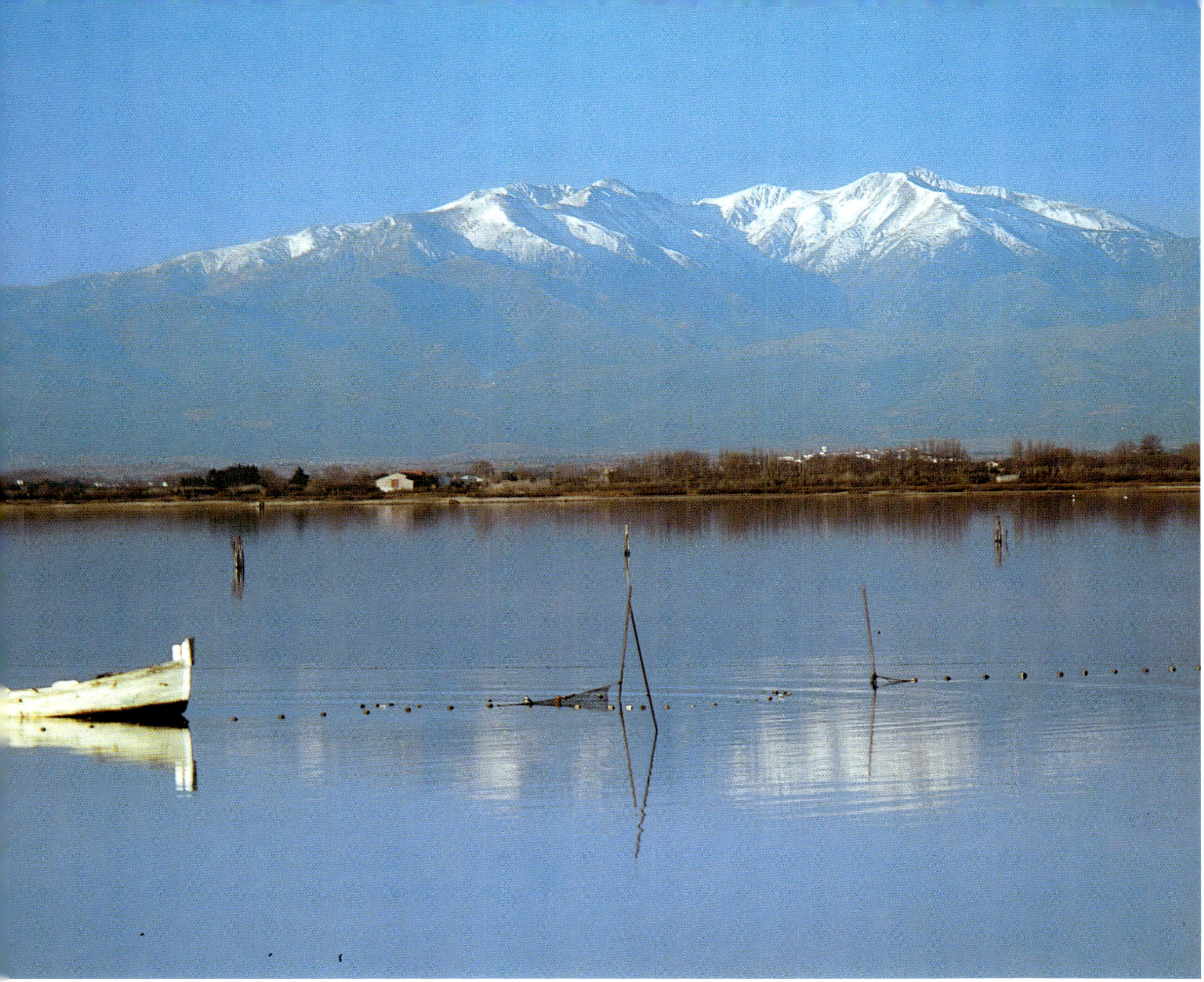
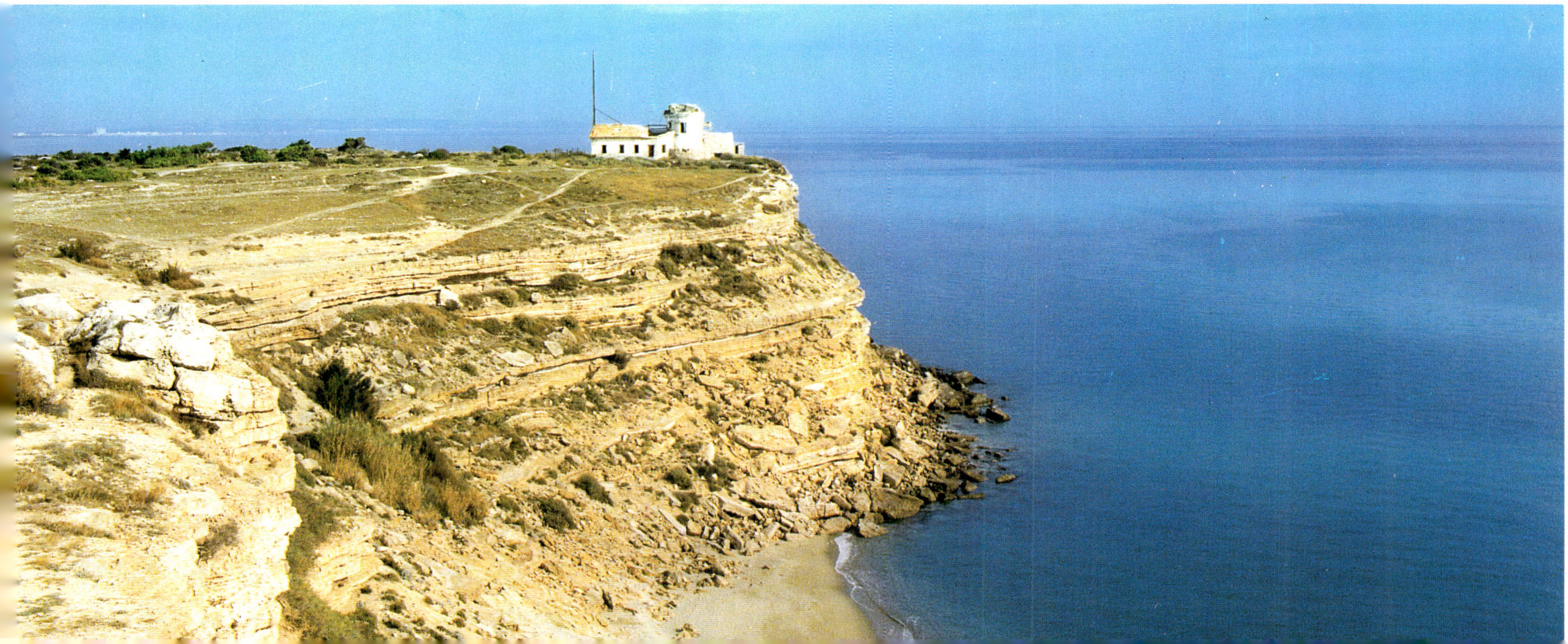

nas ou pour faire pousser des ensembles résidentiels non moins colossaux.

Tout au sud, Argelès-Plage inaugure ce chapelet de stations hétéroclites en se présentant comme la capitale européenne du camping : elle bénéficie pour cela de la présence d'un généreux boisement de pins et de peupliers réalisé il y a plus de cinquante ans, ainsi que d'un arrière-pays où Argelès-sur-Mer — aujourd'hui mal nommée — cultive les traditions catalanes au milieu des vergers et des vignes. Argelès-Plage est complétée vers l'embouchure de la Massane par le Racou, rassemblant un nouveau port de plaisance et une opération d'urbanisme, alors qu'à l'opposé, l'embouchure du Tech classée réserve naturelle est le domaine des naturistes.

Avec le Canigou en toile de fond, Saint-Cyprien-Plage entoure une lagune transformée en port de plaisance et s'étend en bord de mer jusqu'au lido de l'étang de Saint-Nazaire : la nouvelle station n'a ainsi que peu de rapport avec le Saint-Cyprien de l'intérieur, traditionnellement porté vers l'élevage du mouton et la culture céréalière plutôt que vers la pêche. Toutes deux vivent néanmoins en bonne intelligence, le vieux village jouant la carte culturelle avec un musée des arts catalans et la fondation Desnoyer, alors que la station affiche de grandes prétentions sportives avec des installations de qualité que parrainent plusieurs champions.

Tout près, sur une butte entourée de remparts, Elne semble à mille lieues de ces jeux estivaux : malgré sa remarquable cathédrale romane dont le cloître soutient la comparaison avec les plus beaux du Midi, l'ancienne capitale religieuse du Roussillon n'a pas le succès touristique qu'elle mérite et, au milieu de vergers et de champs de légumes, elle somnole à l'écart de l'agitation de la côte.

Reconstruire en même temps que les stations nouvelles et plus animée que jamais, Canet-Plage se trouve à l'autre extrémité de l'étang de Canet-Saint-Nazaire où font escale les flamants roses. Au casino hérité de l'entre-deux guerres sont venues s'ajouter de nombreuses installations de sport et de loisir dont on retiendra les plus récentes, à savoir un aquarium fort instructif, un musée du Père Noël consacré aux jouets et un musée des Autos de jadis. Enfin, non loin du vieux village du Canet-en-Roussillon, fief des vignerons et des maraîchers, le récent port de plaisance de Canet-Plage offre 1 200 postes à la plaisance.

La route côtière file ensuite vers Port-Barcarès et Port-Leucate, cités lacustres où les aménageurs ont réussi le meilleur amalgame entre les villages de pêcheurs traditionnels et les infrastructures touristiques de grande ampleur. Au village primitif du Barcarès fait suite le port Saint-Ange qui constitue la voie d'accès méridionale à l'étang de Leucate-Salses : c'est le début d'un boulevard nautique d'une dizaine de kilomètres dégagé entre l'étang et la mer, qu'il rejoint au nord de Port-Leucate après avoir relié d'innombrables bassins dévolus à la plaisance.

La Grande Plage de Port-Barcarès est connue de tous par la présence incongrue au milieu des sables du Paquebot Lydia, un navire grec échoué volontairement en 1967 et destiné à être le premier « immeuble » de la station. Dans la continuité de ce lido, Port-Leucate n'a pas de signature aussi reconnaissable et se compose de quartiers évoquant les architectures d'Afrique du Nord et tournés tantôt vers le sable fin et le large, tantôt vers les marinas au décor lointain de collines noyées de soleil. Près des hautes falaises qui rompent la ligne du rivage au cap Leucate, cet ensemble où figurent aussi des villages-vacances familiaux et des centres naturistes rejoint le noyau d'habitat originel ; celui-ci associe Leucate-Plage, un ancien hameau de pêcheurs, et le village de Leucate proprement dit.

Ci-dessus : Argelès-Plage. A droite, en haut : Port-Leucate. Au-dessous : vues de Saint-Cyprien et Port-Barcarès.

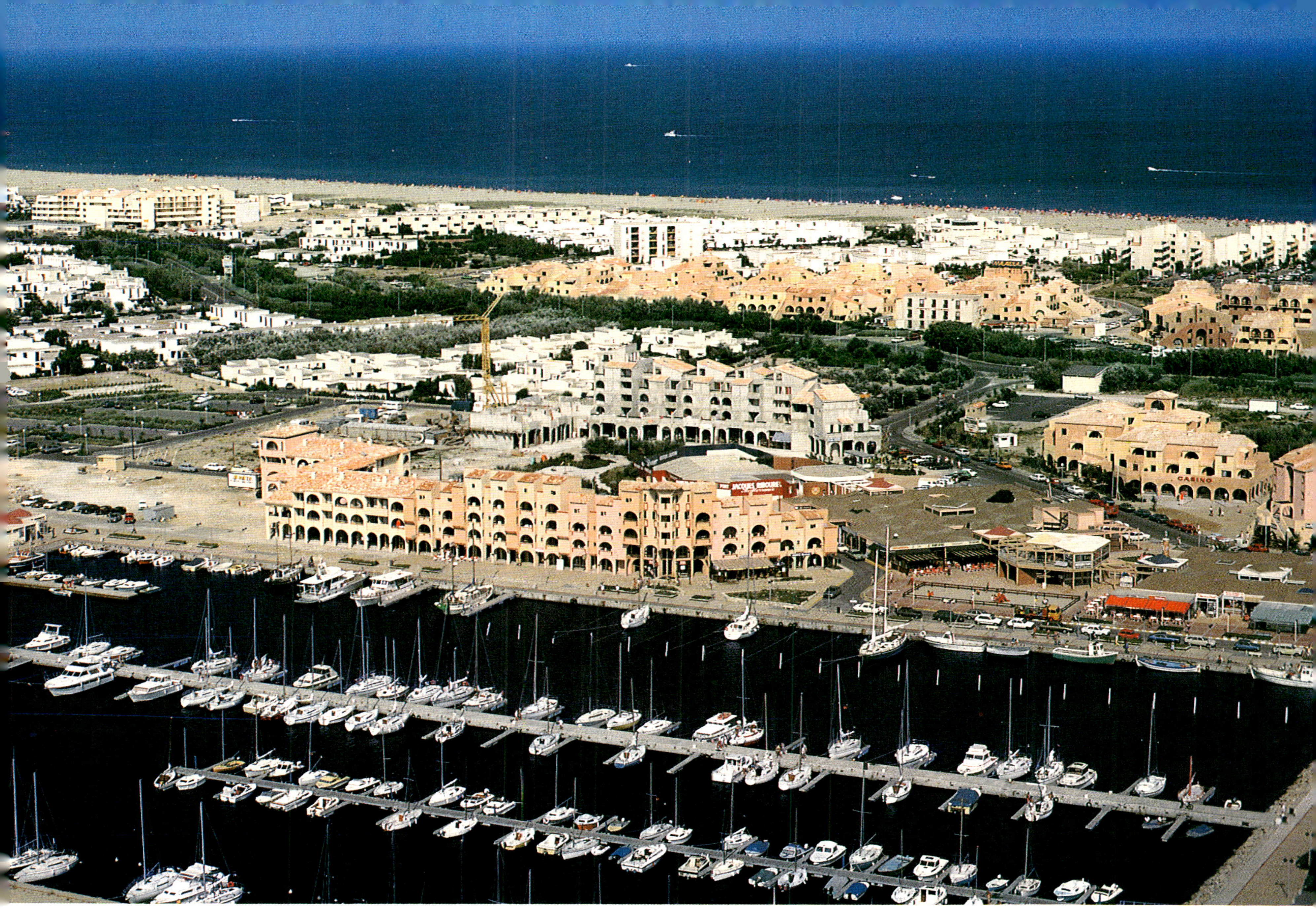
CASINO

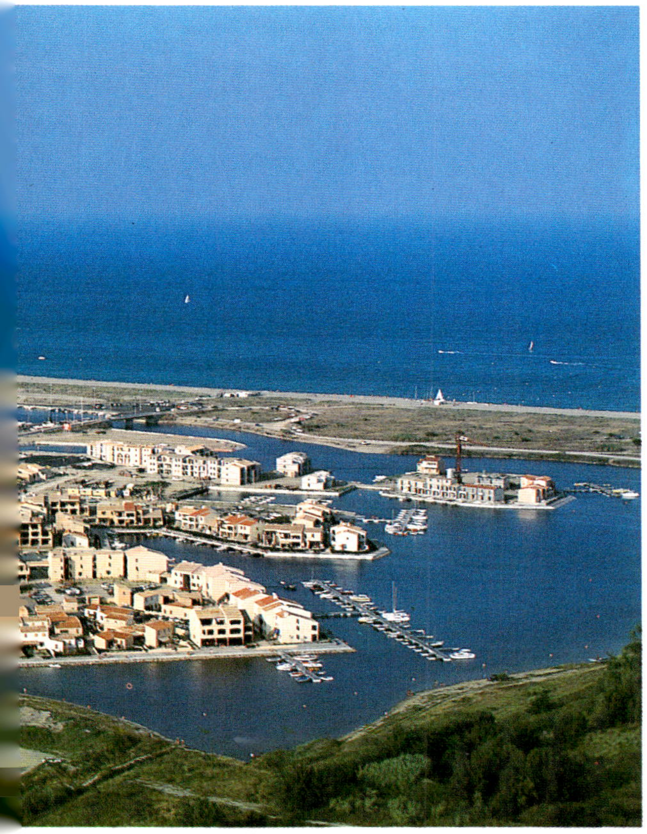

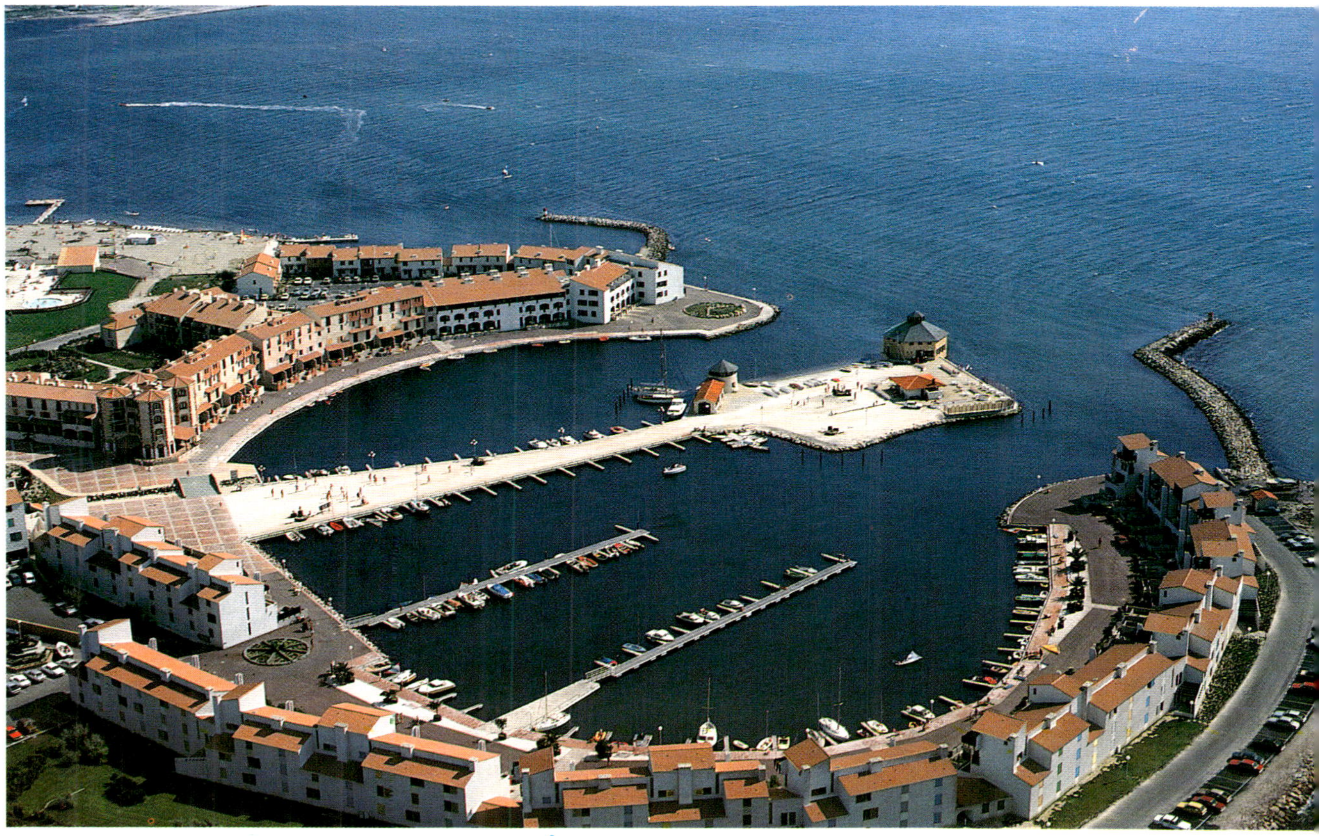

LES CORBIERES

Illustrant le précepte suivant lequel plus la vigne souffre en été, meilleur est le vin, les hauteurs décharnées et roussies des Corbières dominent des pentes donnant des vins généreux, fruités et colorés, dont la réputation est établie depuis le temps des Romains. Dans un ordre d'idées voisin, la sauvagerie et l'isolement de cette contrée ont attiré dès cette époque de nombreux ermites dont les retraites ont souvent inspiré la création d'abbayes, d'abord bénédictines au VIe siècle, puis cisterciennes du XIIe siècle.

Les pays de l'Aude comptaient ainsi une vingtaine d'abbayes au Moyen Age, l'histoire du vin et de la foi se rejoignant alors car, par l'intermédiaire de ces implantations monastiques, l'Eglise prit une part importante dans la renaissance du vignoble. Face à l'incomparable patrimoine historique des «citadelles du vertige», qui symbolisent à la fois l'architecture militaire et l'aventure cathare, les Corbières présentent donc de superbes témoignages d'un art sacré qui était au contraire au service de l'orthodoxie religieuse.

Construite pour l'essentiel lors de la grande période de prospérité des XIIe et XIIIe siècles, mais remaniée à l'époque classique dont elle garde un noble environnement de jardins à la française, l'abbaye de Fontfroide fait voisiner une sobre abbatiale de plan bénédictin et d'esprit cistercien avec un cloître élégamment décoré et des bâtiments conventuels datant du règne de Louis XIV. Deux ensembles doivent être associés à Fontfroide : à quelque distance à l'ouest, il s'agit d'abord du château du Gaussan, qui fut une métairie de l'abbaye tenue par

Les Corbières. Paysages de la Montagne d'Alaric et des environs de Ferrals (à droite). A gauche : le cloître de l'abbaye de Fontfroide. En page suivante : un aspect du vignoble des Corbières.

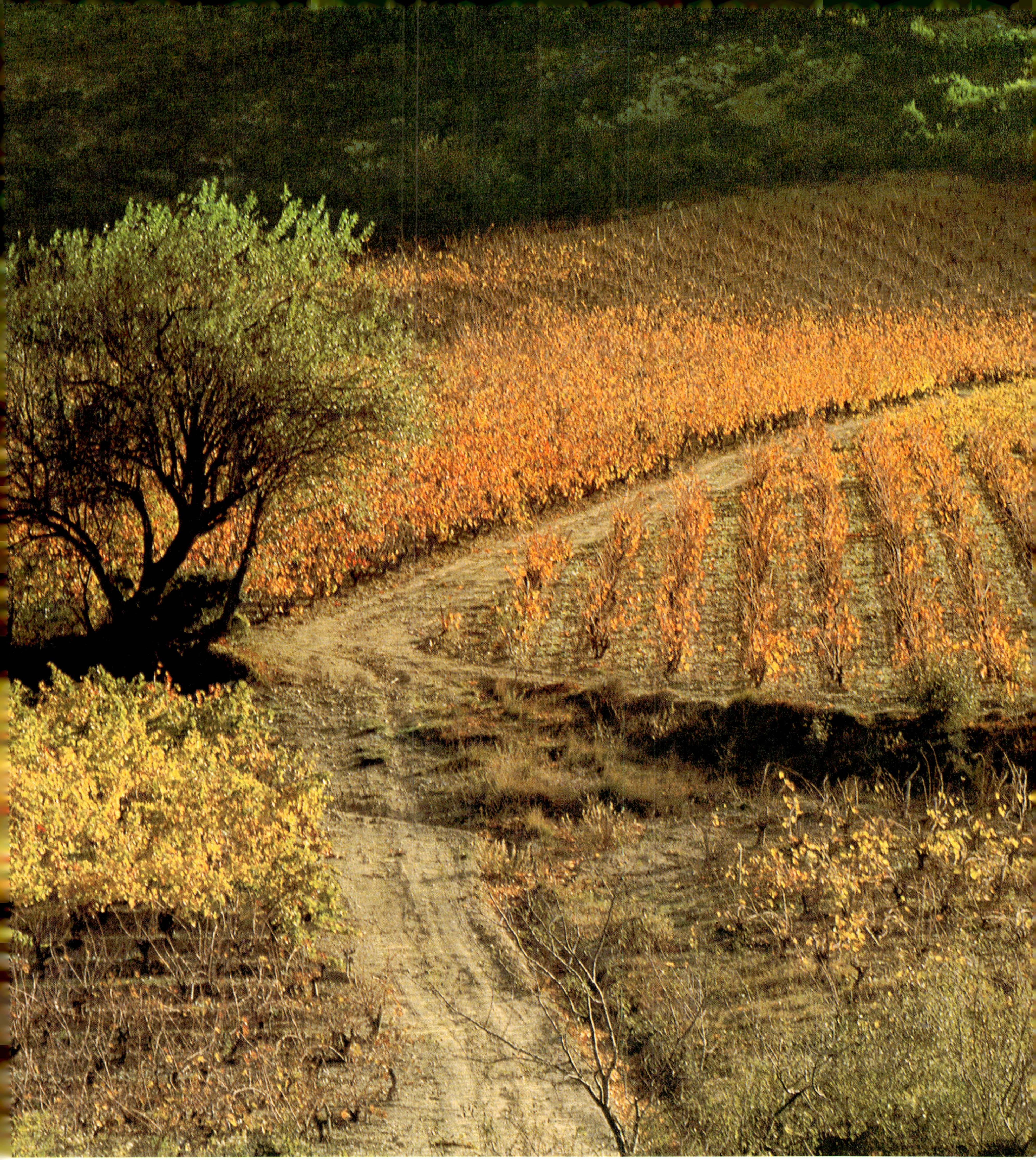

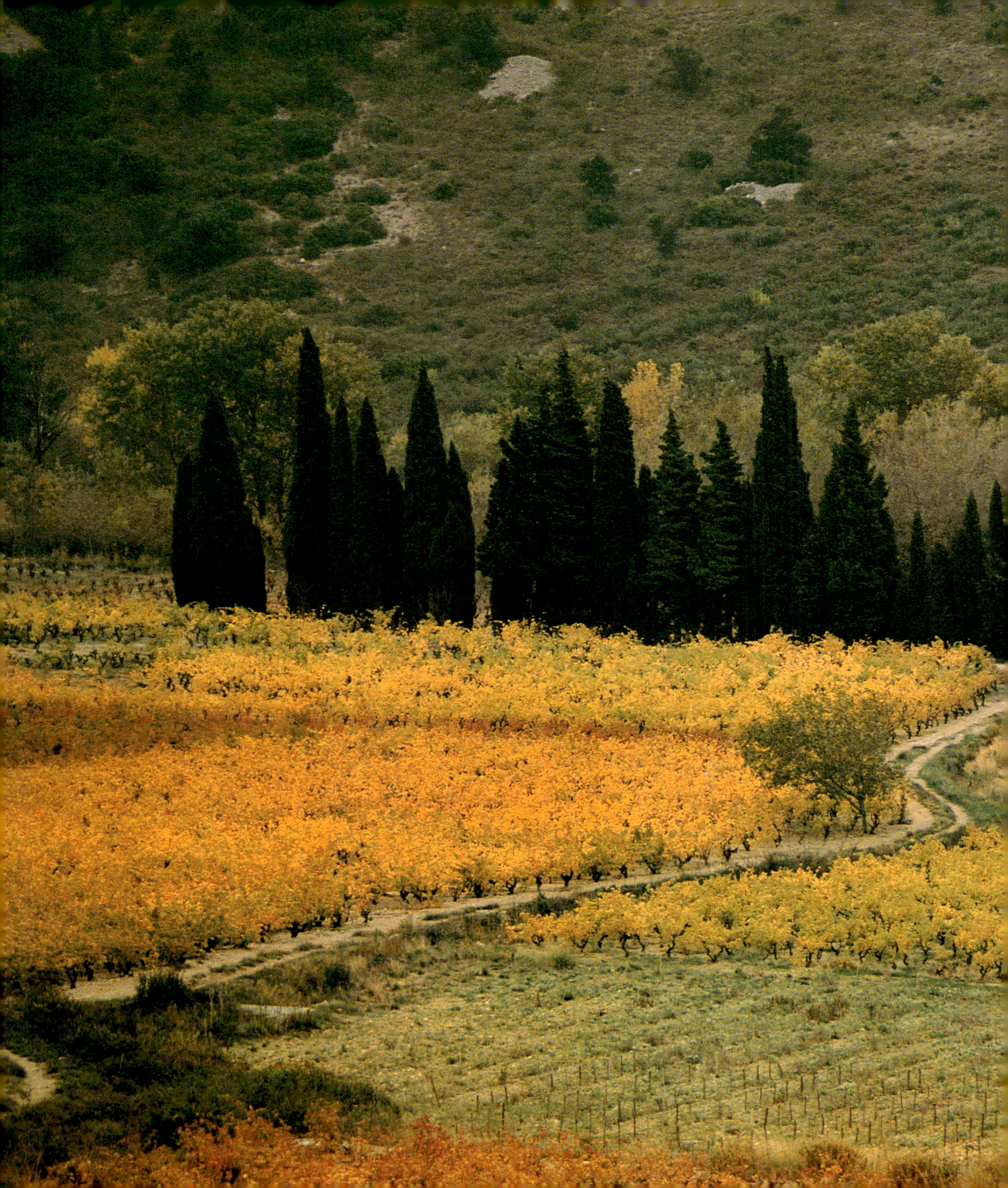

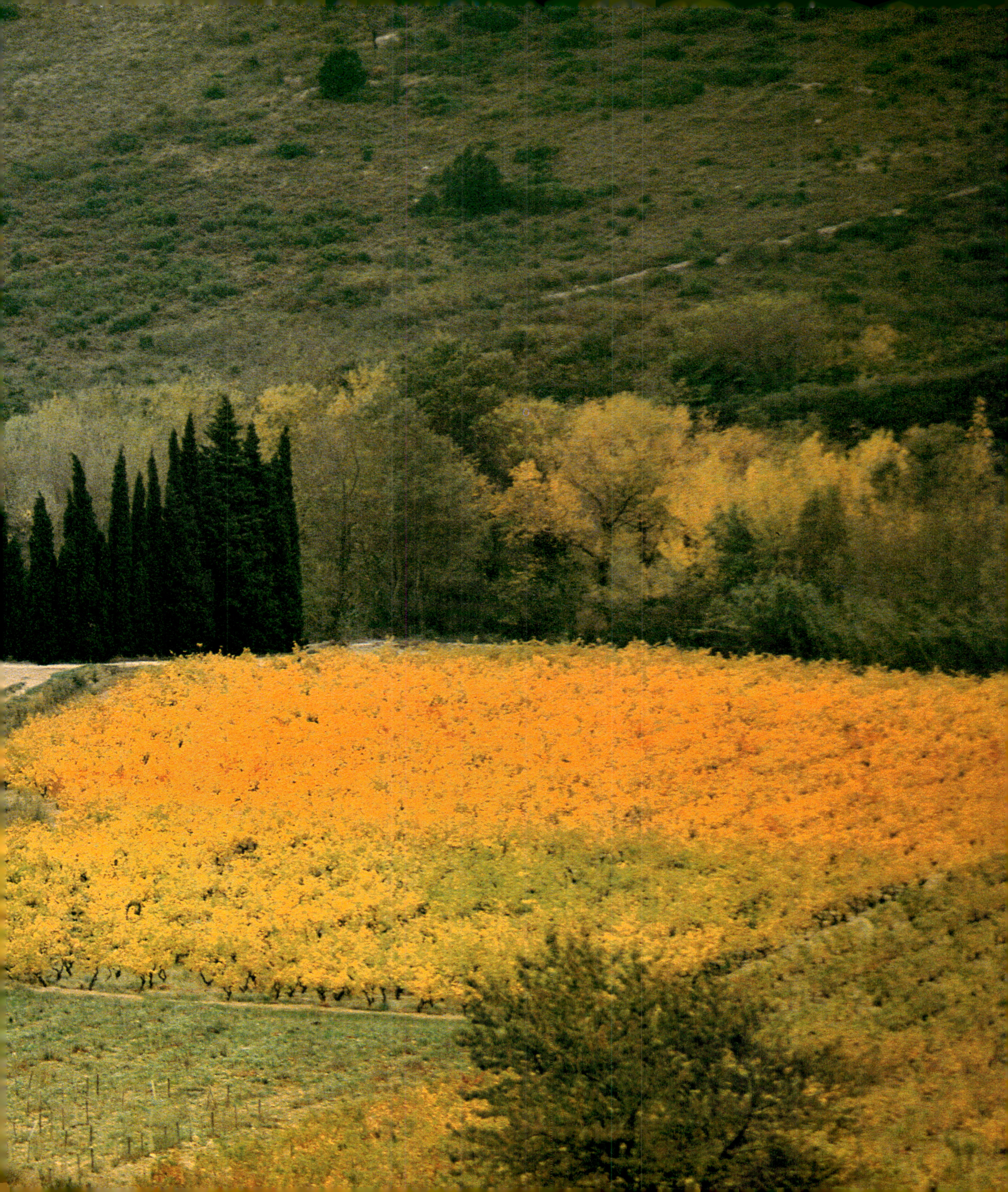

des moines jusqu'à la Révolution, et plus loin encore, de l'abbaye Sainte-Marie de Rieunette, un monastère cistercien de femmes.

En vis-à-vis d'un village fortifié sur les berges de l'Orbieu, l'abbaye de Lagrasse fut au temporel ce que Fontfroide était au spirituel et ses possessions s'étendaient par delà les Pyrénées. Les temps ont changé et l'abbaye autrefois protégée par Charlemagne abrite maintenant la discrète communauté de la Théophanie, qui vit retranchée derrière les fortifications propres au domaine, à l'ombre d'une abbatiale dont le clocher semble un donjon. Comme pour Fontfroide, le XVIIIe siècle a laissé sa marque à l'ensemble, avec un remaniement des bâtiments conventionnels et du cloître, et là encore des dépendances sont à rapprocher de l'abbaye, à savoir le château de Padern, l'ancien fort de Saint-Pierre-des-Champs et le monastère de Saint-Martin-des-Puits, aujourd'hui réduit à une exceptionnelle église préromane.

La découverte de ces hauts lieux des Corbières s'accompagne de celle d'une contrée méconnue, prodigue de paysages vierges et de trésors cachés. Ce sont par exemple des places-fortes en ruines qui, pour n'être pas toutes cathares n'en

Sur cette page : le site de Padern et une vue de Lagrasse. A droite : le château de Gaussan et un paysage des environs de Lezignan.

sont pas moins grandioses, à Auriac et Durfort dans les gorges de l'Orbieu, et encore à Saint-Martin-de-Toques, Montséret, Durban-Corbières, Termes, Aguilar ou Miramont. Certains château survivants adoucissent les perspectives d'une note plus souriante, comme ceux de Servès-en-Val et de Blomac ou, de façon sublime, celui d'Argues : élevé au tournant des XIIIe et XIVe siècle, ce donjon carré constitue une synthèse parfaite de l'art militaire et de l'art de vivre en présentant un toit de tuiles rondes et de généreuses fenêtres, mais aussi des archères et quatre tourelles en échauguettes.

L'inattendu fait également partie du programme : ainsi Douzens, dont les vieilles demeures recèlent un musée des Oiseaux sans concurrence pour la richesse des collections, et Fabrezan, qui honore le plus fameux de ses enfants au musée du souvenir Charles-Cros. Naturellement, dans un pays où les travaux des vignerons rythment la vie depuis deux millénaires, il fallait aussi un musée de la vigne et du vin, que l'on peut visiter à Lézignan-Corbières, la principale agglomération de la région.

La position excentrée de Lézignan amène à constater que le relief chaotique des Corbières a détourné sur ses marges les principales voies de communications : au sud, la route suit le sillon du Fenouillèdes, à l'ouest elle utilise la vallée de l'Aude, tandis qu'au nord elle court au pied de la montagne d'Alaric. La plus importante de toutes ces voies ouvre la porte du Roussillon et des pays catalans et se glisse à l'est entre les derniers contreforts des côteaux et l'étang de Salses. Ce passage à la fois commode et obligé, utilisé dès la préhistoire et sans doute précocement fortifié, est marqué depuis le XVIe siècle par l'extraordinaire forteresse qui accompagne le bourg de Salses.

Commencée en 1497 par Ferdinand le Catholique, elle fut d'abord la clef du royaume d'Espagne puis changea plusieurs fois de mains au gré de l'avance des armées. Passée aux Français en 1642 et devenue peu après inutile en raison du déplacement de la frontière, cette place colossale fut transformée par Vauban; depuis lors, la forteresse de Salses a découragé toutes les tentatives de démolition si bien qu'elle est restée intacte jusqu'à nos jours. Elle offre un exemple rare de la transition entre les châteaux du passé, qui tiraient parti de la verticalité, et ceux de l'avenir qui allaient s'enterrer de plus en plus pour résister à l'artillerie.

Ci-contre, à gauche: vue des environs de Ribauté et montagne d'Alaric. Ci-dessous et à droite: trois aspects du Fort de Salses.

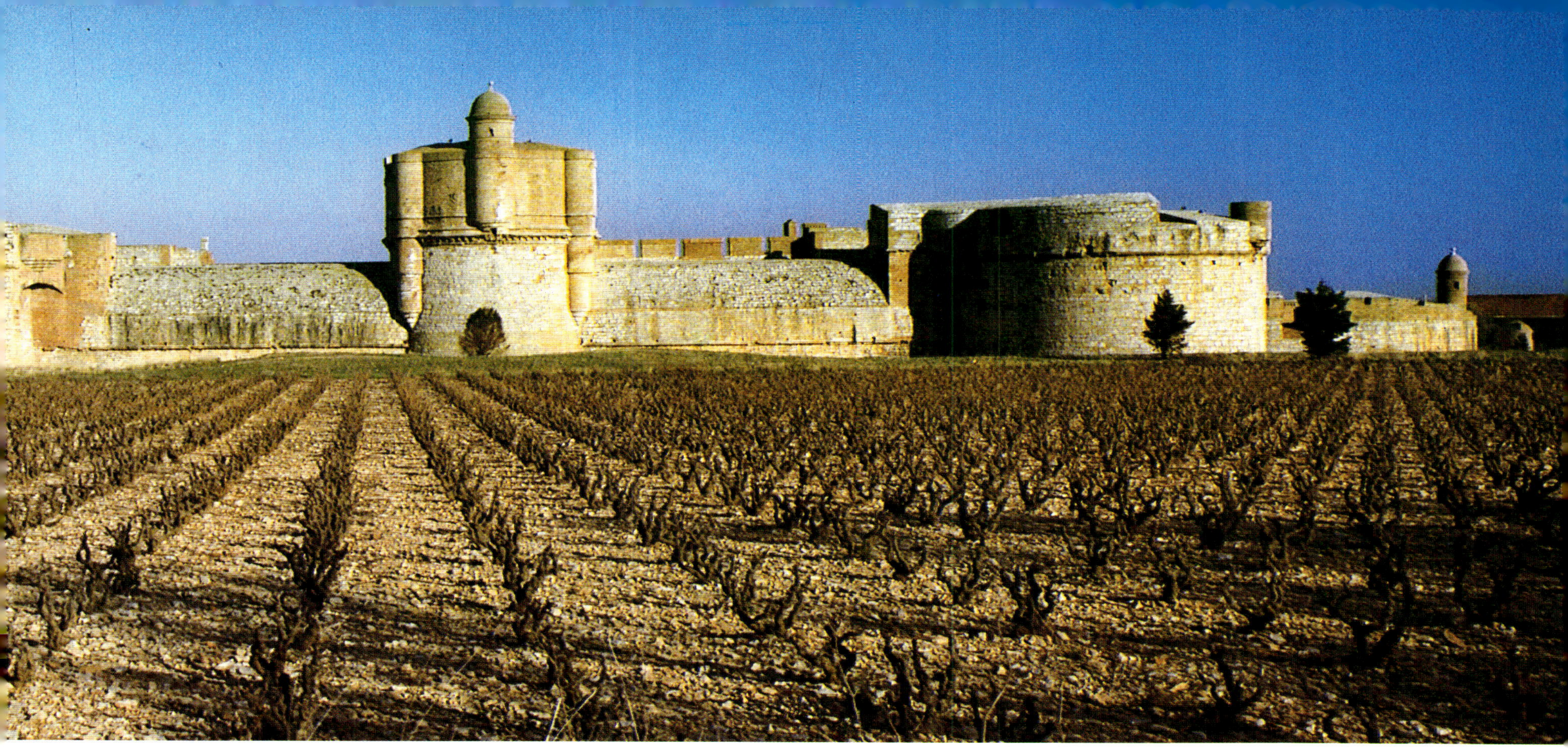

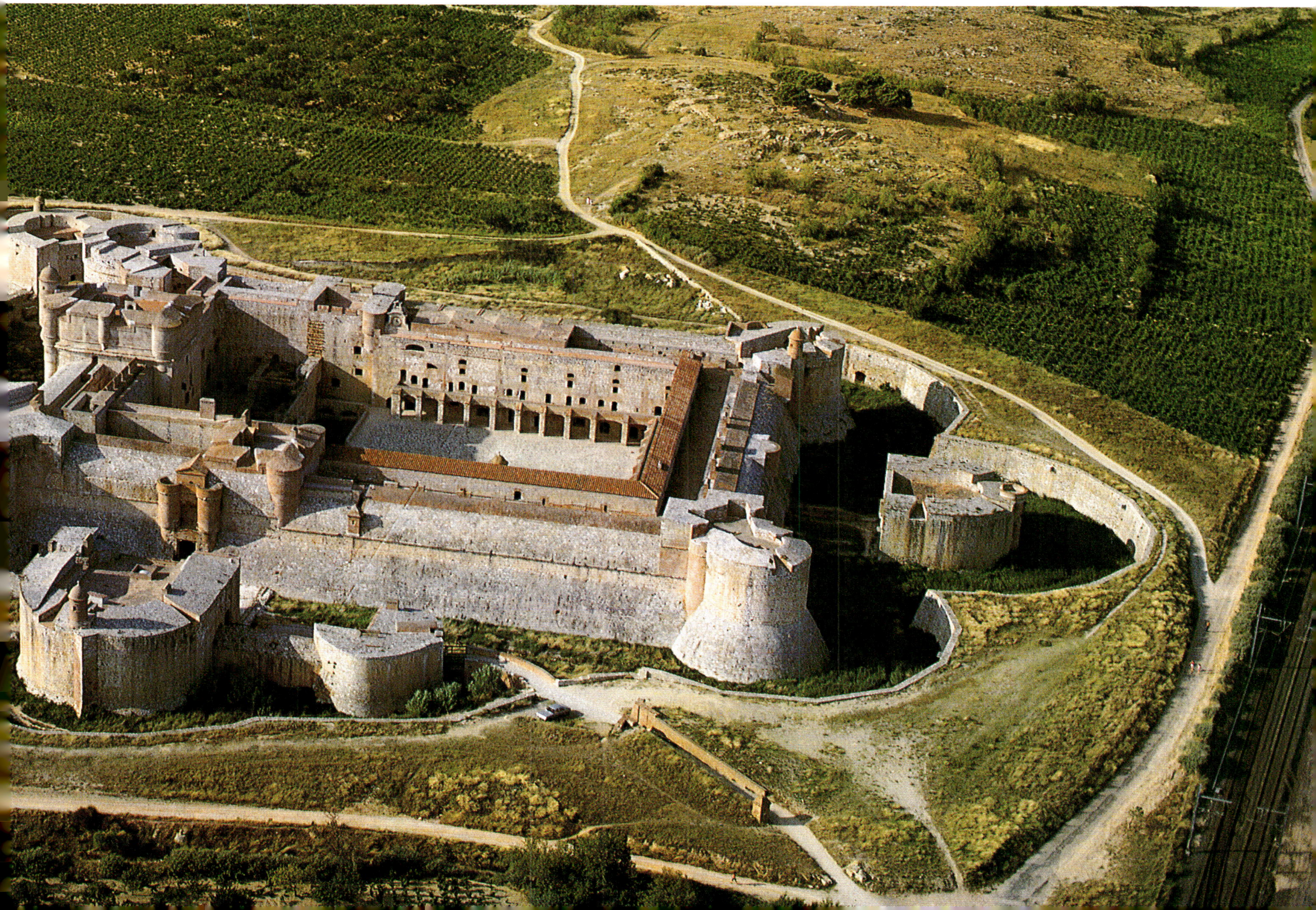

NARBONNE, «FILLE DE ROME»

A l'époque où l'étang de Sigean était un golfe marin et où la montagne de la Clape était une île, les conquérants romains décidèrent d'installer une ville dans ces parages tout désignés par la géographie. Créée 118 ans avant notre ère, la nouvelle Narbo Martius se trouvait en effet à la jonction de la route d'Aquitaine menant aux rivages atlantiques et de la voie terrestre reliant depuis des temps immémoriaux l'Europe centrale et l'Italie à l'Espagne. Mettant à profit cette situation et son rôle portuaire, en outre par un contingent de vétérans envoyés par César, Narbonne devint rapidement la capitale administrative et commerciale du midi de la Gaule, avec des institutions et un urbanisme calqués sur ceux de Rome.

Pourtant, contrairement à Nîmes ou Arles qui étaient loin de l'égaler, la prestigieuse capitale de la Narbonnaise ne peut être évoquée que grâce aux textes anciens ou à son musée lapidaire : Narbonne ne garde de cette splendeur antique que les greniers souterrains de l'Horreum, François Ier ayant fait intégrer aux remparts les quelques vestiges des monuments romains qui avaient survécu aux barbares. Ceux-ci avaient déferlé en plusieurs vagues dévastatrices avant que les Wisigoths ne se fixent dans la cité, dont ils firent la capitale de la Septimanie, leur souverain Athaulf y épousant Galla Placidia. Les invasions arabes mirent un terme à cette main-mise, jusqu'à ce que Pépin le Bref ne délivre la ville en 759, mais le commerce maritime sourit encore longtemps des incursions des Sarrasins et des Normands.

Bien que Charlemagne ait confirmé sa prééminence en la faisant capitale du duché de Gothie, Narbonne ne connut donc son second âge d'or qu'au début du XIIe siècle, avec un fantastique essor de l'industrie drapière. Les principales constructions de la ville datent de ce temps, qui fut aussi celui du règne de la vicomtesse Ermengarde, fille du fameux Aymeri de Narbonne de la chanson de geste, maîtresse femme que d'aucuns comparent à sa contemporaine Aliénor d'Aquitaine. Il est vrai qu'elles rivalisaient de raffinement, toutes deux entretenant des «cours d'amour» entre lesquelles hésitaient parfois les troubadours, tel Bernard de Ventadour.

A peine Narbonne eut-elle renoué avec les fastes d'antan qu'une invraisemblable série de fléaux s'abattit sur elle : en 1320 l'Aude rompit ses digues et changea de cours, privant la ville de son port tandis que l'ancien lit, marécageux et pestilentiel, entretenait les épidémies. Aux grandes pestes firent suite de terribles disettes

Vue et vue aérienne du centre de Narbonne. A gauche : le palais des Archevêques, attenant à la cathédrale. A droite : vue de cette dernière.

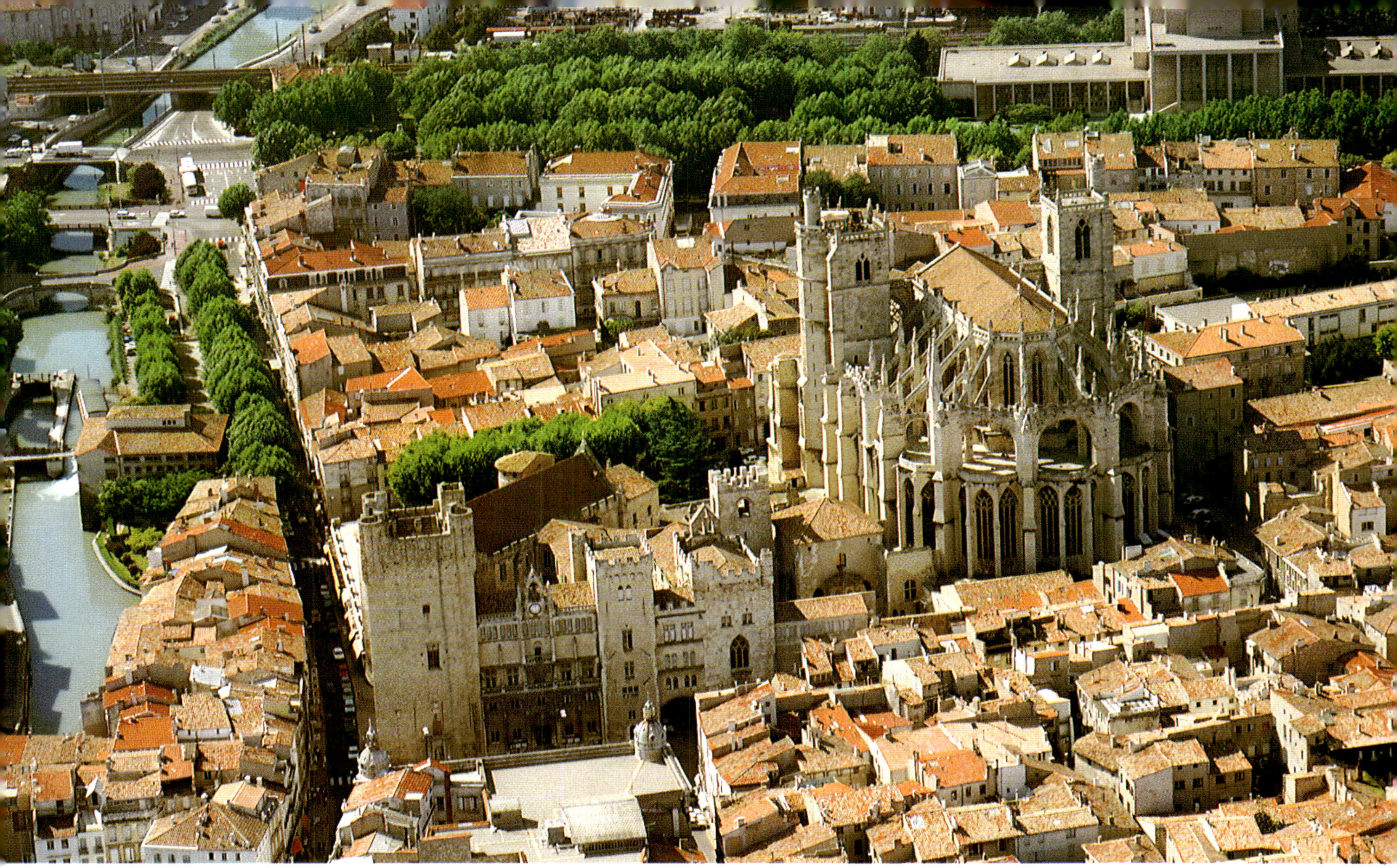

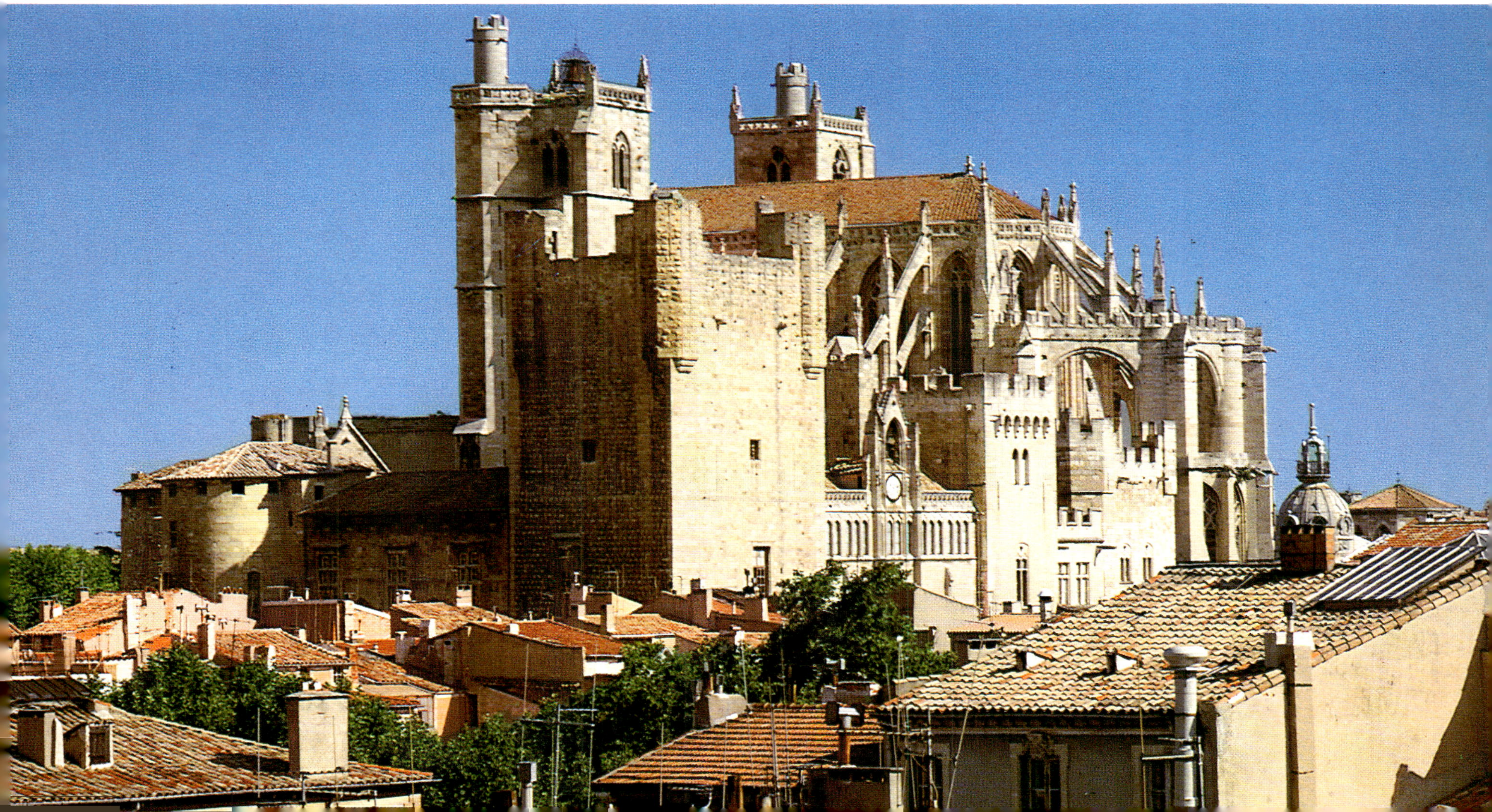

tandis que se déroulait la guerre de Cent Ans, qui vit notamment le Prince Noir détruire la ville par le feu en 1355. Décimée, la ville périclita alors derrière des remparts trop grands, bientôt rendus inutiles par le traité des Pyrénées, et pour finir elle perdit jusqu'à son archevêché.

Si malgré tout Narbonne est aujourd'hui la seconde agglomération du département de l'Aude derrière Carcassonne, elle le doit à ce que l'on a appelé «l'âge d'or viticole». Au XIXe siècle l'assainissement des zones marécageuses entourant la ville a permis un extraordinaire développement de la vigne et, en dépit des crises inhérentes à une telle monoculture, Narbonne tire encore du vignoble l'essentiel de son dynamisme. Son économie actuelle est cependant liée également à un rôle de carrefour retrouvé dans les domaines ferroviaire et autoroutier, ainsi qu'au développement du tourisme.

Loin d'être une simple plaque tournante desservant le littoral, Narbonne est en effet une ville d'art doublée d'une cité de charme, comme le savent bien les amoureux de la promenade des Barques, le long du canal de la Robine. A deux pas de là se trouve le pôle d'attraction de la ville, sous la forme d'un ensemble architectural complexe associant la cathédrale Saint-Just et un palais des Archevêques dont on pense qu'il a servi de modèle au palais-forteresse des papes d'Avignon. Le palais de Narbonne fut à l'origine celui d'Ermengarde et de ses cours d'amour, ce qui ne l'empêche pas d'être défendu par un fort donjon : ce «Palais Vieux» du XIIe siècle a été consacré à un musée archéologique après avoir été restauré par Viollet-le-Duc.

Une pittoresque venelle médiévale nommée le passage de l'Ancre donne accès à la cour intérieure de ce palais primitif et le sépare d'un ensemble élevé à partir du XIVe siècle, le «Palais Neuf», maintenant dévolu à un musée d'Art et d'Histoire. Cette nouvelle résidence archiépiscopale garde un net caractère militaire en étant notamment flanquée du donjon Gilles Aycelin, dont les fondations sont celles du rempart gallo-romain défendant un port désormais réduit à la modeste Robine. Ce palais a de plus une facette civile, puisque sa façade date du XIXe siècle, époque depuis laquelle il héberge aussi l'hôtel de ville.

Le passage de l'Ancre donne ainsi accès aux deux palais tout en les faisant communiquer avec la cathédrale par l'intermédiaire d'un cloître qui compose avec elle un merveilleux ensemble, typique du gothique flamboyant méridional. Comme à Beauvais, qui est d'ailleurs l'un des rares sanctuaires à posséder une nef plus élevée que la cathédrale Saint-Just de Narbonne, les constructeurs se montrèrent par trop ambitieux et l'édifice ne fut jamais achevé, se limitant à un fastueux chœur rayonnant.

De l'autre côté de la Robine, la seconde grande église de la ville est la basilique Saint-Paul, une ancienne abbatiale de style composite. Parmi les édifices civils de Narbonne, on retiendra encore la Maison vigneronne du XVIIe siècle, qui était à l'origine une poudrière, ainsi que la Maison des Trois Nourrices, de cent ans plus ancienne, et qui doit son nom aux formes opulentes des cariatides de sa façade.

Narbonne. Hôtels de la vieille ville et vue aérienne du centre historique. A droite, le Cours Mirabeau et le Canal du Midi.

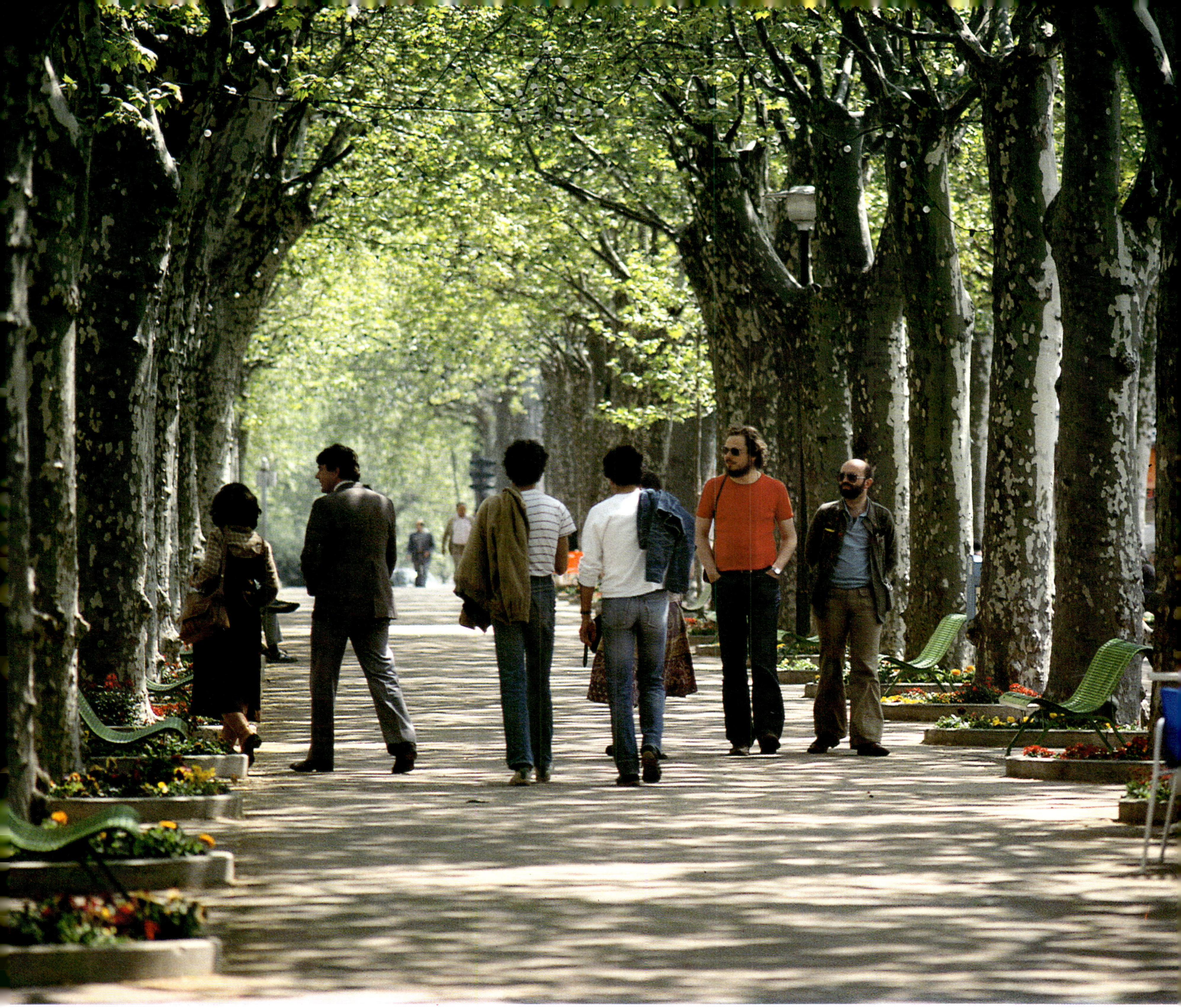

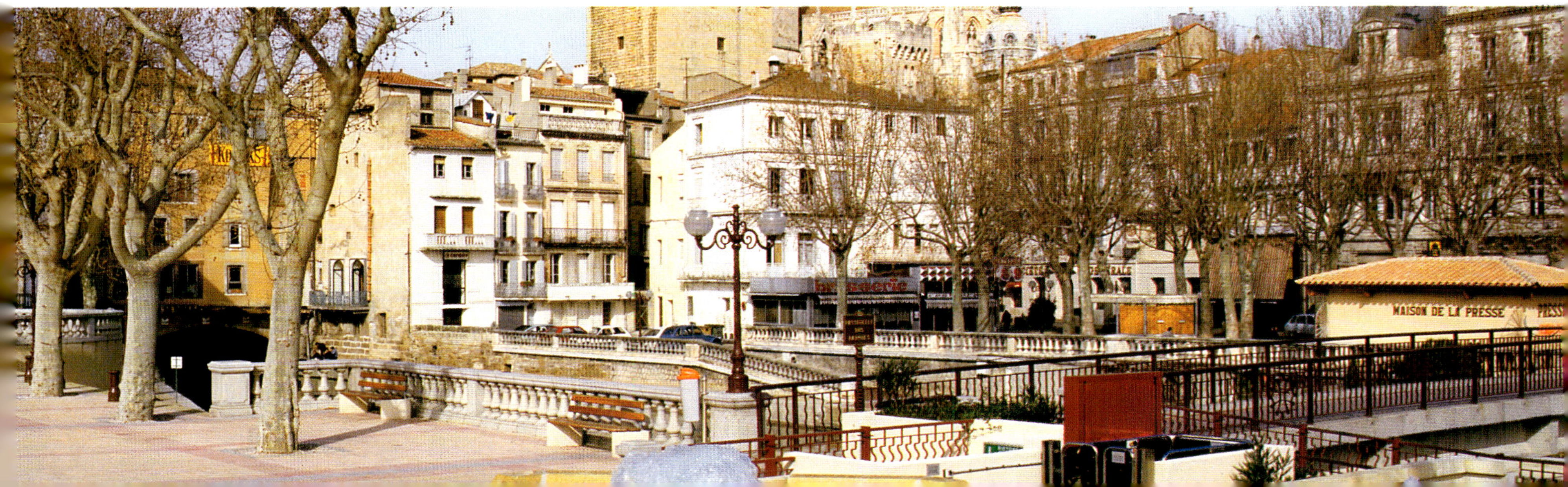
MAISON DE LA PRESSE

LE LITTORAL AUDOIS

Alors que Narbonne luttait pied à pied et siècle après siècle contre le sable et les flots pour tenter de conserver un débouché maritime, de petites communautés se contentaient d'exploiter artisanalement les ressources des étendues mouvantes et amphibies qui séparent la terre ferme de la Méditerranée. Ces sauniers, pêcheurs, éleveurs d'huîtres ou de moules et autres chasseurs du bord des étangs voisinaient de la sorte avec les vignerons, les maraîchers et les bergers qui se partageaient d'anciennes îles devenues hautes terres. En complément de cette économie encore vivace de nos jours, le tourisme balnéaire s'est installé assez tôt sur la belle grève audoise dont les stations conservent un caractère familial : dans cette zone en effet, Gruissan seul a fait l'objet d'une extension moderne, accompagnée du creusement d'une marina.

Dans les pins, au bas du plateau calcaire de Leucate qui fut lui aussi insulaire, La Franqui-Plage résume à merveille ces paysages en étant baignée par la mer, mais également par le grau de l'étang de Lapalme dont les roseaux frémissent derrière les maisons de la station. Cet étang présente la particularité d'être bordé par les derniers contreforts des Corbières, offrant un agré-

antique — qui permet en particulier de découvrir plusieurs pittoresques villages de pêcheurs. En outre, près de Sigean, l'extraordinaire milieu naturel de l'étang, semé d'îles secrètes et parcouru par les oiseaux migrateurs, a reçu le renfort inattendu d'une réserve africaine avec des lions, des dromadaires ou des zèbres qui s'ébattent sur la garrigue. Malgré leurs noms, Peyrac-de-Mer, village aux racines préhistoriques, et Bages à la Marine escarpée, sont des villages voisins qui n'ont d'autres berges que celles du vaste étang.

able vallon au village de Lapalme : le domaine de celui-ci est ainsi constitué pour moitié d'une garrigue autrefois pacagée et où s'ouvrent d'anciennes carrières de marbre, et de salins toujours en exploitation qui dessinent un madras aux couleurs changeantes.

Au nord, l'on aborde ensuite l'étang de Bages et de Sigean, le plus vaste de l'Aude, qui est le vestige du golfe de Narbonne. C'est à travers son étendue que fut creusée la Robine destinée à relier coûte que coûte la ville à la mer, avant que ne soit décidée en 1820 la création à son débouché de Port-la-Nouvelle. Devenu le troisième port en importance sur nos côtes méditerranéennes, Port-la-Nouvelle accédait dans le même temps au rang de station balnéaire.

Dans l'intérieur s'est développé le vieux bourg de Sigean, qui se veut la «porte maritime des Corbières» : le titre n'est pas usurpé si l'on considère la richesse de son musée régional et les ouvertures qu'il a développées sur son étang, avec une station nautique — héritière d'un port

Ci-dessus : le site de Bages. A gauche : les barques des citadins. En haut, à droite : le vieux bourg de Sigean. Ci-contre : randonnée équestre à Narbonne-Plage.

Environné de salins et de vignobles produisant un original «vin de chèvre», l'étang de l'Ayrolle prolonge celui de Sigean par delà la Robine, formant un vaste territoire sur lequel règne Gruissan le vieux, un village autrefois insulaire dont les maisons font cercle autour du rocher de la tour Barberousse. Au début du siècle, le Gruissan haut en couleurs des pêcheurs, des vignerons et des sauniers se doubla côté plage d'un village estival monté sur pilotis de façon à échapper aux «marées» d'équinoxe. Ce cadre insolite de la plage des Chalets est fameux pour avoir servi de décor au film «37°2 le matin». Le plan d'aménagement du littoral a quelque peu modifié cette vision originale : les eaux dormantes du petit étang du Grazel ont été mises en communication avec la mer, si bien qu'au revers du village primitif un port de plaisance a pu être aménagé en même temps que de nouvelles constructions étaient habilement intégrées au site.

En plus de ce voisinage pittoresque, la nouvelle station bénéficie de la proximité des hauteurs gris-bleu de la montagne de la Clape, un univers passionnant à tous points de vue : l'histoire y mêle des vestiges néolithiques et un héritage romain, la géologie montre de spectaculaires manifestations karstiques telles que la résurgence du Rec d'Argent ou le gouffre de l'Oeil Doux, le romantisme y a sa part avec un émouvant cimetière marin égrené au long d'un sentier en escalier et la foi a le visage des ex-voto naïfs de la chapelle Notre-Dame-des-Auzils. Une route traversant le massif dessert les stations de Narbonne-Plage et de Saint-Pierre-sur-Mer qui encadrent un petit port.

Le jalon suivant sur ces rivages est le grau de Vendres par où l'Aude se jette dans la Méditerrannée; en retrait de cette embouchure, la cité de Fleury-d'Aude a récemment parrainé l'ouverture du premier observatoire sous-marin d'Europe qui est une sorte d'aquarium géant. Enfin, au nord, Valras et l'immense camping de la Yole inaugurent les plages biterroises.

Ci-dessous : Notre-Dame des Auzils. A droite, en haut : le cimetière marin de Notre-Dame des Auzil et une vue aérienne de Gruissan. Au-dessous : à Gruissan, le site de l'ancien village de pêcheurs et le rocher de la tour Barberousse. En pages suivantes : vue aérienne de ce dernier site.

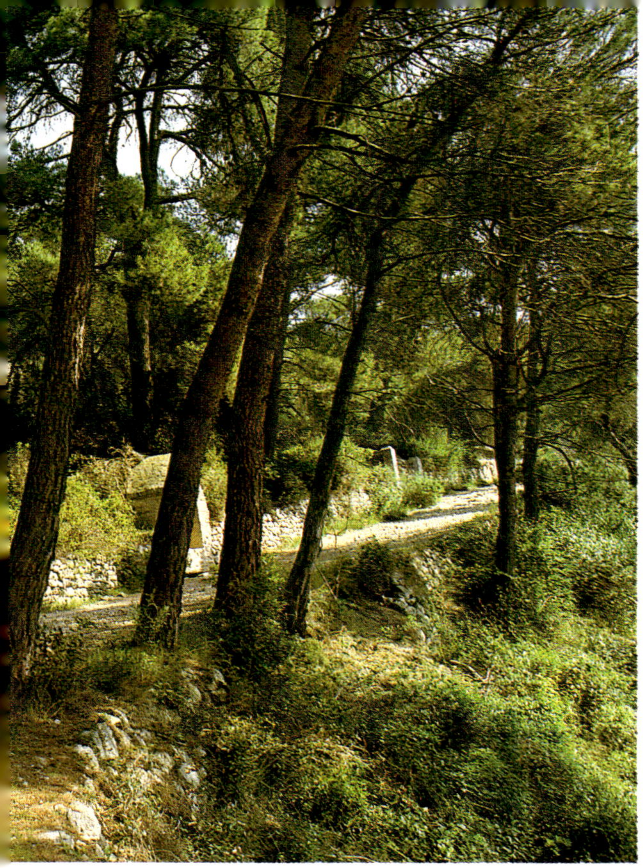
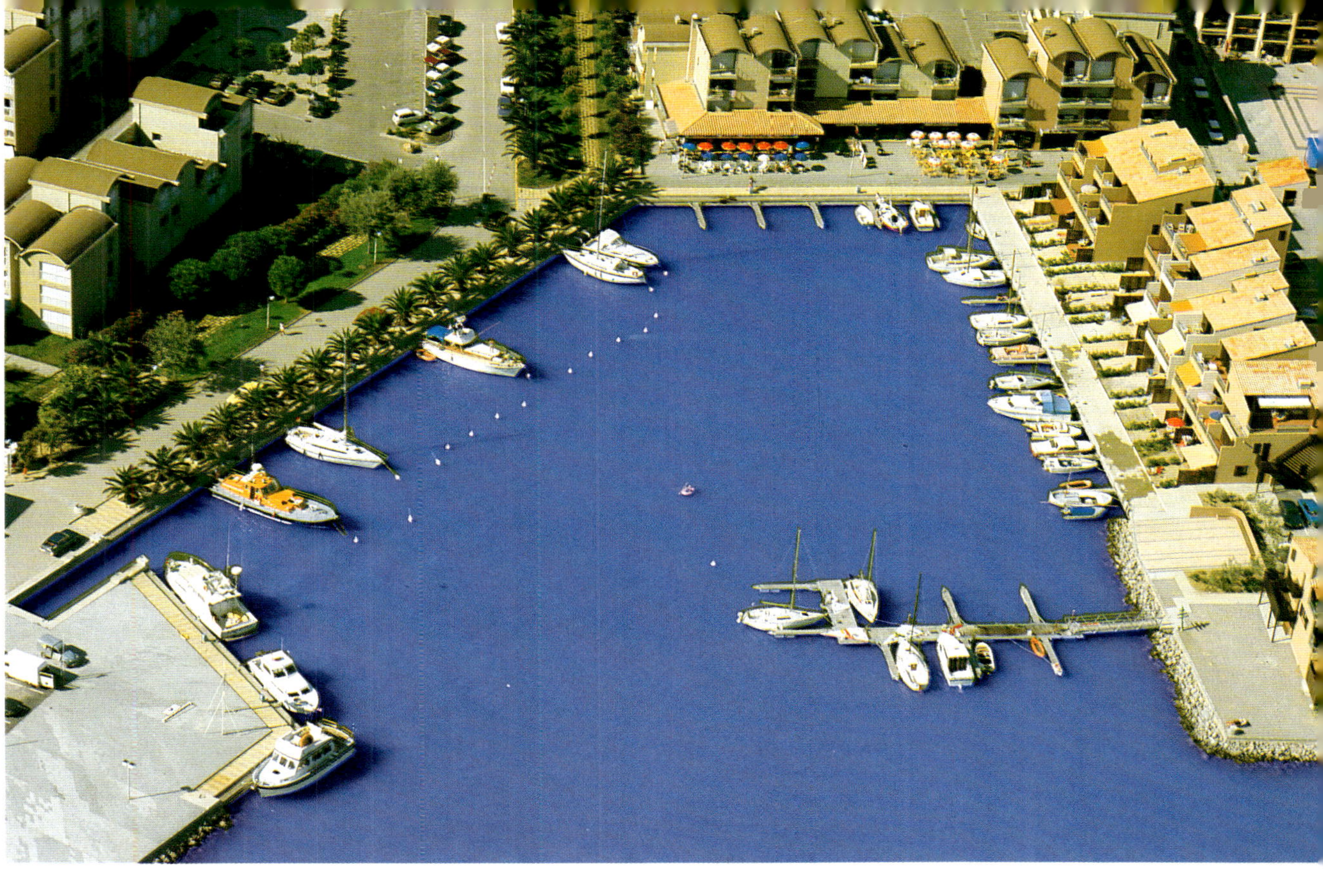
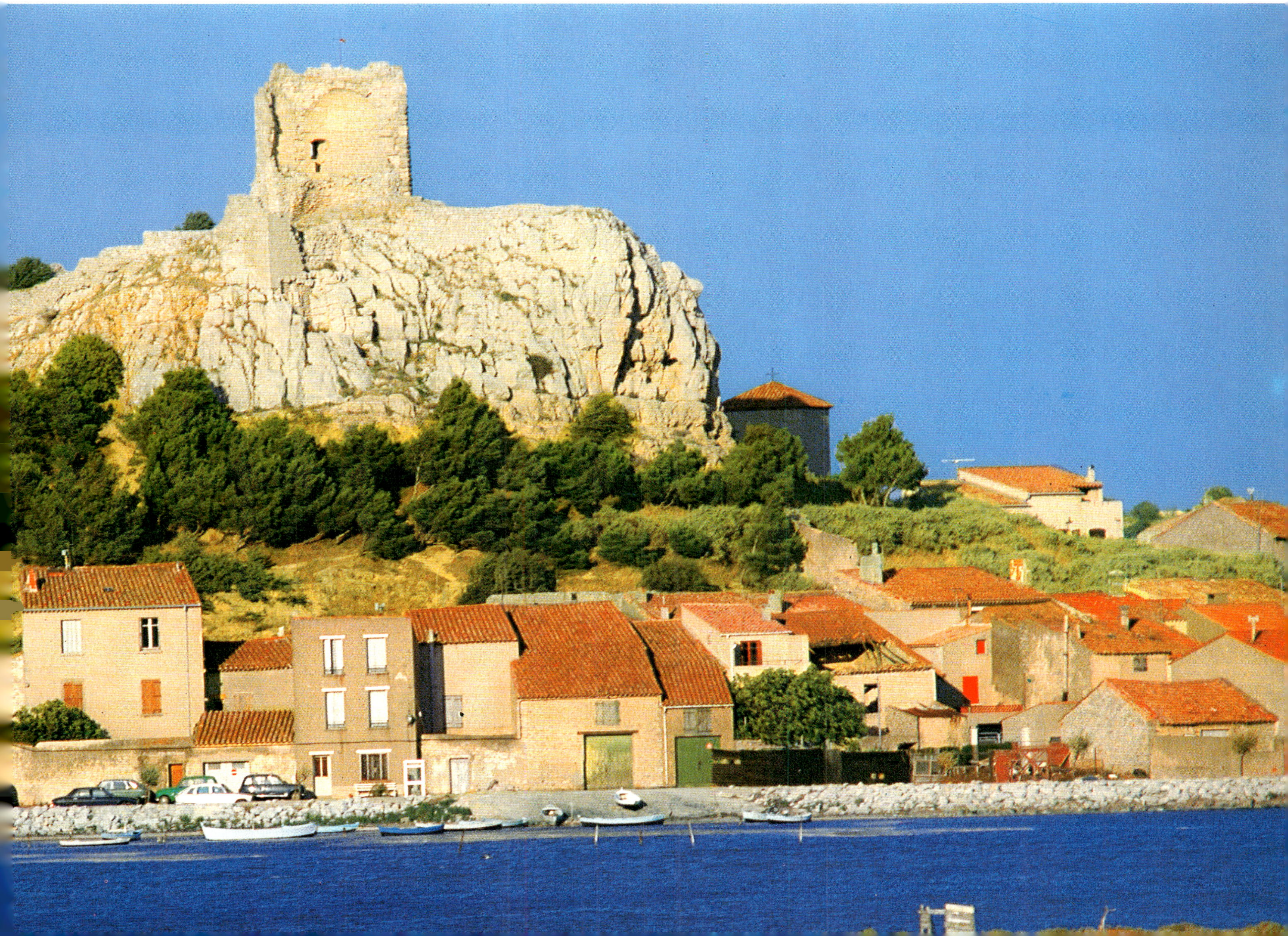

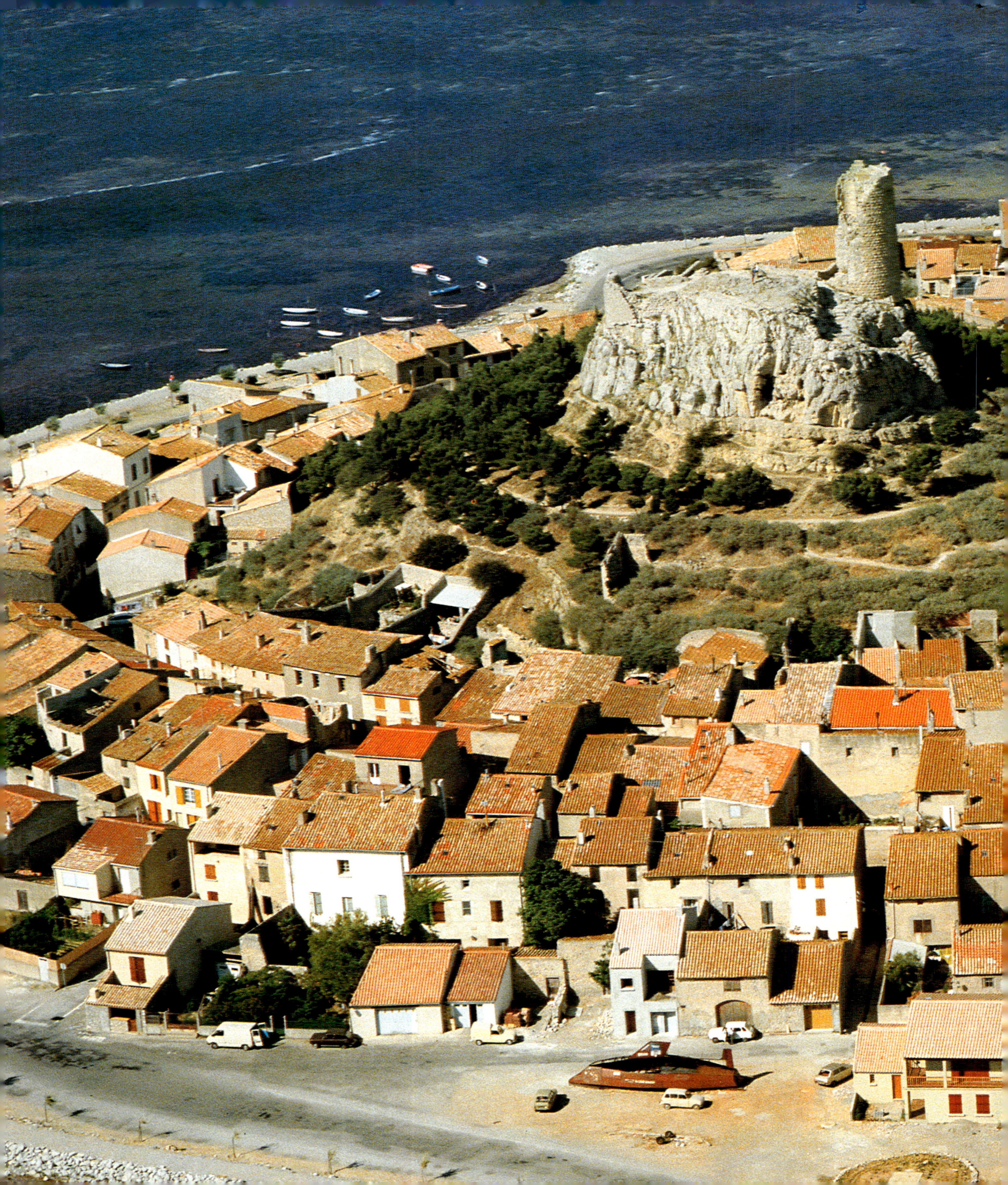

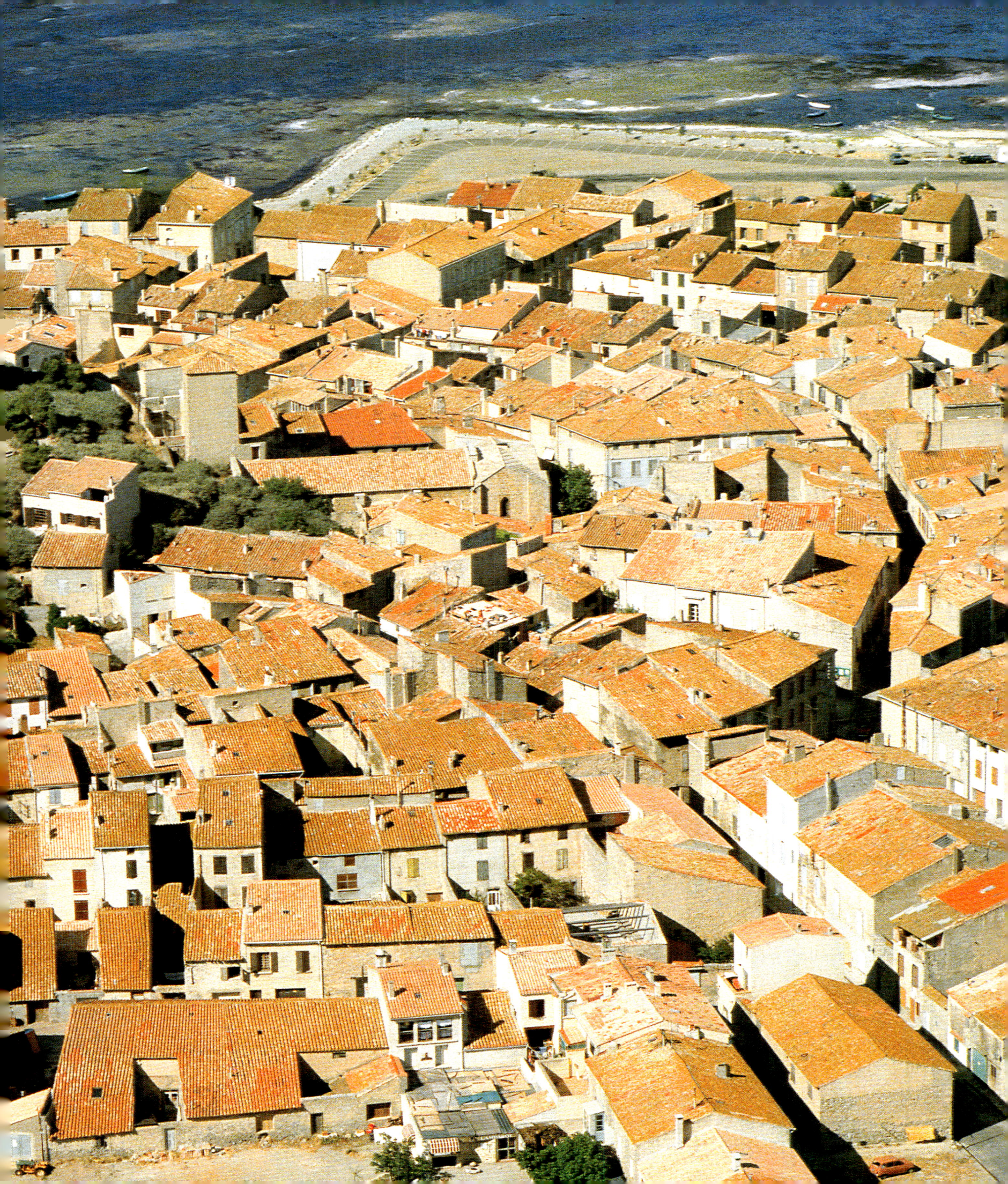

LE PARC REGIONAL DU HAUT LANGUEDOC

En toile de fond des basses terres narbonaises et bitterroises s'élèvent des bastions de lumière et de pleine nature, d'eaux vives et de pierres patinées sur lesquels une initiative récente a permis de mettre un nom commode. En effet, à cheval sur les régions Midi-Pyrénées et Languedoc-Roussillon représentées par les départements de l'Hérault et du Tarn, le parc naturel du Haut Languedoc regroupe maintenant ses reliefs variés dont la végétation est tantôt atlantique, tantôt méditerranéenne et qui, sur le plan humain, forment une mosaïque aux particularismes vivaces. Monts de Lacaune ou de l'Espinouse, Sidobre, Montagne Noire, Caroux et Somail ont toutefois en commun d'avoir été des terres d'échanges entre les plaines environnantes et d'être au contraire aujourd'hui splendidement isolés à deux pas d'une côte surchargée de visiteurs.

Comme il est de règle en pareil cas, le parc régional a pour vocation de préserver l'âme de ses terroirs en favorisant le maintien sur place de ses habitants, tout en ouvrant la porte de ses richesses naturelles à un tourisme bien compris. Parmi les réalisations qui répondent à ce double but figurent par exemple les sympathiques «foires des produits du terroir du Haut Languedoc», qui animent en saison Sorèze, Murat, Lacaune, Olargues ou la Salvetat-sur-Agout : cent occasions de faire plus ample connaissance avec le Haut Languedoc s'y offrent au visiteurs, du fromage de chèvre aux laines brutes et des grenaches aux jouets en bois, sans compter les célèbres salaisons de montagne.

Vers l'ouest, le parc naturel couvre partiellement trois massifs soumis aux influences atlantiques, la Montagne Noire, déjà évoquée à propos des environs de Carcassonne, le Sidobre, dont les forêts et les célèbres «rochers tremblants» appartiennent à la région de Castres, et les monts de Lacaune, terre forestière et d'élevage dont la race ovine domine le cheptel français. La plus grande part de ce Haut Languedoc protégé revient donc au massif de l'Espinouse qui s'allonge entre la vallée de l'Agout au nord et celles du Jaur et de l'Orb au sud. Le nom de la montagne fait allusion aux broussailles épineuses qui courent entre les à-pics sauvages dont est faite sa face méridionale; sur l'autre versant, l'Espinouse a un visage plus serein, avec des landes et des forêts qui accompagnent la houle tranquille de croupes arrondies.

Le rôle de chef-lieu du parc a été attribué à Saint-Pons-de-Thomières, qui est en passe de retrouver son rayonnement passé grâce au tourisme. La cité est la lointaine descendante d'un habitat préhistorique établi près des sources du Jaur, et elle doit son essor à Raymond Pons, comte de Toulouse, qui y fonda une abbaye en 936 : pour le spirituel comme pour le temporel

A gauche : dans le Sidobre, le «rocher des sept faux». Ci-dessus : les monts de l'Espinouse. Au-dessous, bastide à St-Maurice-de-Navacelles.

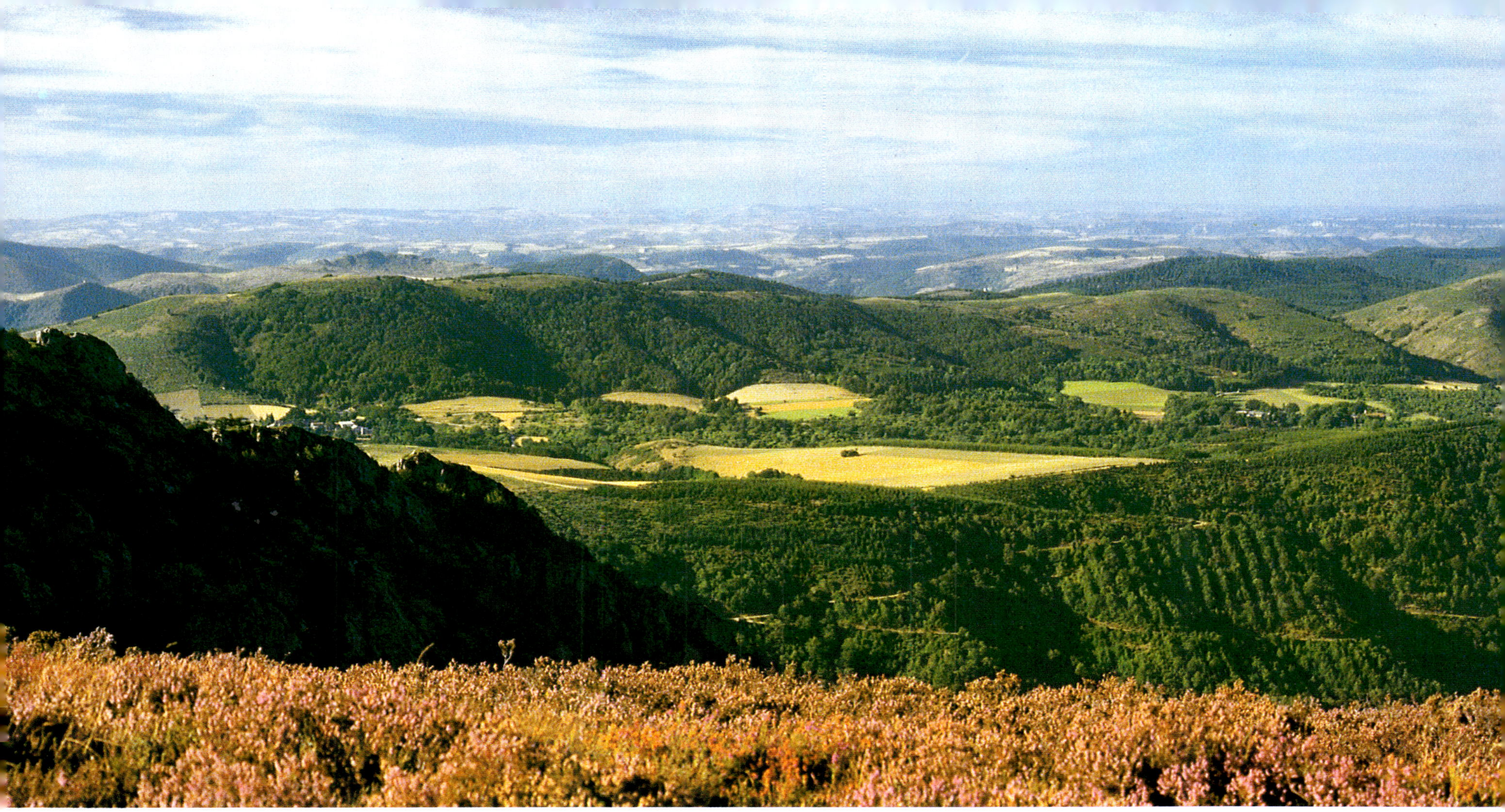

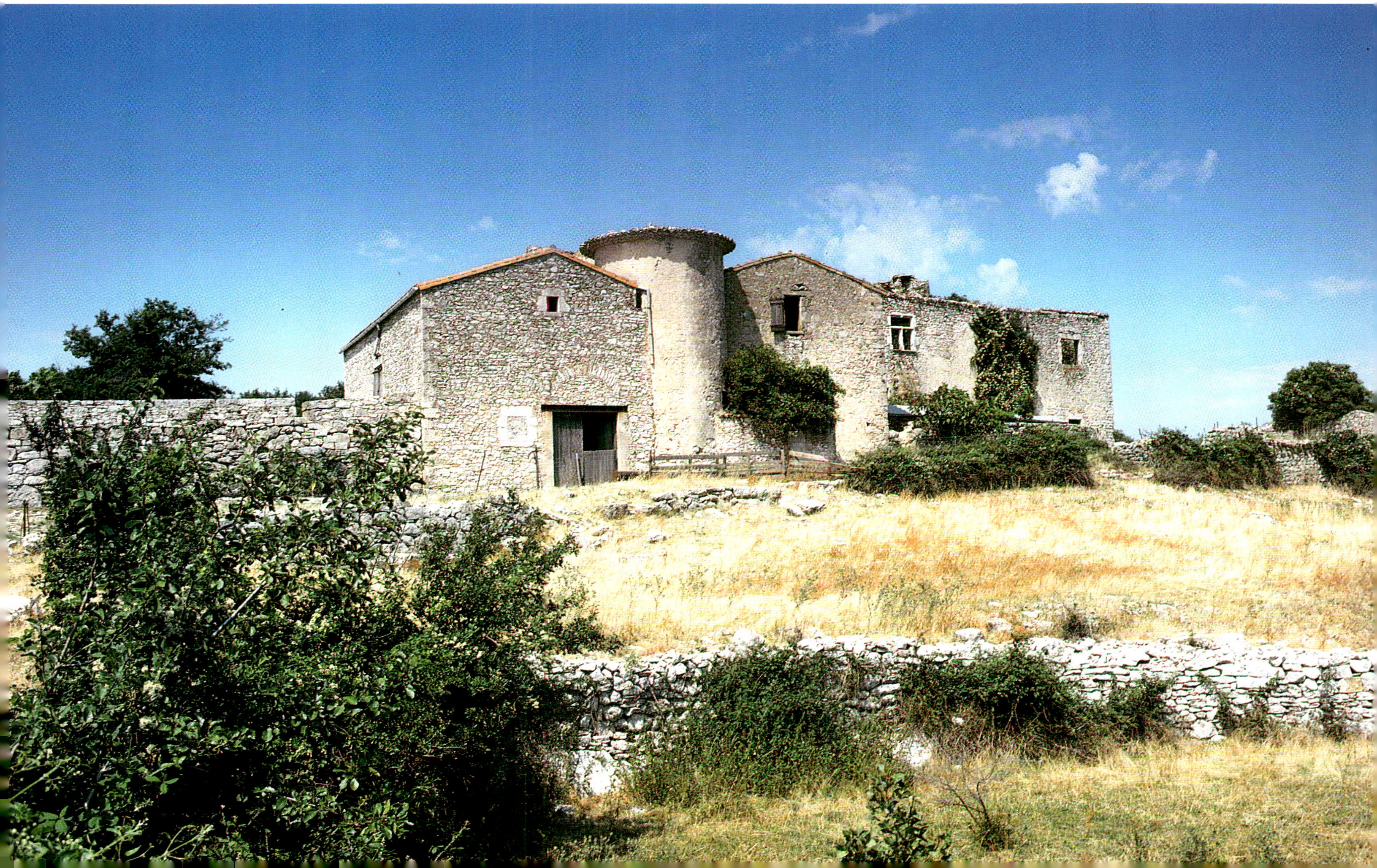

celle-ci fut florissante jusqu'au XVIe siècle, entraînant le commerce et l'industrie drapière dans son sillage. Malgré sa place privilégiée sur la route joignant les pays du Tarn au littoral et bien que l'exploitation forestière ait pris le relais du textile, Saint-Pons-de-Thomières subit ensuite un lent déclin jusqu'à notre époque.

C'est pourquoi aujourd'hui la ville mise tout sur le tourisme, jouant de son cadre montagneux, de sa gastronomie et d'un climat particulièrement agréable, sans négliger ce que son histoire lui a légué, c'est-à-dire des témoignages préhistoriques présentés dans un musée, une belle cathédrale et des vestiges de fortifications. A quelques kilomètres de Saint-Pons s'ouvre la remarquable grotte de la Devèze, qui est au nombre des rares cavités à posséder des buissons d'aragonite aux cristaux fins comme des aiguilles.

Au-dessus de la vallée s'élèvent les pentes du Somail, qui est la portion la plus arrosée de l'Espinouse, étageant jusqu'au col du Cabaretou les châtaigniers, les chênes verts, les sapins, les hêtres et les pâturages, au milieu d'un lacis de ruisseaux à truites; le site majeur en est le saut de Vésole, une cascade de 200 m de haut qui fait suite à un lac de retenue. En rejoignant l'Agout, on parvient alors à la maison du parc de Prat-Alaric, une ancienne ferme au toit couvert de genêts qui est un magnifique témoin de l'architecture traditionnelle de l'Espinouse.

Les eaux de l'Agout baignent encore la station estivale de la Salvetat, puis gonflent l'immense retenue de la Raviège, offerte à tous les plaisirs nautiques. En amont, la rivière s'enfonce au cœur du massif puisqu'elle prend sa source sous le Sommet, dont les 1124 m d'altitude permettent la pratique du ski de fond. Cette partie du massif associe des landes et de grandes étendues forestières qui ont permis de constituer une réserve nationale où s'ébattent un millier de mouflons. Le territoire de ces hardes va jusqu'au Caroux, spectaculaire conclusion de l'Espinouse au-dessus de l'Orb : les randonneurs y connaissent depuis longtemps les charmes des gorges d'Héric et les grimpeurs ne sont pas en reste sur les grandes parois des gorges de Colombières.

Au pied de ce balcon d'où l'on voit la mer et même les Pyrénées, plusieurs villégiatures de la vallée de l'Orb se disputent les faveurs des touristes : Bédarieux, commerçante et déjà cévenole, puis Lamalou-les-Bains, une station thermale au dynamisme tout neuf, et le village de Roquebrun qui n'est pas peu fier de son surnom de «petit Nice». Il faut leur associer Olargues, une vieille cité nichée dans une boucle du Jaur qui s'est réveillée avec un nouveau destin en se trouvant placée au carrefour de toutes les activités de la montagne, spéléologie, escalade, randonnée, kayak et pêche sportive.

En haut : Bédarieux et son clocher. En bas, à gauche : les champs de St-Pons-de-Thomières. A droite : vue d'Olargues. En pages suivantes : le canal du Midi à Somail.

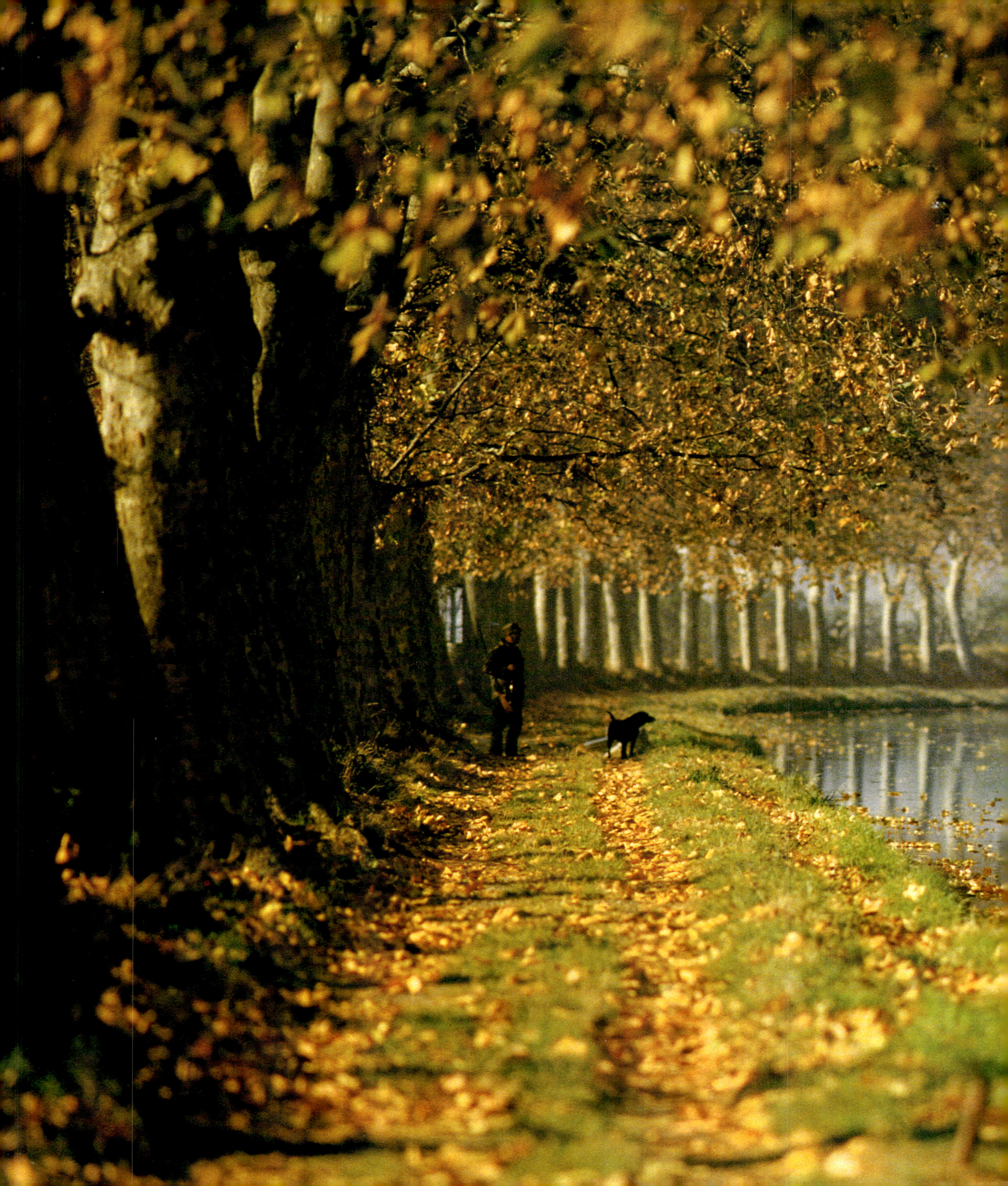

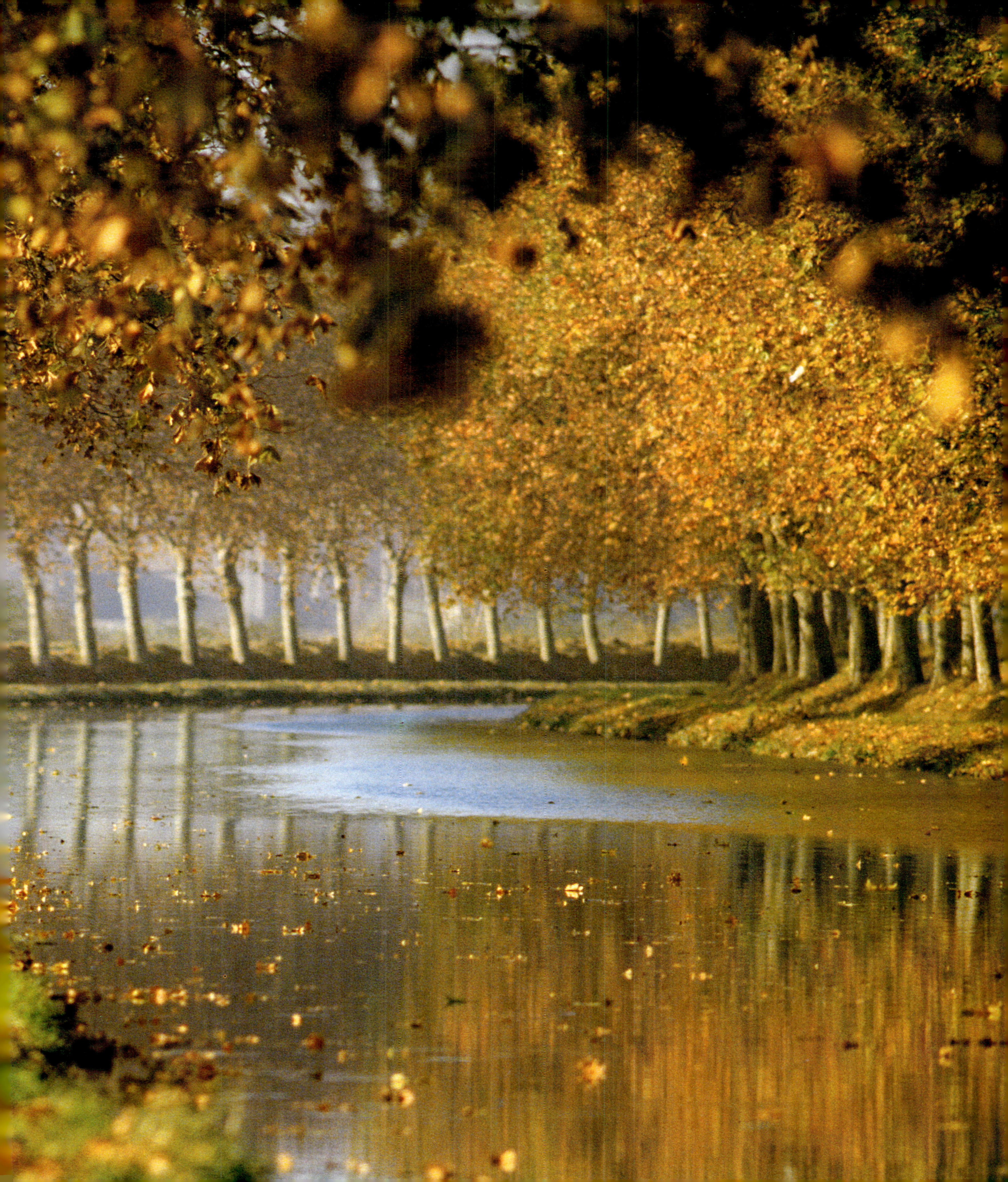

BÉZIERS, CAPITALE VINICOLE

La bonne santé de Béziers est si étroitement liée à celle de la viticulture languedocienne qu'à force de la présenter comme la capitale du vignoble on en oublie les autres facettes de l'âme biterroise que sont la feria du mois d'août, les corridas et les matches de rugby. Il est vrai que l'art de la fermentation du raisin est pratiqué ici depuis le début de notre ère, les colons romains ayant introduit précocement la vigne autour de l'«Urbs Julia Biterrae» des bords de l'Orb, dont

Béziers. Deux aspects de la ville, avec le pont vieux.

le vin résiné était transporté à Rome dans des amphores. Disposée sur un oppidum dominant la plaine littorale, Béziers tira également avantage d'une position stratégique sur la voie Domitienne.

Si favorable en temps de paix, cette situation d'étape obligée au beau milieu du Languedoc valut malheureusement à Béziers de payer un lourd tribut à chacune des invasions barbares, puis d'être la victime de tous les conflits de la région : en 1209 la cité est saccagée par les croisés de Simon de Monfort qui exterminent ses habitants jusqu'au fond des églises, ensuite les massacres des grandes compagnies ponctuent la guerre de Cent Ans et plus tard, lors des guerres de Religion, les Réformés s'en prennent aux sanctuaires de la ville. Quand le gouvernement du Languedoc s'installa à Béziers avec les ducs de Montmorency, on put penser que le calme allait régner durablement, mais c'était compter sans la tragique révolte d'Henri II de Montmorency, en 1632 : cette fois-ci, sur ordre de Louis XIII, la ville fut amputée de sa citadelle peu après que le duc ait été décapité à Toulouse.

La Révolution n'a eu cependant que peu de retentissement à Béziers, qui passa en douceur des idées les plus traditionalistes au meilleur de l'esprit républicain, idéaux nouveaux dont Jean Moulin, né entre ces murs, allait se faire le glorieux défenseur au début de la dernière guerre. En fait, depuis deux siècles, l'histoire de Béziers se confond essentiellement avec celle du vignoble : la crise viticole de 1907 et son cortège d'affrontements sanglants est par exemple l'un des événements majeurs de cette période. La surproduction et les méfaits de la monoculture sont aujourd'hui moins à craindre car, dans un vignoble qui fut le plus grand du monde au détriment parfois de la qualité, l'on privilégie désormais les produits nobles, dont le saint-chinian est le fleuron.

Sans que l'on sache très bien pourquoi, la vieille civilisation du vin s'est enrichie à Béziers d'un goût prononcé pour la fête à l'espagnole, dans les arènes ou sur les *ramblas* que sont les allées Paul-Riquet, puis d'un culte immodéré du rugby, qui a fait de l'équipe de la ville la plus titrée de France. Quand on s'y attarde, Béziers se révèle en outre très intéressante sur le plan culturel avec plusieurs musées consacrés aux Beaux-Arts, à l'Histoire naturelle, au Vieux Biterrois et … au vin, ainsi que de nombreuses manifestations telles que le salon international de peinture, en avril, ou le festival de la Côte languedocienne qui invite en juillet les plus prestigieux interprètes de musique classique.

Ces concerts peuvent d'ailleurs être un prétexte pour inventorier les trésors monumentaux de Béziers, car ils ont pour cadre les principaux lieux historiques de la ville et en particulier l'ancienne cathédrale Saint-Nazaire. Avec les deux tours fortifiées qui flanquent sa façade occidentale et les dispositifs de défense qui entourent son chevet, cet important sanctuaire aux assises romanes témoigne de la puissance longtemps détenue par les évêques du diocèse. Plusieurs éléments intéressants s'y rattachent, comme une crypte du XIIIe siècle et une sacristie qui illustre merveilleusement le gothique finissant, mais c'est surtout le cloître attenant qui retient l'attention, avec de superbes sculptures du XIVe siècle.

Presque tous les festivaliers, les autres monuments notables de Béziers sont l'ancienne église des Dominicains, qui abrite le musée archéologique, l'église romano-gothique de la Madeleine, où se déroulèrent les pires massacres de 1209, l'église Saint-Jacques à la très belle abside romane, ainsi que le théâtre de l'Hôtel de Ville. Ville du Midi par excellence, Béziers vit beaucoup en plein air et aux habituels jalons architecturaux il convient d'associer les promenades favorites des gens du cru : ainsi les allées Paul Riquet et la plateau des Poètes qui en marque le terme, le jardin de la Plantade et Evêques.

Enfin, porteuse d'un nom dérivé d'un terme celte qui faisait allusion à un gué sur l'Orb, Béziers ne peut être dissociée de son fleuve : c'est d'ailleurs depuis ses berges que la cité se montre sous son meilleur jour, ses maisons tassées autour de l'ancienne cathédrale, en surplomb de l'Orb et des ponts qui le franchissent. Parmi ceux-ci on remarque le pont Vieux dont les textes faisaient déjà mention en 1134 et qui continue de remplir vaillamment son office au profit de la circulation automobile, mais surtout le fameux pont-canal qui permet aux bateaux du canal du Midi de franchir sans encombre le cours de l'Orb.

On pourrait croire qu'il s'agit là d'un des remarquables ouvrages d'art aménagés par Paul Riquet, l'enfant du pays qui réalisa la liaison navigable entre Toulouse et la mer, mais ce pont fut construit après coup en 1857 pour éviter la traversée périlleuse de l'Orb prévue à l'origine. Par contre, à un kilomètre de là s'étagent les spectaculaires écluses de Fonséranes qui sont le chef-d'œuvre de l'ingénieur biterrois : huit sas successifs y forment un escalier hydraulique qui permet de rattraper la plus abrupte différence de niveau de tout le canal.

Béziers. Les allées Paul Riquet. Le promontoire de la cathédrale. Détail du pont vieux. Tout à droite : les écluses de Fonséranes.

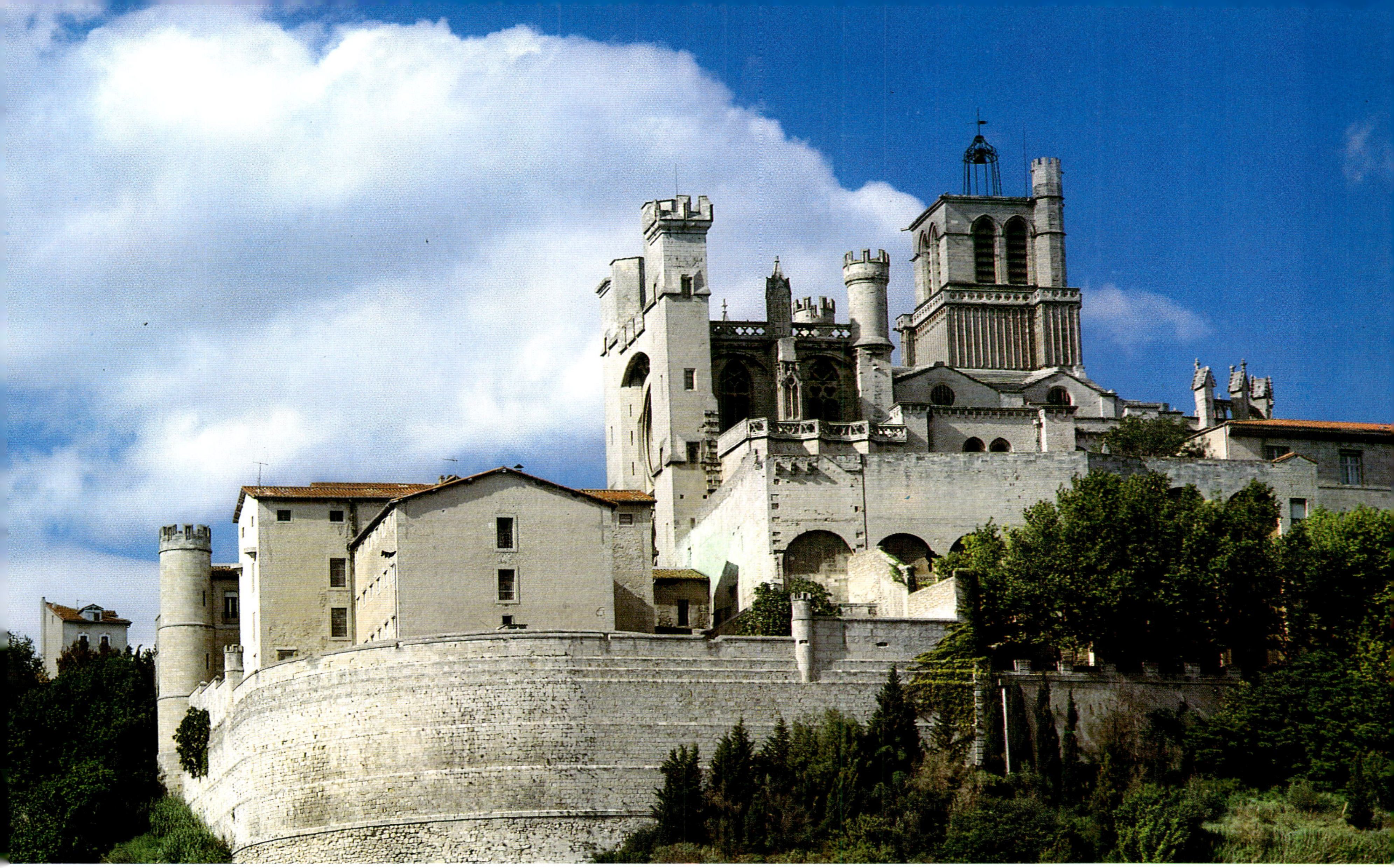

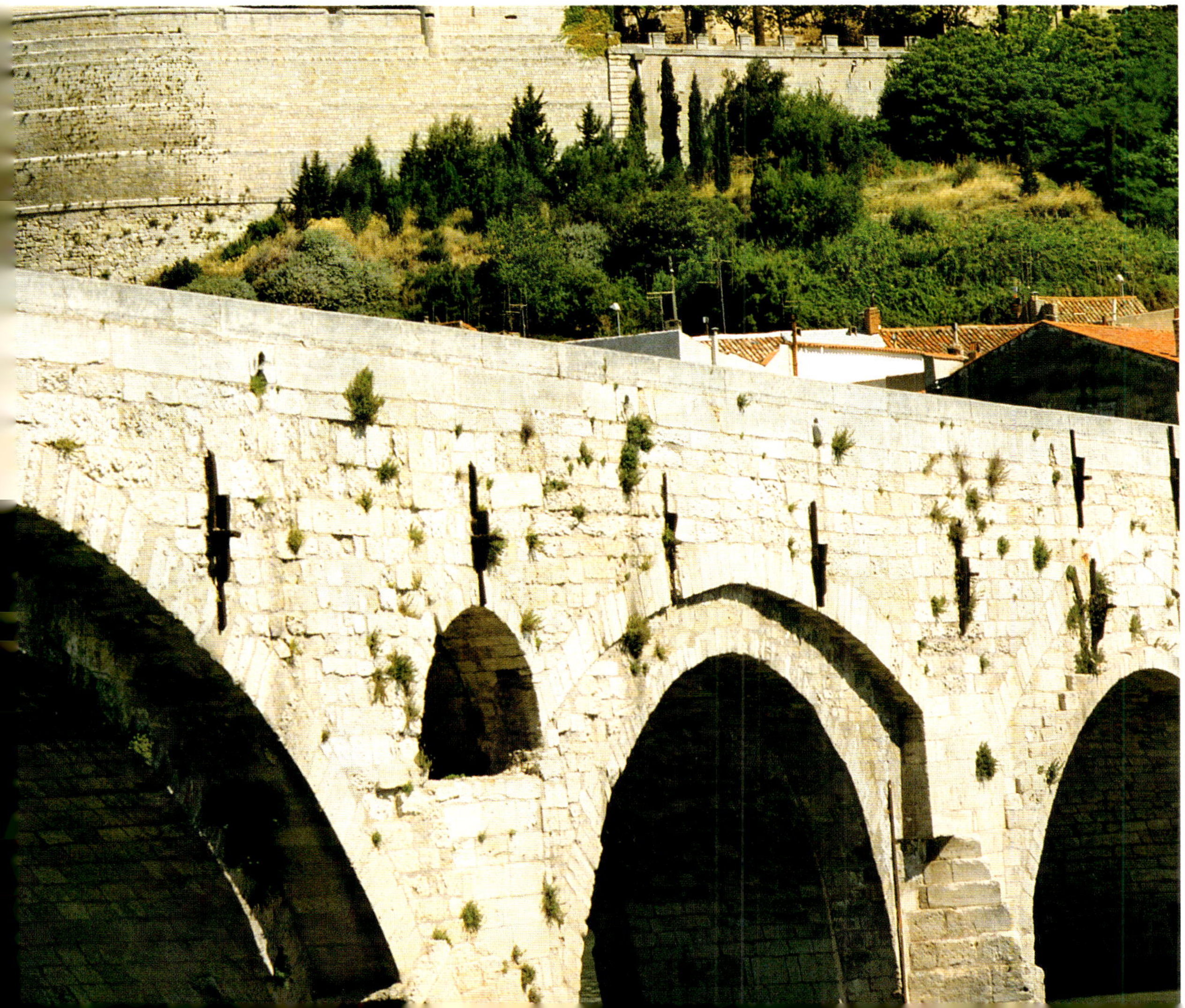

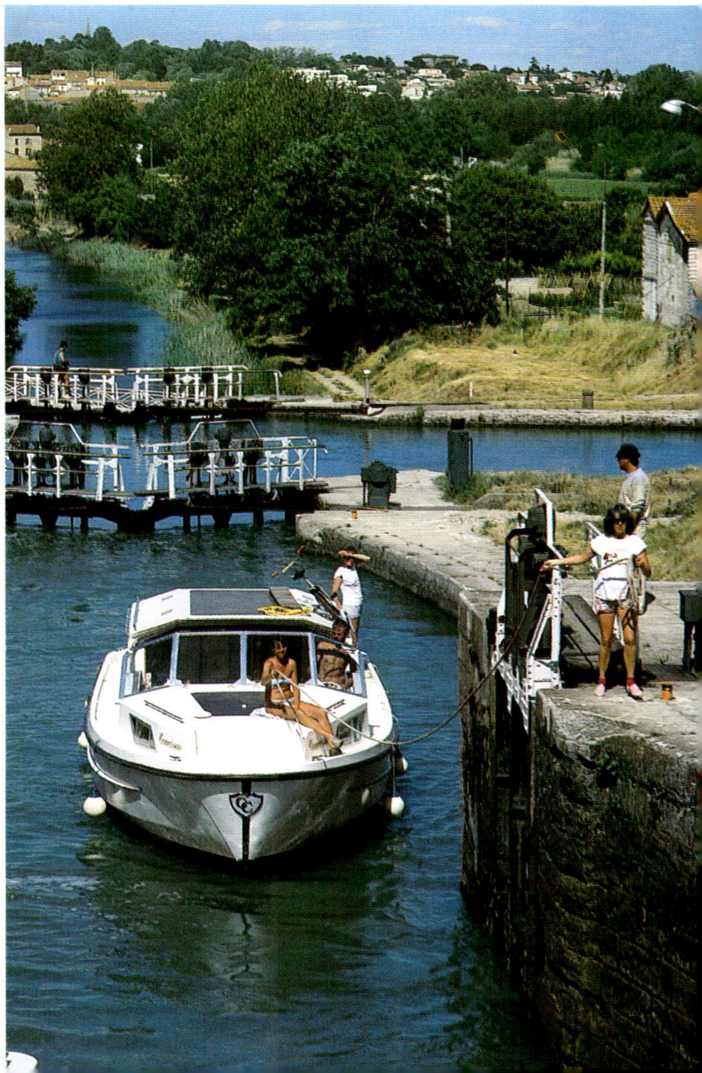

PEZENAS ET LA PLAINE BITERROISE

Avec la viticulture pour principale activité, Pézenas semble être à la basse vallée de l'Hérault ce que Béziers est à celle de l'Orb. Il est vrai que les deux cités rivales ont plusieurs points communs et en particulier leurs premiers âges historiques, mais Pézenas s'est différenciée de sa voisine en faisant preuve d'une moindre expansion aux temps modernes, tout en demeurant abondamment pourvue en témoignages d'un passé prestigieux. Les origines de Pézenas remontent à la plus haute Antiquité et la ville connut une belle prospérité romaine plus spécialement liée à la production de la laine, avant de s'enfoncer dans un long sommeil.

Tout changea quand, en 1261, Pézenas devint une ville royale et se vit octroyer trois «foires générales» par an, ce qui donna une impulsion considérable au commerce des draps du Languedoc. Puis en 1456 et durant plus de deux siècles Pézenas fut choisie pour la tenue des Etats Généraux de la province, ajoutant à sa puissance économique un rôle politique de premier plan. Enfin, les gouverneurs du Languedoc confortèrent à partir de 1526 la position de Pézenas en y établissant leur résidence : ce seront d'abord les Montmorency, puis les princes de Conti, parmi lesquels se distingua tout spécialement Armand de Bourbon.

Ce grand personnage avait fait de sa résidence campagnarde de la «Grange aux Prés», sur la route de Montagnac, une sorte de Versailles du Languedoc où se pressait une brillante cour, friande des fêtes qu'il organisait à chaque occasion. Celles-ci culminaient lors des sessions des Etats et c'est ainsi que Molière fut invité en 1650 à jouer devant le prince avec son «Illustre Théâtre» : fort du succès remporté, l'auteur-comédien fera par la suite plusieurs séjours à Pézenas où, logeant dans l'échoppe d'un barbier, il puisera nombre de traits piquants pour ses futures œuvres, sans compter que le prince lui-même servit de modèle à son *Don Juan*. La mort du prince-mécène, en 1666, marque la fin de la plus éclatante période de Pézenas.

Balcons ouvragés, cours intérieures et escaliers raffinés sont les signes distinctifs des plus belles demeures seigneuriales de Pézenas, trop nombreuses pour être citées toutes ; parmi elles, les circonstances ont privilégié l'hôtel de Saint-Germain, qui abrite le musée de Vuillod-Saint-Germain, l'hôtel d'Alfonce qui servit de théâtre à Molière ou encore l'hôtel de Jacques Cœur dont le nom est explicite. Au milieu de cette pléiade d'édifices civils, auxquels il faut ajouter le Tribunal de Commerce, ancienne Maison consulaire où se réunissaient les Etats, la cité n'a guère que la classique église Saint-Jean à faire valoir en matière d'architecture sacrée.

Dans ce domaine, le «jardin de l'Hérault» qui entoure Pézenas est beaucoup plus riche, à commencer par le haut lieu que constitue l'ancienne abbaye de Valmagne et sa «cathédrale des

A gauche : Pezénas : vue aérienne de la cité et Hôtel d'Alfonce. A droite : deux aspects de l'ancienne abbaye de Valmagne.

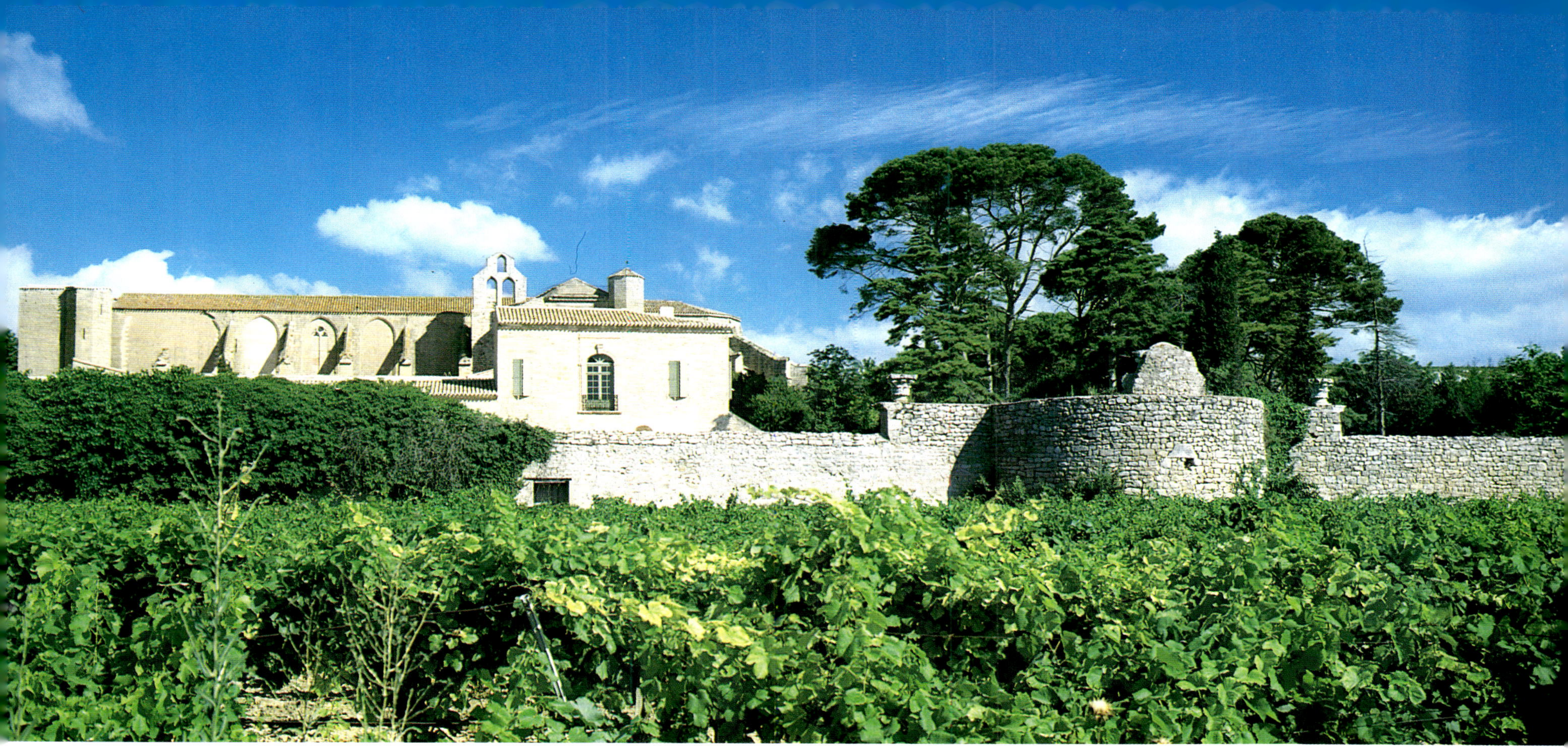

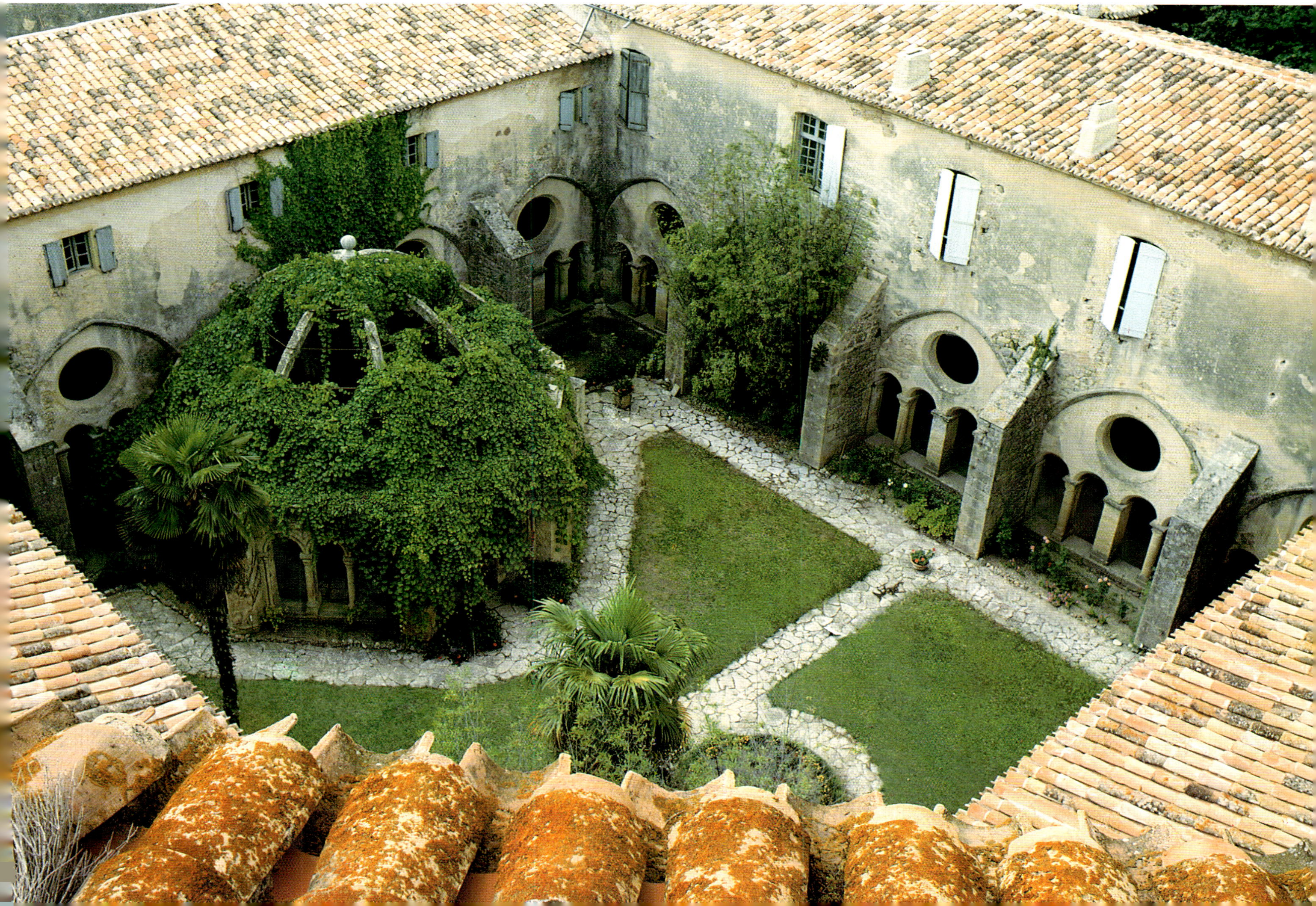

vignes». Ainsi nomme-t-on en effet la surprenante abbatiale inspirée du gothique du Nord qui fut dressée au XIVe siècle à côté d'austères bâtiments monastiques d'esprit cistercien. Redécouvert il y a peu, cet ensemble doit son exceptionnel état de conservation au fait d'avoir été transformé pour les besoins de l'exploitation viticole avant que les révolutionnaires n'aient le temps d'intervenir : c'est ainsi que l'église sert de chai et que ses bas-côtés sont garnis d'une série d'immenses foudres. Ce décor original est aussi mis à profit pour d'exquises soirées culturelles, qui se prolongent au murmure d'une fontaine dans le charmant jardin attenant.

D'autres sanctuaires remarquables enjolivent également la région, ainsi l'abbatiale bénédictine de Saint-Thibéry ou, sur le cours de la Peyne, le prieuré classique de Cassan et l'ancienne chartreuse de Mougères; lieu de pèlerinage comme cette dernière, Vias vénère dans son église gothique une Vierge antique et miraculeuse; enfin le vieux bourg de Loupian, près du bassin de Thau, est fort de deux églises, l'une d'un style roman trahissant des influences sarrasines, l'autre gothique et majestueusement isolée devant un océan de vignes.

Un vignoble dont les nuances changeantes rythment les saisons de la plaine de Pézenas à la manière de ce qui se passe en pays biterrrois; de la même façon, la contrée qui entoure Béziers est parsemée de sanctuaires renommés, souvent pourvus d'éléments défensifs. Ces fortifications qui en disent long sur la précarité du sort des campagnes de jadis s'observent par exemple à Quarante, dont la très ancienne église Sainte-Marie vit le mur de son chevet rehaussé à des fins défensives. L'ancienne collégiale de Sérignan, commencée au XIIe siècle porte elle aussi des traces de fortifications avec des archères, des machicoulis et l'amorce d'échauguettes. Quant à l'église de Capestan, bien qu'étant apparentée à la fois à cette Notre-Dame-des-Grâces de Sérignan et à Saint-Nazaire de Béziers, elle serait l'œuvre de l'architecte de la cathédrale de Narbonne.

Avec l'oppidum d'Ensérune, le Biterrois s'enorgueillit non loin de là d'un site ibéro-grec particulièrement intéressant : au milieu des pinèdes, on y découvre notamment des alignements de silos datant du VIe siècle avant notre ère, le tracé en damier de maisons plus récentes et des citernes qui collectaient l'eau de pluie au temps des Romains. Un musée regroupe les objets découverts à Ensérune et couvrant cette longue période; des bords de ce plateau élevé, on jouit en outre d'une vue plaisante sur la plaine, caractérisée dans ses parages par les parcelles rayonnantes qui occupent le fond de l'ancien étang de Montmédy.

A Ensérune, l'oppidum (à gauche), un site ibéro-grec du VI siècle avant Jésus-Christ; en haut, à droite : une curieuse vue d'un ancien étang. Ci-dessus, le clocher de Montagnac et, en bas, à droite, Gabian.

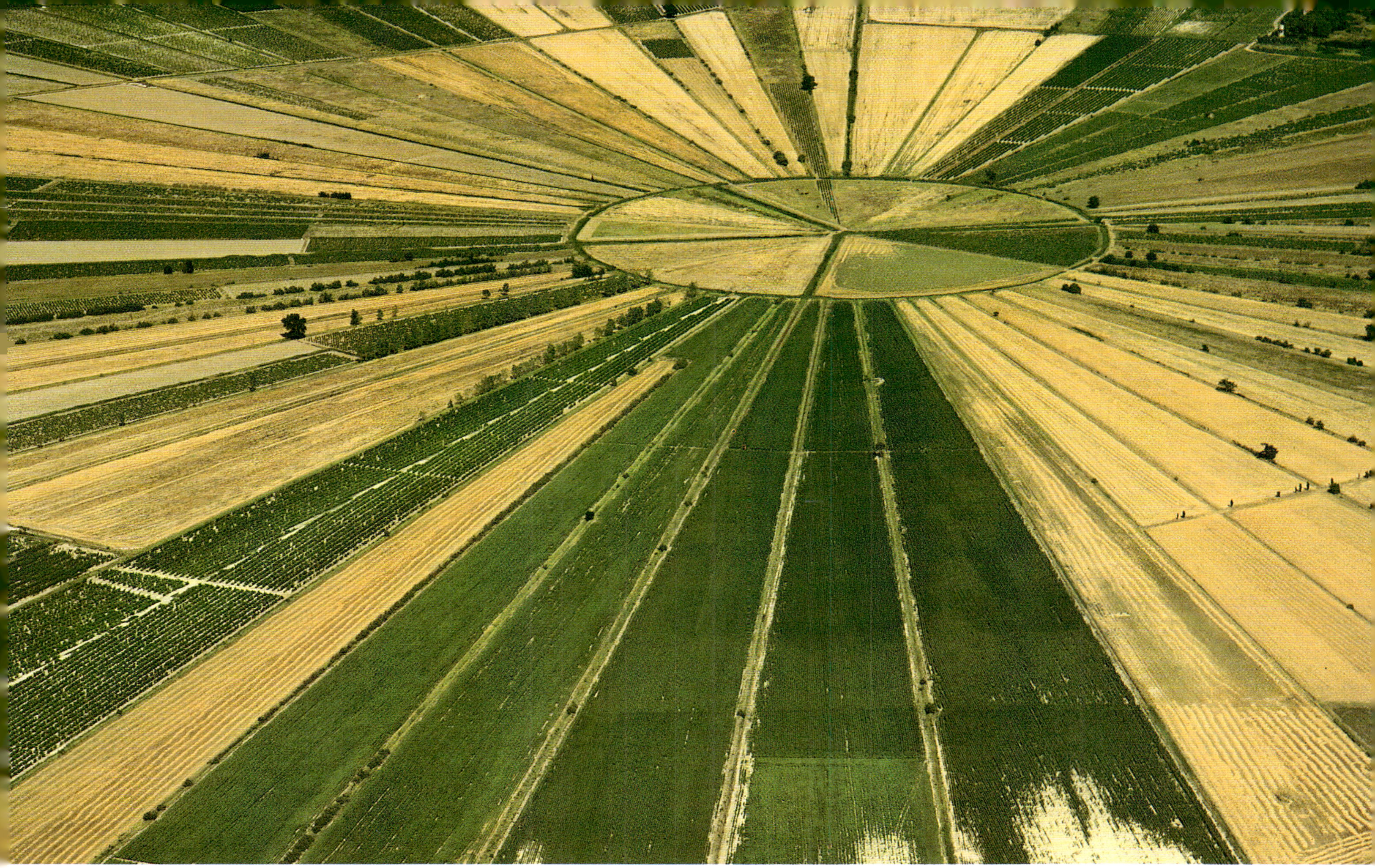

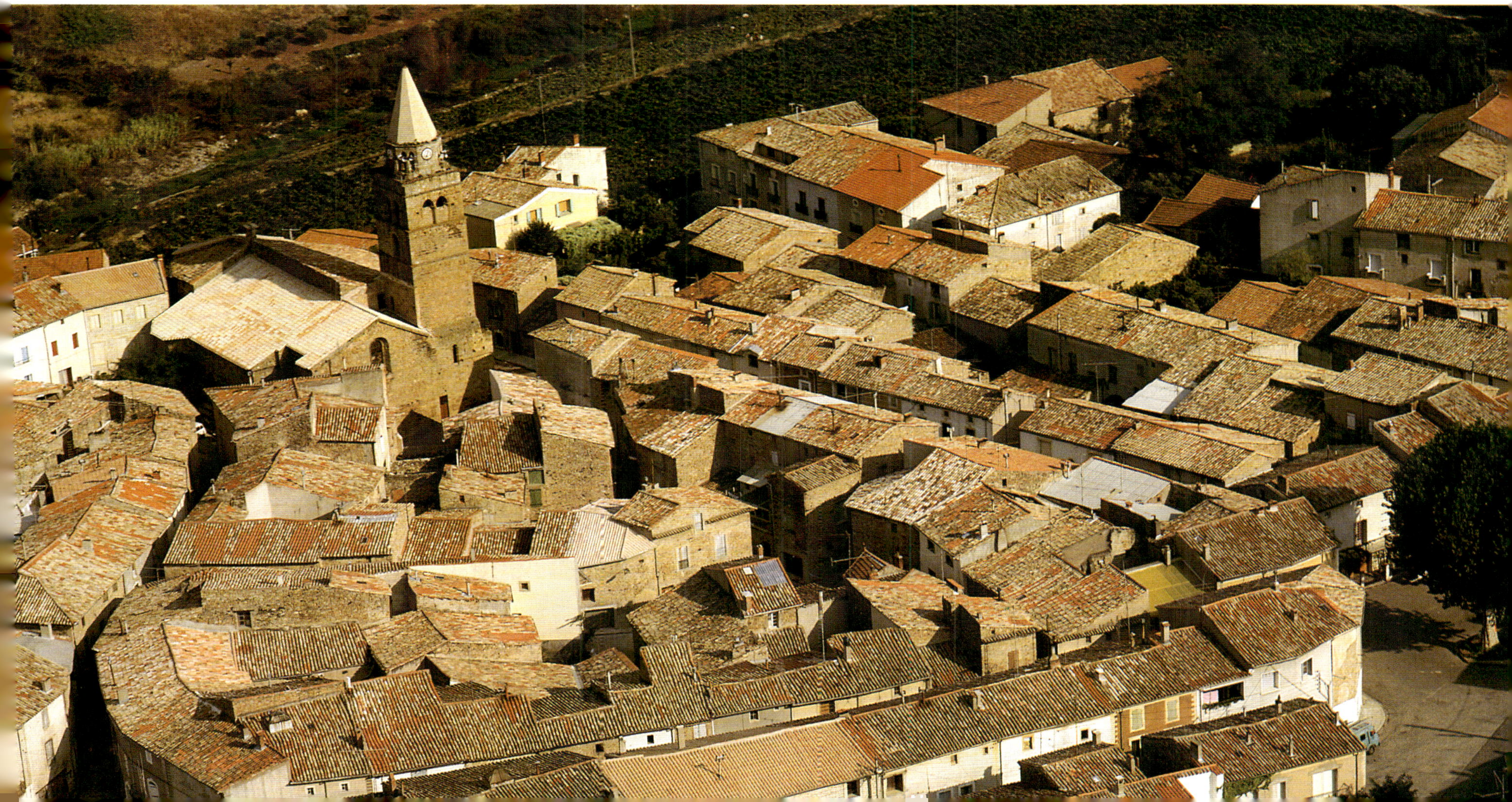

AGDE

Vu du ciel, le littoral languedocien ressemble à une série d'arcs sableux, tendus entre des piliers rocheux figurés par les Albères, le cap Leucate, le cap d'Agde et le mont Saint-Clair à Sète. Ces reliefs ont fixé trés tôt des noyaux de peuplement car ils se prêtaient aussi bien à la défense qu'aux liaisons maritimes, aucun d'eux ne présentant toutefois les avantages d'Agde, à en juger par l'ancienneté de l'histoire de cette cité. Sans équivalent géologique sur nos côtes, l'avancée du cap d'Agde est faite des restes d'un vieux volcan qui culmine à 111 m seulement au

Agde. Deux aspects du port et une vue aérienne de la cité.

mont Saint-Loup, mais dont les laves ont formé un môle naturel devant l'embouchure de l'Hérault.

C'est un léger pointement volcanique des bords du fleuve que choisirent les Phocéens de Marseille lorsqu'ils décidèrent, au VIIe siècle avant notre ère, d'étendre leur emprise commerciale vers la Méditerranée occidentale. D'abord simple comptoir, leur cité devient vite « Agathê Tukhê », la « Bonne Fortune », autrement dit — ce que l'archéologie a vérifié depuis peu — une ville florissante qui commerçait, abondamment avec le Levant et dont l'arrière-pays se consacrait, déjà, à la vigne et à l'olivier. La domination romaine ne troubla guère cette activité, la ville, désormais appelée Agatha, commerçant avec l'Espagne, exportant ses meules taillées dans le basalte et achetant du vin de Campanie (car l'empereur Domitien, craignant la concurrence des vins de la Narbonnaise, en avait fait arracher le vignoble).

Les paysans, les vignerons — à nouveau maîtres chez eux — et les pêcheurs continuent d'animer une Agde moyenâgeuse au commerce maritime toujours aussi actif ; celui-ci est encore renforcé à partir de 1680, date de l'ouverture du canal du Midi dont la ville était le port principal. Mais au débouché de la même voie d'eau Sète sortait alors de terre et la création de ce nouveau port n'allait pas tarder à porter un coup fatal au très long destin maritime d'Agde. La cité en est réduite depuis lors à pratiquer la petite pêche et le cabotage par l'entremise du Grau d'Agde, son prolongement vers la mer, tandis que le creusement des huit bassins du cap d'Agde amène à ses portes une intense activité plaisancière.

D'avoir connu si peu d'avatars a valu à Agde de conserver jusqu'à nos jours le tracé de ses rues grecques dans le quartier de la Glacière, autour de l'ancienne cathédrale Saint-Etienne. Ces antiques racines sont cultivées au musée agathois, dans le « bourg », ainsi qu'au mas de la Clape, au cap d'Agde, où se trouvent toutes les œuvres d'art remontées par les plongeurs qui ont fouillé le lit de l'Hérault : la pièce maîtresse en est bien évidemment le fameux Ephèbe d'Agde, ce bronze hellénistique découvert en 1964 au cœur de la ville et longtemps exposé au Louvre. En ville, place de la Marine, c'est une moderne Amphitrite devenue la « Belle-Agathoise », qui veille aux destinées de la cité.

Moins prestigieuse sans doute que l'Ephèbe, mais autrement plus présente dans le paysage urbain, l'ancienne cathédrale déroute à plus d'un titre : ses murailles aveugles mirent de puissants contreforts dans les eaux de l'Hérault, leur couronnement crénelé est lui-même écrasé sous la perspective d'un donjon massif et, comme si cela n'était pas encore assez sévère, l'ensemble est bâti avec le noir basalte local. En tous cas, l'édifice évoque bien l'ampleur du pouvoir temporel qui fut entre les mains des évêques-comtes d'Agde, et ce, du Ve siècle jusqu'à la Révolution.

C'est là le principal monument d'une ville souriante et calme où l'on peut encore voir des restes de remparts aux assises datant du temps des Grecs, des demeures illustrant l'époque gothique, un bel hôtel Renaissance où se trouvent les collections du musée agathois et divers bâtiments classiques, comme par exemple la Consigne, isolée au bord des quais pour les besoins de la quarantaine. Ces quais en pierre de taille se prolongent sur les deux berges de l'Hérault jusqu'à son embouchure et continuent en mer sous la forme de jetées, pour éviter qu'une barre ne s'établisse et n'ensable le fleuve.

Le modeste port du Grau d'Agde s'est installé au début du siècle sur les dernières longueurs de cet Hérault canalisé et une petite station balnéaire s'est ensuite greffée dessus, qui profite aujourd'hui du voisinage du cap d'Agde. Contrairement aux apparences, cette station nouvelle modelée à coup de grands travaux terrestres et maritimes est l'aboutissement d'une longue tradition : au revers du cap s'ouvre en effet la Conque, et cet abri naturel dégagé dans les scories du volcan fut le premier mouillage utilisé dans les parages. De l'autre côté, le môle Richelieu qui s'élance en direction de l'îlot du fort Brescou est en outre le vestige d'un grand rêve du cardinal qui voulait pouvoir abriter une flotte de guerre derrière cette jetée, mais en dépit de plusieurs années de travail, les forçats employés à cette tâche ne parvinrent jamais à relier l'îlot à la terre ferme.

Protégeant désormais la passe d'entrée du nouveau port de plaisance, le môle historique a enfin trouvé un usage à sa mesure devant ce qui est la plus importante station du Languedoc-Roussillon. Ce vaste complexe tempère par une architecture assez sage les bouleversements du paysage qui ont présidé à sa naissance : des voies rapides qui s'arrondissent entre le mont Saint-Martin et le mont Saint-Loup, les étangs de Luno et de Lano dragués au profit de la plaisance et du naturisme, le parc de loisirs d'Aqualand érigeant ses toboggans sur une ancienne lagune, etc... Naturisme à l'échelle européenne, thalassothérapie, tennis et plaisance sont les points forts du cap d'Agde, mais de la pêche au gros à la chasse sous-marine en passant par l'ULM, tout y est possible. Quant aux simples plaisirs de la plage, l'accès aux grèves n'est pas toujours évident, mais plusieurs d'entre elles se révèlent beaucoup moins fréquentées qu'on pourrait le craindre.

Un monument d'Agde. Au-dessous, vision du Grau d'Agde. A droite : deux aspects du Cap d'Agde.

hotel ibis
Port Richelieu
Port Richelieu
La Baleine Rose
studios
NAVICAP

AUTOUR DE L'ÉTANG DE THAU

Qui a vu le vent lever de véritables tempêtes sur l'étang de Thau et provoquer parfois des variations de niveau qui ressemblent à des marées, ne s'étonnera pas d'entendre parler de ce plan d'eau comme d'une petite mer par ceux qui le pratiquent au quotidien. Ces marins qui ne sont pas d'eau douce n'exercent plus guère les petits métiers de la pêche, activité qui fut pourtant la raison d'être de tous les villages installés sur la bordure continentale de ces flots. Mais avec le développement de la culture des huîtres et des moules, les barques et le pittoresque n'ont pas déserté les lieux, bien au contraire, tandis que les anciennes salines miroitent toujours au levant, contre l'étroit cordon littoral pratiquement inhabité qui porte les vignobles de Listel.

Le sel est d'ailleurs à l'origine du peuplement de ces rivages, cat détenant avec lui l'un des produits les plus nécessaires à la vie, le bassin de Thau, comme toutes les lagunes côtières du Languedoc, a connu une occupation précoce, l'art des marais salants y étant pratiqué depuis les âges néolithiques. Née d'un comptoir phénicien, puis passée aux Grecs et aux Romains, Mèze est la cité la plus ancienne du bassin, où elle a toujours fait figure de capitale. En ces temps reculés, la pêche était florissante et, si l'on en croit Pline, des dauphins apprivoisés rabattaient les bancs de poissons dans les filets, comme cela se voit encore sur certaines côtes africaines. De plus, Mèze exploitait des salines et excella dans la culture des huîtres jusqu'à ce que les invasions barbares ne mettent un terme à ces activités.

Au long de l'histoire Mèze eut d'autres malheurs, mais elle n'en conserva pas moins un dynamisme remarquable : la vigne et l'olivier vinrent compléter ses productions, puis le commerce se développa et au XVIIIe siècle la cité possédait la plus importante distillerie du monde. Il n'y a pas si longtemps la tonnellerie locale exportait ses productions vers les cinq continents et aujourd'hui l'aquaculture est en marche, le port de plaisance affiche complet et l'on parle de thalassothérapie.

A cinq kilomètres de là, Bouzigues est pour sa part la capitale de l'élevage des coquillages, depuis qu'en 1925 un Bouzigaud a imaginé de cultiver de jeunes huîtres en cimentant leurs coquilles sur des barres de palétuviers. De nos jours ces barres sont remplacées par des cordes de nylon et sur tout l'étang ce sont quatre mille riverains qui travaillent à cette ostréiculture modernisée dont le musée de Bouzigues retrace l'évolution. Il est d'ailleurs plus exact de parler de conchyliculture, car en plus de ses huîtres réputées, le bassin de Thau assure près du tiers de la production nationale de moules, tandis que la récolte de clovisses et de palourdes est loin d'être négligeable.

Tout au sud, Marseillan demeure le bourg le plus «marin» du bassin, faisant honneur à ses créateurs de l'Antiquité, des navigateurs massaliotes qui empruntaient les graus de Thau, alors dégagés. En effet, outre son extension balnéaire de Marseillan-Plage, la cité s'adonne encore à la

Trois vues de l'étang de Thau. Ci-contre, à droite : vue de Mèze.

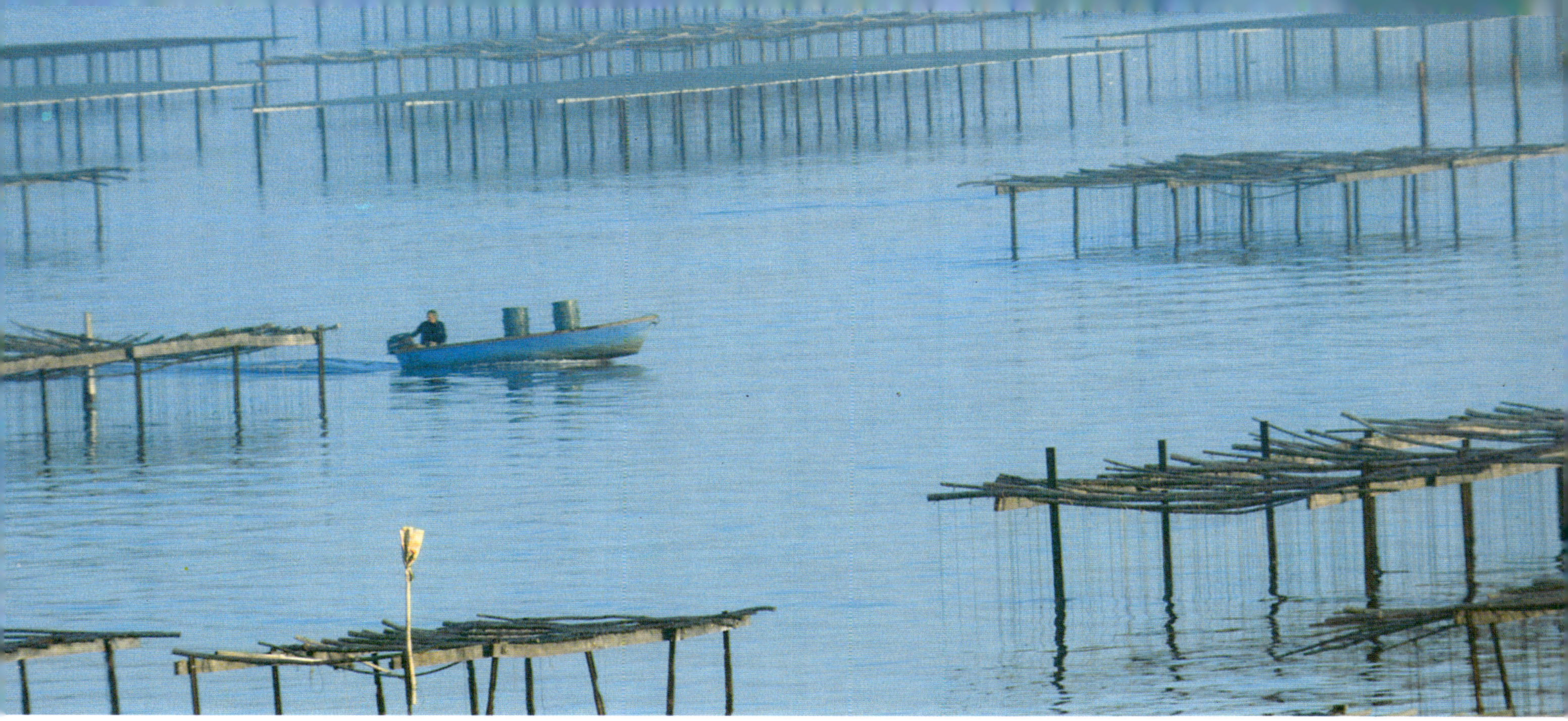

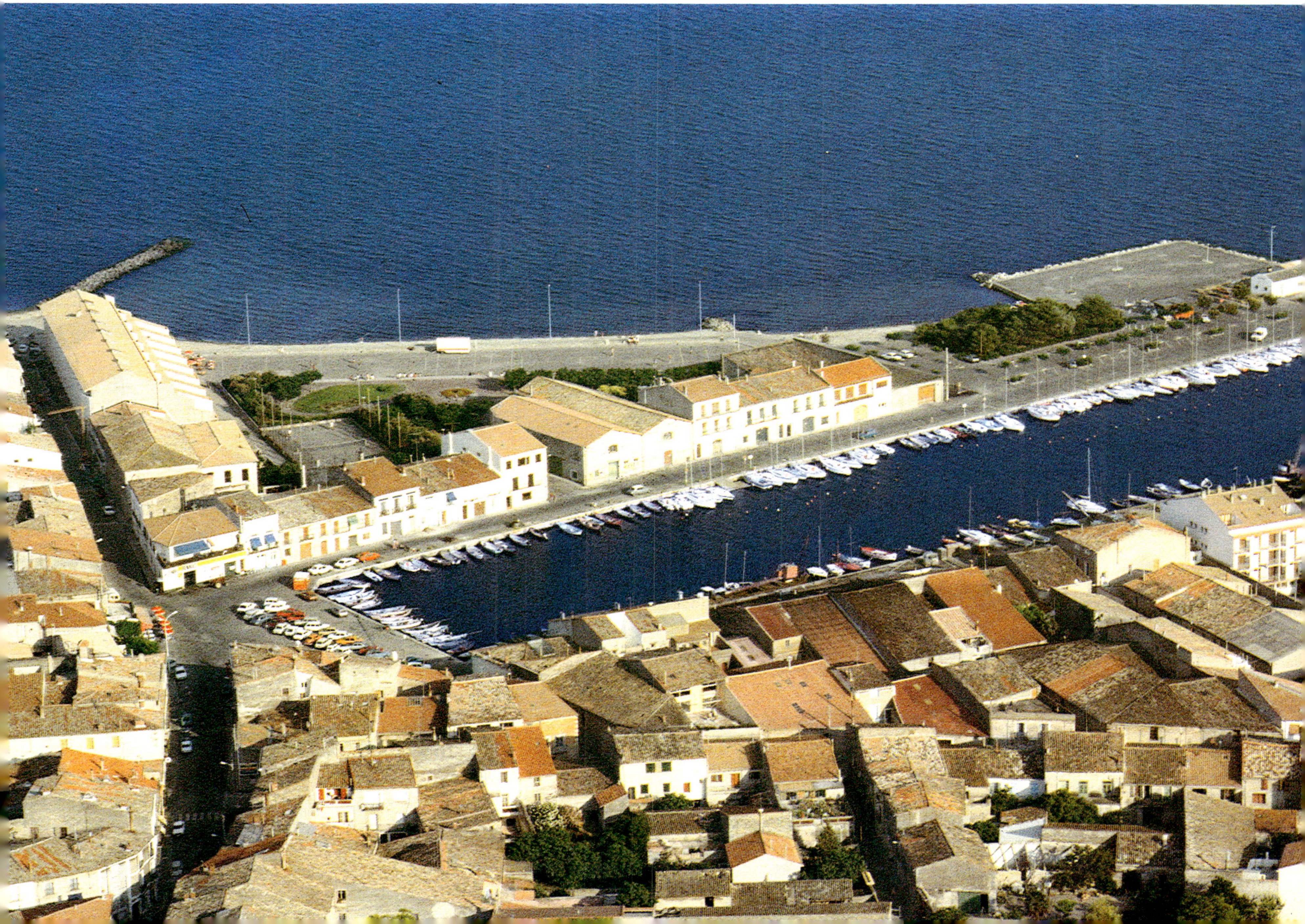

pêche lacustre, voit fonctionner un centre nautique des Glénans et, près du débouché du canal du Midi, propose son port comme escale des flottilles qui sillonnent cette voie d'eau; côté terre, l'omniprésent volet viticole y est représenté par les chais d'une célèbre vermoutherie.

Alors que les villages de Mèze et de Bouzigues sont installés sur d'anciennes presqu'îles avançant dans l'étang, Balaruc-le-Vieux se tient au fond d'une crique qu'il domine depuis une éminence. De cachet typiquement languedocien, Balaruc-le-Vieux garde le plan circulaire imposé par les remparts encore en place et ses maisons montrent quelques belles pièces architecturales. Malgré son nom, ce village est nettement moins antique que la station voisine de Balaruc-les-Bains, qui lui fait maintenant de l'ombre : fondé dès le néolithique et développé par les Romains, ce village disparut lors des grandes invasions pour renaître de ses cendres au XVIe siècle, lorsqu'on eut découvert les vertus curatives de ses eaux chaudes et de ses boues. Les thermes contemporains de Balaruc voisinent ainsi avec des vestiges romains et avec le pavillon Sévigné où le gendre de l'épistolière venait soigner sa goutte.

En arrière-plan de ces deux Balaruc, point de vignobles pour continuer l'horizontalité de l'univers lacustre : culminant à 234 m au roc d'Anduze, c'est une vraie montagne qui s'élève là avec La Gardiole, dont les versants sauvages, jadis livrés aux moutons, recèlent pour unique trésor les ruines de l'abbaye de Saint-Félix-de-Montceau. Plusieurs bourgs se sont par contre installés de longue date au bas de ces pentes calcaires, la plupart dans l'intérieur des terres, tel Gigean, où la belle église romane Saint-Geniès est flanquée de la résidence de l'évêque de Maguelonne; non loin, et tous deux sur le tracé de la voie domitienne, Montbazin et Poussan sont de vieux villages avec château, église et ruelles sinueuses.

Côté mer, coincés entre la montagne et de petits étangs aux abords marécageux, trois foyers de peuplement ont pu trouver place : Mireval et Vic-la-Gardiole, où divers éléments de fortifications entretiennent une atmosphère médiévale, et surtout Frontignan, qui est bien de notre temps malgré la «citadelle» accolée à son église. Est-il besoin de le préciser, Frontignan s'est fait un nom dans le monde entier avec le muscat issu du vignoble installé sur ce flanc ensoleillé de la Gardiole; mais plutôt que par le doux breuvage en question, le destin de cette ville située au débouché du canal du Rhône à la mer passe par des activités industrielles et portuaires, ainsi que par le tourisme, comme le prouve sur le front de mer des plages très courues et un port de plaisance.

En haut, à gauche : vue de Bouzigues. Au-dessous : la pétanque, à Marseillan. A droite : chapelle dans les environs de Mèze et vue de La Gardiole.

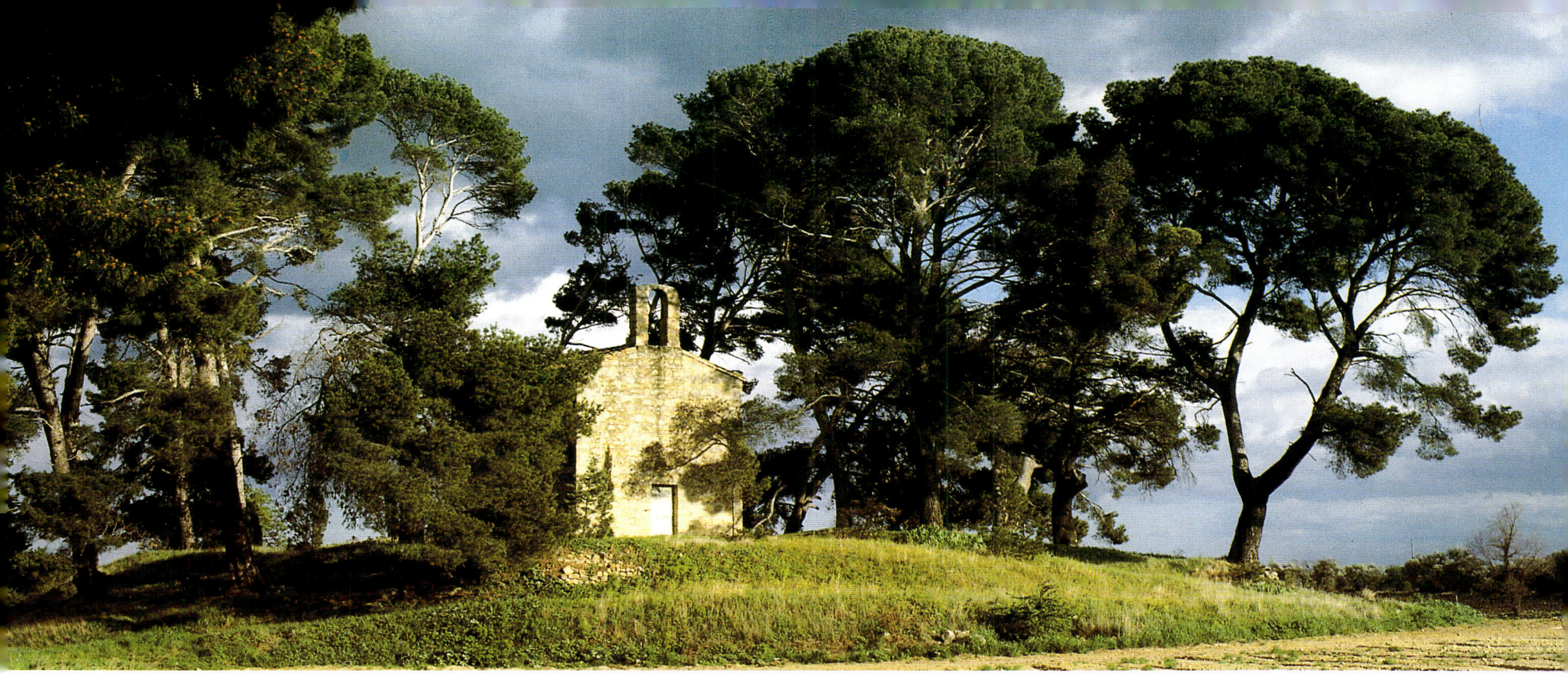

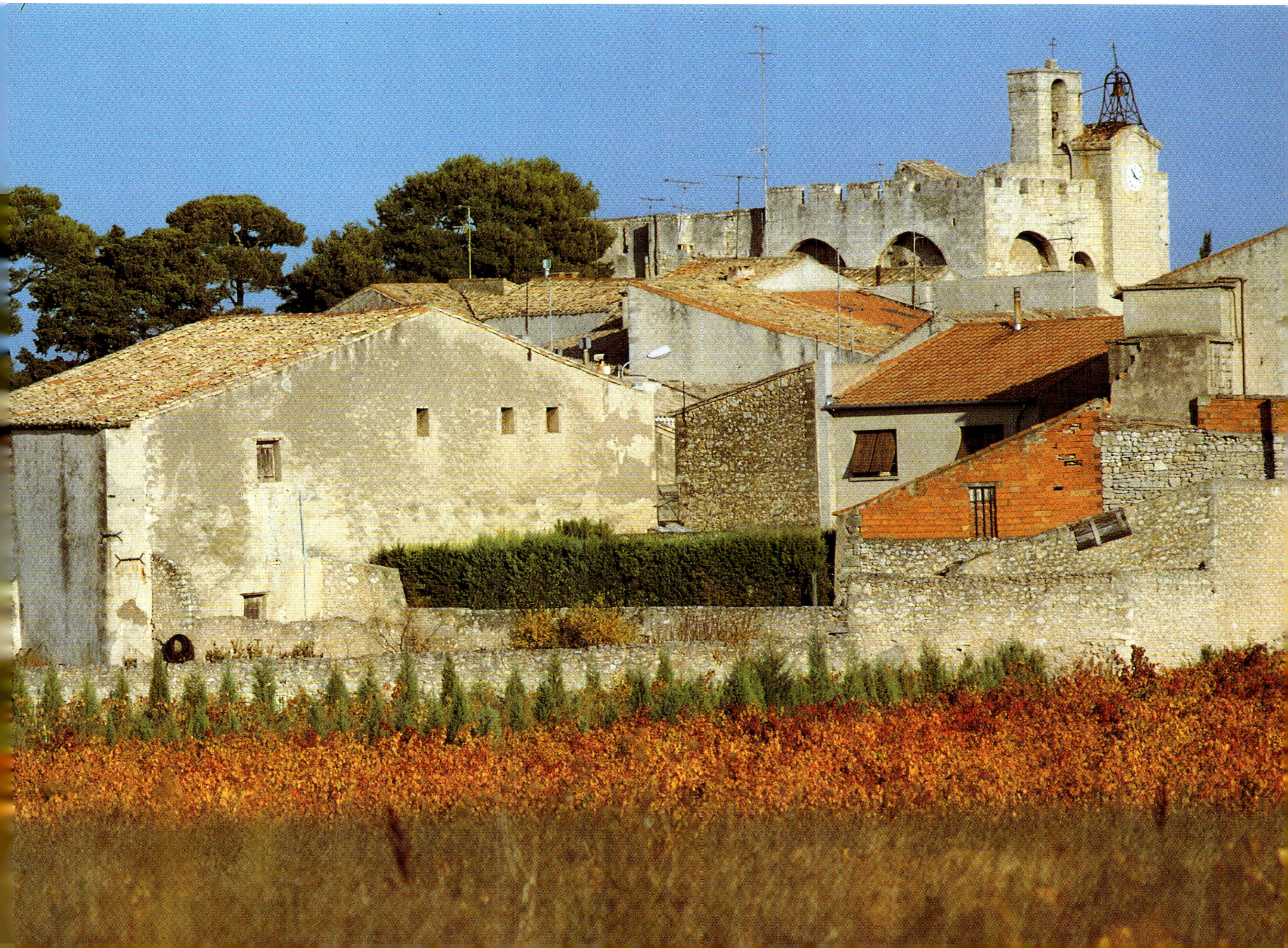

SETE

Entre le bleu turquoise du bassin de Thau et l'outremer de la Méditerranée, le mont Saint-Clair émerge à la manière d'une grosse baleine, et c'est peut-être pourquoi la ville de Sète, accrochée à ses flancs, possède un tel animal dans ses armoiries. Rattaché au cap d'Adge par un mince cordon littoral à fleur d'eau, ce mont qui fut longtemps une île boisée, a aussi valu à Sète d'être définie comme une «île singulière», ce qui a le mérite de renouveler l'image galvaudée de «Venise Languedocienne». Ce site a beau être remarquable du large comme de la plaine, il ne fut peuplé qu'épisodiquement de pêcheurs, de pirates ou de ramasseurs de kermès, avant que Colbert ne décide en 1666 d'y établir un port comme débouché du canal du Midi.

Dix ans plus tard, après des travaux rondement menés par Vauban et Riquet, les premiers navires accostaient aux quais de la cité neuve : le puissant môle Saint-Louis abritait une rade au fond de laquelle le canal Royal permettait d'accéder à l'étang de Thau et ces aménagements donnaient au Languedoc le grand port qui lui avait fait défaut jusque là malgré la présence d'Agde. Une Compagnie du Levant créée un demi-siècle plus tard favorisa le commerce sétois, mais la ville dut attendre la seconde moitié du XIXe siècle pour prendre un essor à la mesure de sa province. L'importation et l'exportation des vins ainsi que le trafic avec l'Afrique du Nord étaient alors les deux caractéristiques du port de Sète.

Deux heures de flânerie au bord des jetées, des bassins, des darses et des canaux qui structurent la ville suffisent pour constater à quel point l'activité actuelle de Sète est variée : cela va de la base d'entraînement pour les voiliers de l'America's Cup à l'importation des agrumes africaines, sans négliger la pêche, qui concerne aussi bien le thon du large que la palourde de l'étang. L'industrie, qui compte également beaucoup dans l'économie sétoise, est heureusement cantonnée sur les terres basses du nord et de l'est.

Enjambés par une dizaine de ponts dont plusieurs sont mobiles, les canaux de Sète sont parcourus d'odeurs exotiques — «ces senteurs incohérentes» chantées par Paul Valéry —, de pêcheurs à l'accent fleurant bon le Midi, de marins qui parlent des langues inconnues et de bateaux venus de toutes les parties du monde, entretenant une agitation bigarrée qui ferait à

Sète. Le fameux cimetière marin. Ci-dessus : vue générale du quartier du port. Ci-contre : les quais.

elle seule de la ville l'une des plus séduisantes de nos côtes. Mais Sète offre plus encore et de Paul Valéry à Georges Brassens ou Jean Vilar les artistes ne s'y sont pas trompés : c'est le parfum de la garrigue et en même temps la Méditerranée qui clapote, ce sont des ambiances d'Italie voisinant avec des fumets d'Espagne, c'est une lumière unique sur les toits roses de la vieille ville et une joie de vivre qui éclate comme nulle part ailleurs.

Disputées en août en l'honneur du patron de la ville, les fameuses joutes nautiques de la saint Louis illustrent à merveille cette âme sétoise : devant une foule agglutinée sur les quais, les tournois se déroulent sur l'ancien canal Royal au moyen de deux barques, l'une rouge l'autre bleue, aux couleurs de Sète, et selon des règles immuables depuis la fondation de la ville en 1666. Elégamment vêtus de blanc et juchés au bout de la tintaine qui prolonge l'arrière de la

salantes qui étaient encore en fonction il y a peu. C'est sur ce versant lacustre et dans le «cimetière des pauvres» que repose Georges Brassens, laissant à son compatriote Paul Valéry la jouissance du cimetière marin qu'il avait immortalisé.

Les deux tombes voient malgré tout défiler des visiteurs animés d'une égale ferveur et à la belle saison cela tient du pèlerinage : en compagnie de Jean Vilar, les poètes Sétois se retrouvent au musée Paul-Valéry dont les pans de verre brillent au-dessus de la fameuse sépulture marine, «ce toit tranquille où marchent des colombes»; une place y est aussi faite à l'histoire de la ville, et l'étage abrite une importante collection de peintures anciennes et modernes. Plus bas, au début de la route de la Corniche, ces retrouvailles artistiques ont également pour cadre le théâtre de la Mer-Jean Vilar, qui accueille chaque année les journées Georges Brassens.

Avant d'être célèbres, ces enfants chéris de Sète furent enfants tout court et le terrain de jeu favori des petits Sétois fut aussi le leur : parcouru de sentiers, creusé de carrières et livrant de somptueux paysages sur la mer, les Cévennes barque, emmenés par leurs rameurs au rythme des joueurs de hautbois et de tambour, les champions tentent de jeter leur adversaire à l'eau d'un coup de lance, et «ce jeu se fera tant que Sète durera», dit un vieux refrain local...

Autour de son centre historique, Sète montre différents visages : passé le canal qui relie la Marine à l'étang, commence la ville neuve : en arrière, sur les pentes du mont Saint-Clair, s'étagent des villas aux jardins garnis de figuiers, d'amandiers, de lauriers-roses et de tamaris. Vers les berges de l'étang de Thau se côtoient de pittoresques quartiers de pêcheurs comme la Pointe Courte et son port aux nacelles, la Plagette, ou le Pont-Levis, près de tables ou les Pyrénées, le mont Saint-Clair est en effet une campagne ouverte à un jet de pierre de la ville. Les touristes peuvent s'épargner la rude montée à son sommet et gagner en voiture les points de vue des Pierres Blanches et de la chapelle Notre-Dame-de-la-Salette, qui est un lieu de pèlerinage très suivi : «de là-haut on voit tout le paysage comme une carte murale, et le port tel que les architectes l'ont dessiné», écrivit Valéry Larbaud.

Les fameuses «Joutes» dans le port de Sète.

130

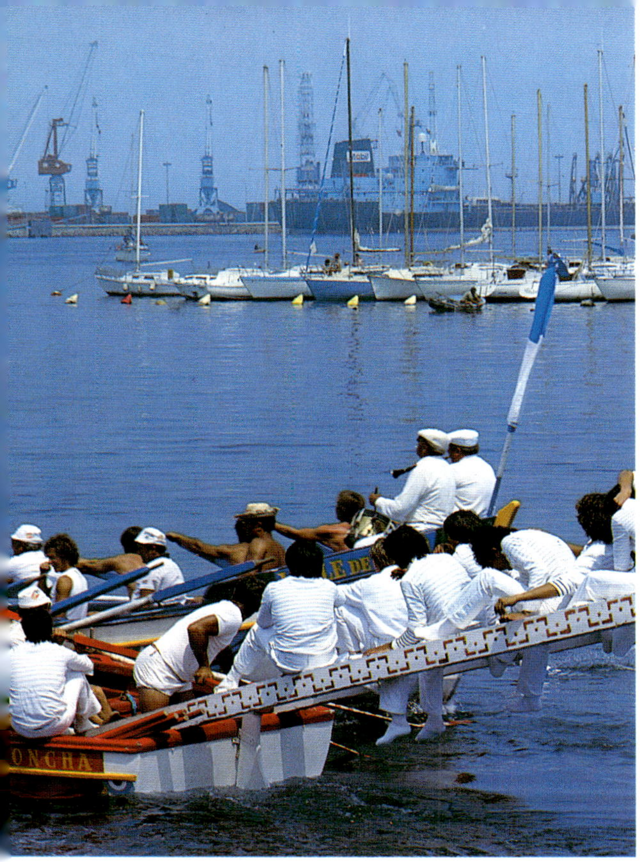

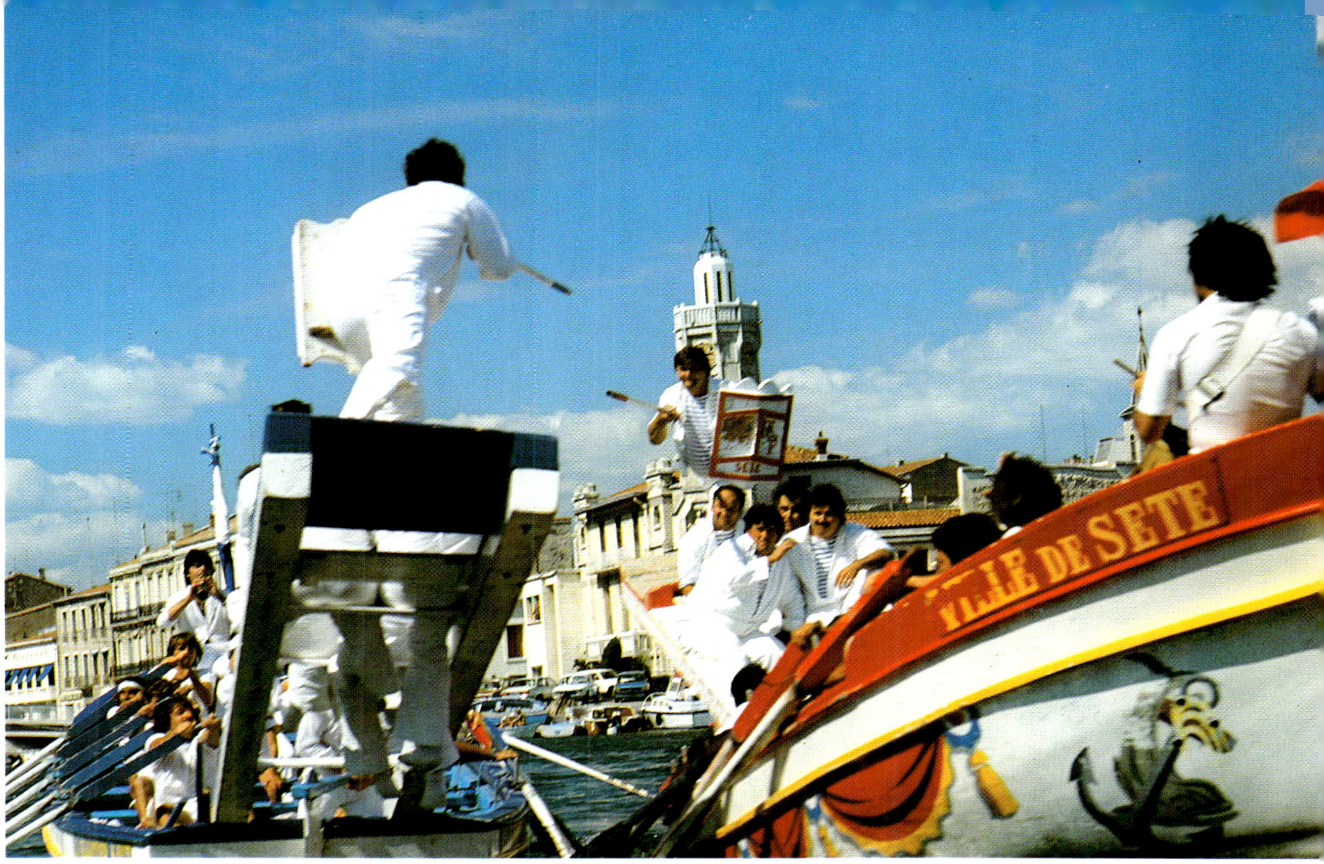
VILLE DE SETE

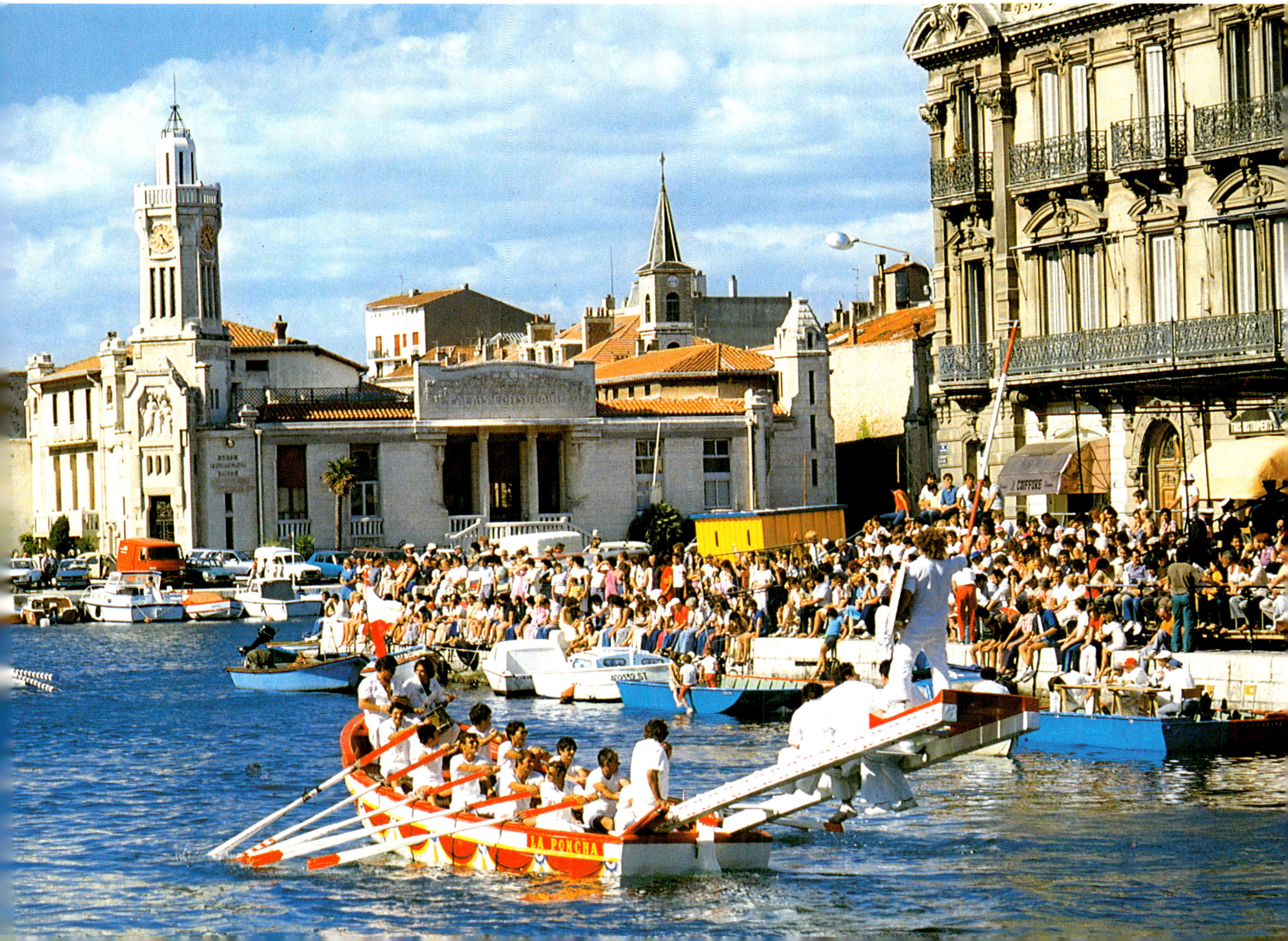
LA PONCHA

LA VALLEE DE L'HERAULT ET LES GARRIGUES

Parce qu'il est parcouru, près du littoral, par une voie de passage multimillénaire reliant l'Europe de l'est et du nord à l'Atlantique et à la péninsule ibérique, le Languedoc s'est enrichi au cours des âges des apports de populations variées, à dominante méditerranéenne. Aux grands brassages qui agitent ce creuset ethnique, et dont l'histoire récente fournit quelques exemples, se sont toujours superposés des courants locaux entre la montagne et la plaine. Caussenards et Cévenols entretiennent ainsi de longue date des relations économiques avec les descendants de marins génois ou napolitains qui peuplent les cités côtières, ces échanges ayant la vallée de l'Hérault comme principal itinéraire.

Ethymologiquement, l'Hérault est le «fleuve d'or», mais si au début du siècle les orpailleurs maniaient encore la battée à Saint-Beauzille-de-Putois, le métal précieux n'a jamais bouleversé l'histoire des pays qu'il arrose. Dans sa moyenne vallée, entre les gorges qu'il découpe dans la montagne et la plaine de Pézenas, l'Hérault et son affluent la Lergue ont par contre apporté la richesse de leurs alluvions, qui prennent la forme de terrasses soigneusement cultivées. Moins risquée maintenant que le barrage du Salagou régularise les crues de ces cours d'eau, cette agriculture est fondée sur la vigne, pour des vins de qualité, mais aussi pour le raisin de table, qui est une des spécialités du pays. Victimes de plusieurs hivers rigoureux, les oliveraies complèteront peut-être à nouveau un jour ce paysage agricole.

Ces terroirs sont sous l'influence de Clermont-l'Hérault, une petite ville établie non loin du confluent de la Lergue et de l'Hérault et qui fut tour à tour place-forte, cité drapière, centre agricole et pôle commercial. Aujourd'hui base de tourisme, Clermont-l'Hérault conserve de son passé l'un des plus beaux sanctuaires gothiques de la province, l'église Saint-Paul, et un vieux quartier dont les ruelles escaladent la butte d'un château féodal ruiné; la ville possède également la dernière des huileries traditionnelles. Aux environs, Villeneuvette montre un ensemble de bâtiments hérités du temps de Colbert, qui servirent longtemps à une importante fabrique de draps de laine.

Le meilleur reste pourtant à venir, l'on s'en rend compte en montant à l'étage des chênes verts, des cigales et des garrigues. Ces hauteurs ménagent d'abord la surprise de plusieurs sanctuaires magnifiquement situés, comme les cha-

Les champs de St-Maurice de Navacelles et le porche de l'ancienne cathédrale de Clermont-L'Hérault. A droite : Mourèze.

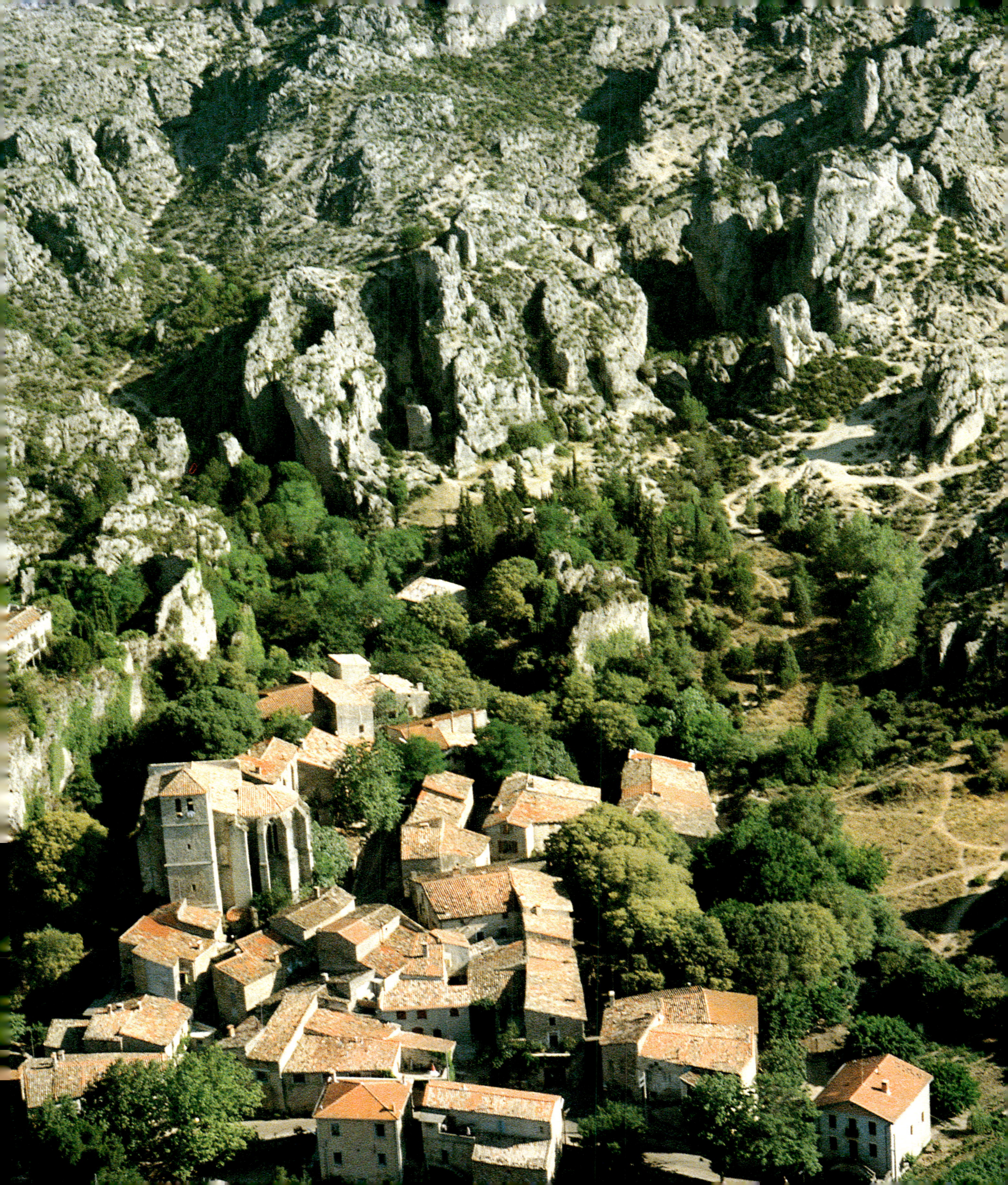

pelles Notre-Dame-de-Roubignac et Notre-Dame-de-l'Hortus. Puis la géologie prend le dessus sur les travaux des hommes : dans l'immense amphithéâtre du cirque de Mourèze on est d'abord saisi par les formes étranges et fantastiques que l'érosion a sculptées dans des milliers de rochers dolomitiques, avant de découvrir le vieux village au château ruiné, niché contre une paroi verticale. De même, sur l'autre flanc de la montagne de Liausson, le lac du Salagou vaut moins pour la technique de son barrage que pour son environnement de crêtes sauvages, parfois barrées d'orgues basaltiques. Parfaitement aménagées pour la détente et les loisirs, ses berges offrent plus qu'une halte rafraîchissante et sont pour beaucoup dans le succès touristique du haut pays.

Après la moyenne vallée de l'Hérault, le passage traditionnel vers les causses suivait le cours de son affluent la Lergue, un trajet accidenté maintenant emprunté par la nationale 9 au prix de spectaculaires aménagements près du Pas de l'Escalette. Lodève est la seule étape sur cette route et la vieille cité symbolisa longtemps les relations entre les plaines et les montagnes languedociennes : gouvernée par d'influents évêques qui lui ont laissé la cathédrale-forteresse Saint-Fulcran, la ville se fit une spécialité de l'industrie et du négoce de la laine, qu'elle se procurait sur le Larzac. Plongée dans le sommeil après le quasi-abandon du textile, Lodève compte désormais sur le tourisme et l'extraction du minerai d'uranium, récemment découvert.

En amont du bassin agricole de Clermont-l'Hérault, le fleuve qui a donné son nom au département a creusé dans les garrigues des gorges tellement encaissées qu'aucune route n'a pu s'y insinuer. Déjà les derniers ponts qui franchissent l'Hérault dans ce pays sont de hardis ouvrages d'art, comme celui de Gignac, chef-d'œuvre des ingénieurs du XVIIIᵉ siècle, ou celui du Diable, prodige des bâtisseurs de l'époque romane, qui résiste à toutes les crues depuis près de mille ans. La vallée est donc là une sorte de bout-du-monde, ce qui ne pouvait manquer de susciter des implantations monastiques.

Le VIIIᵉ siècle vit ainsi se créer l'abbaye d'Aniane, où un saint Benoît local réforma l'ordre bénédictin, et plus en avant dans les gorges celle de Saint-Guilhem-le-Désert, dont le fondateur ne fut autre que Guillaume d'Orange «au court nez», le cousin de Charlemagne. Dans un cadre empreint de grandeur sauvage, cette abbaye survit par une église qui illustre idéalement le premier art roman méridional. Ce haut lieu touristique voisine avec la grotte de Clamouse, qui recèle dans les entrailles du causse du Larzac quelques'unes des plus belles concrétions de notre pays.

Vers les Cévennes, les deux itinéraires qui permettent de court-circuiter les gorges où roulent les eaux vertes de l'Hérault se montrent également intéressants. Par la montagne de la

L'abbaye et le village, également fameux, de St-Guilhem-le-Désert.

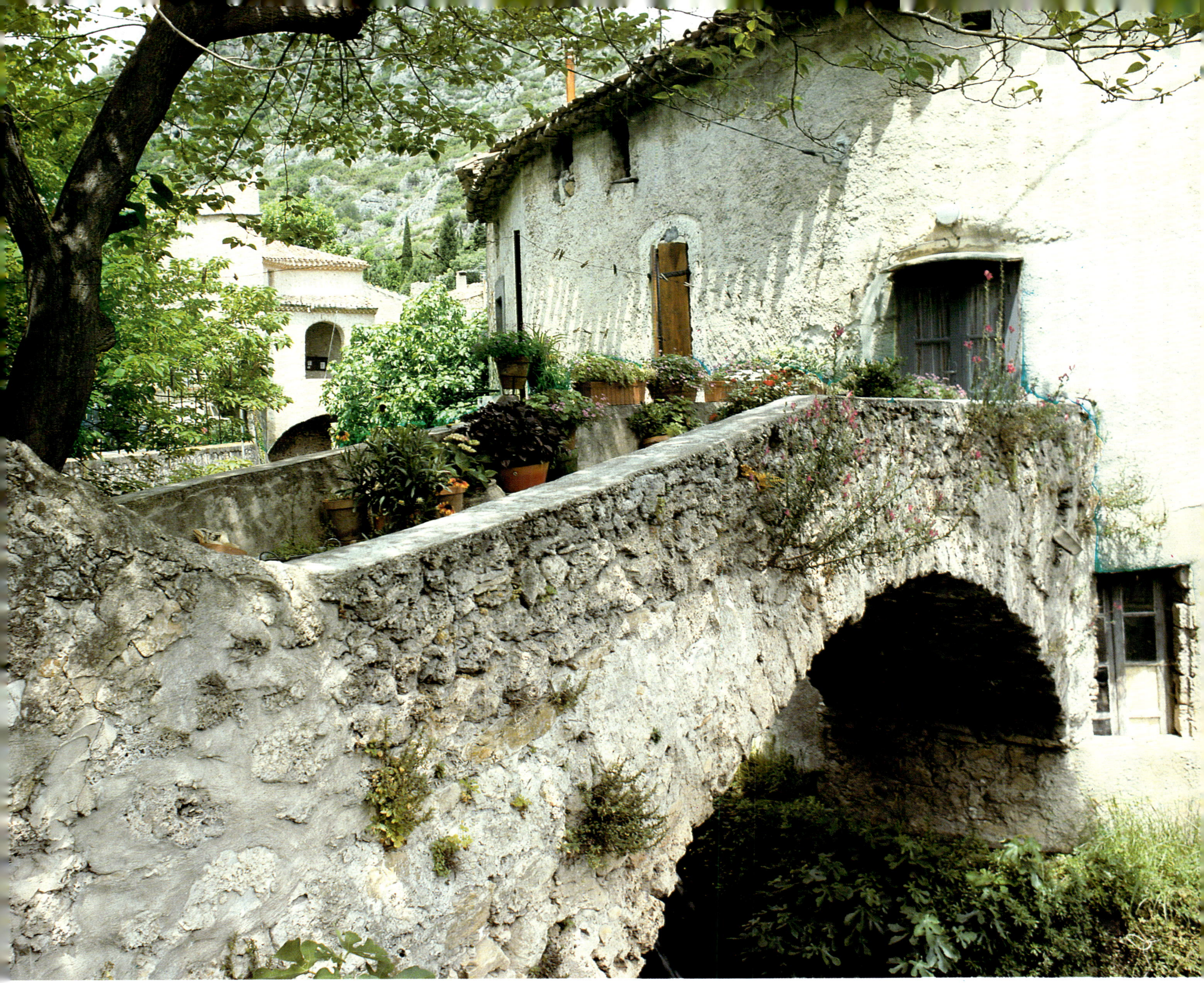

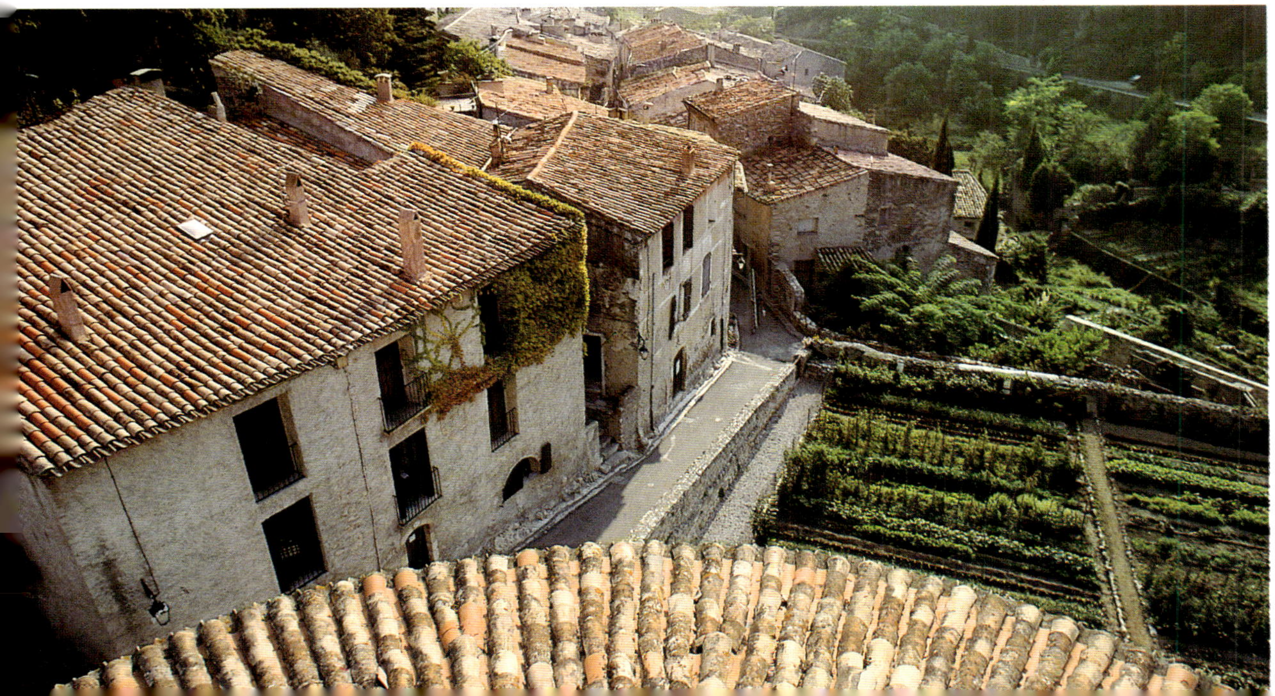

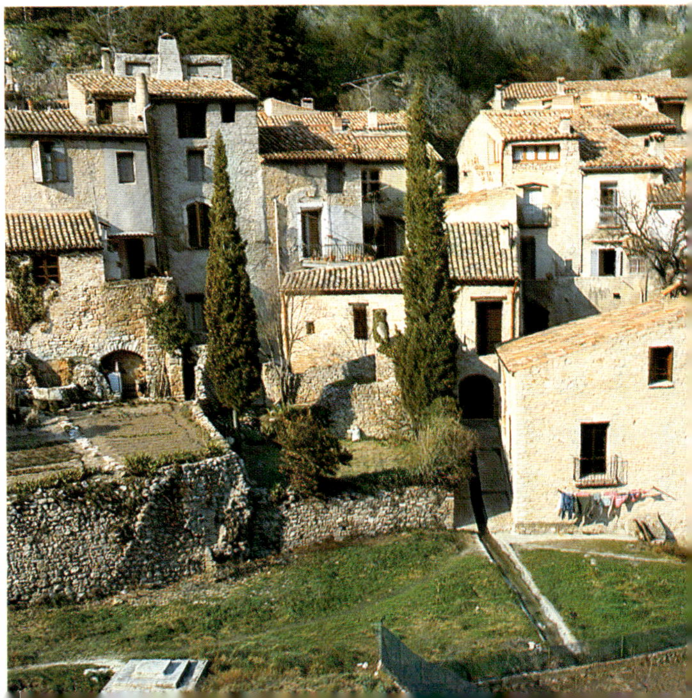

Séranne, l'on découvre la fraîche vallée de la Buèges avant qu'elle ne disparaisse dans les gorges qui l'amènent à l'Hérault; au sud, à travers les garrigues proches du pic Saint-Loup, se révèlent successivement le village préhistorique de Cambous, le décor médiéval de Saint-Martin-de-Londres et les perspectives vertigineuses du ravin des Arcs. Ces deux routes se retrouvent sur l'Hérault peu avant Ganges, au niveau de la grotte des Demoiselles dont les proportions et le décor donnent dans le registre du monumental. Porte des Cévennes, la ville de Ganges se trouve à la jonction de plusieurs vallées : partout une intense érosion a lacéré la montagne, mais nulle part aussi bien que dans les gorges de la Vis où s'ouvre le grandiose entonnoir du cirque de Navacelles.

Ci-dessus : vue du pic Saint-Loup. A gauche : la grotte «des Demoiselles», près de Ganges. A droite : maisons campagnardes et nature, à Ganges, sur les gorges de la Vis.

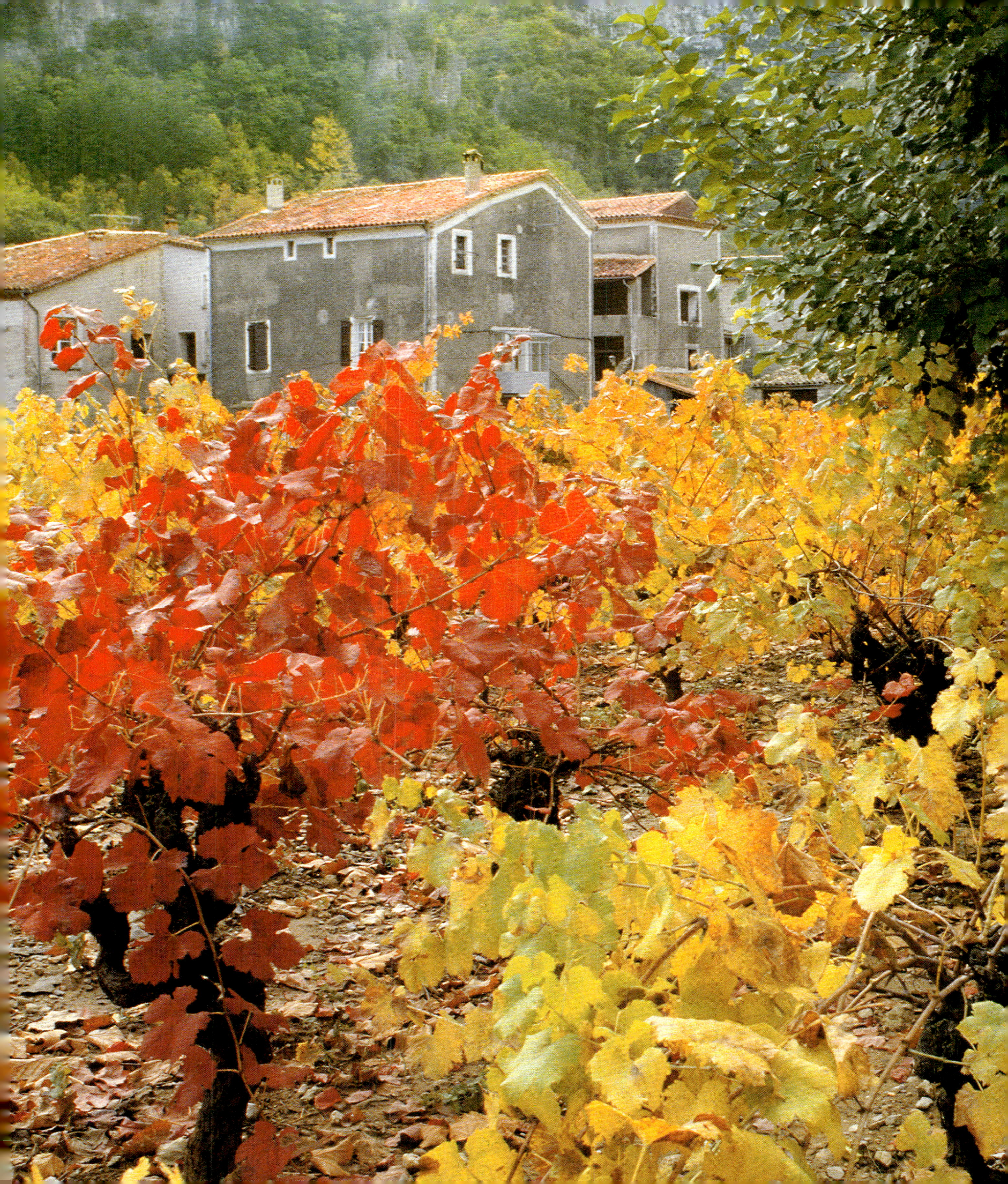

MONTPELLIER

Dans le droit fil d'une histoire tout juste millénaire qui la fit cité marchande, ville savante et capitale administrative du Languedoc, Montpellier porte aujourd'hui ses regards au-delà des limites régionales et ambitionne d'acquérir le rayonnement international que lui autorise une étonnante expansion contemporaine. Le coup d'envoi de cette croissance date des années 60, lorsqu'une importante vague de rapatriés d'Afrique du Nord arriva à Montpellier, qui jusque là se reposait sur des lauriers universitaires et administratifs; à cette occasion la ville-satellite de la Paillade sortit de terre et 10 000 logements y sont prévus à terme. Puis vinrent des industries «propres», dans le sillage d'une grande usine d'électronique et de laboratoires pharmaceutiques.

Dès lors le mouvement allait saisir toute la ville : un nouveau centre commercial, le Polygone, doublait d'abord le cœur historique de Montpellier. Dans son prolongement Ricardo Bofil se voyait confier vers 1980 le nouveau quartier Antigone, dont les audaces néoclassiques, quoiqu'en disent les esprits chagrins, sont d'ores et déjà intégrés au patrimoine montpelliérain. Après la Paillade qui avait gagné vers l'est, vinrent le nouveau campus universitaire, la zone hospitalière et les activités de recherche appliquées dans les garrigues du nord, les zones industrielles à l'opposé et les banlieues résidentielles vers le Lunellois ou les stations du littoral. Une telle croissance urbaine demeure sans équivalent en France, et elle a fort heureusement été accompagnée d'un classement du centre historique en secteur sauvegardé.

A peu de choses près, celui-ci se trouve englobé dans le tracé en forme d'écu des anciens remparts qui ont regroupé à la fin du XIIe siècle les deux noyaux urbains primitifs, Montpellier, cité de la puissante dynastie seigneuriale des Guilhem, et Montpellieret, soumis à l'évêque de Maguelonne. Des vingt-cinq tours fortifiées de cette enceinte subsistent la Babotte, à la pointe sud, et près de la cathédrale la tour des Pins, coiffée de deux cyprès. Ces vestiges correspondent à l'époque où la ville asseyait son autorité sur le commerce, grâce à ses orfèvres, ses marchands d'épices, ses banquiers et ses drapiers, mettant à profit la liaison avec la mer que constituait le Lez navigable ainsi que sa position sur la grande voie terrestre du Languedoc. La figure emblématique de cette activité est Jacques Cœur, qui développa encore le commerce montpelliérain au XVe siècle.

Le XIIe siècle marque également la naissance de l'université de Montpellier — la première à avoir vu le jour en Europe — avec une école de médecine dont la réputation, maintenue jusqu'à nos jours, attira très tôt les étudiants étrangers à la région : on sait que Rabelais vint depuis sa Touraine natale pour y terminer ses études et qu'il se vit attribuer là le grade de docteur en médecine. Son contemporain Nostradamus fit

Vue aérienne partielle de Montpellier. La Fontaine et, à droite, la Promenade du Peyrou, avec la statue équestre de Louis XIV.

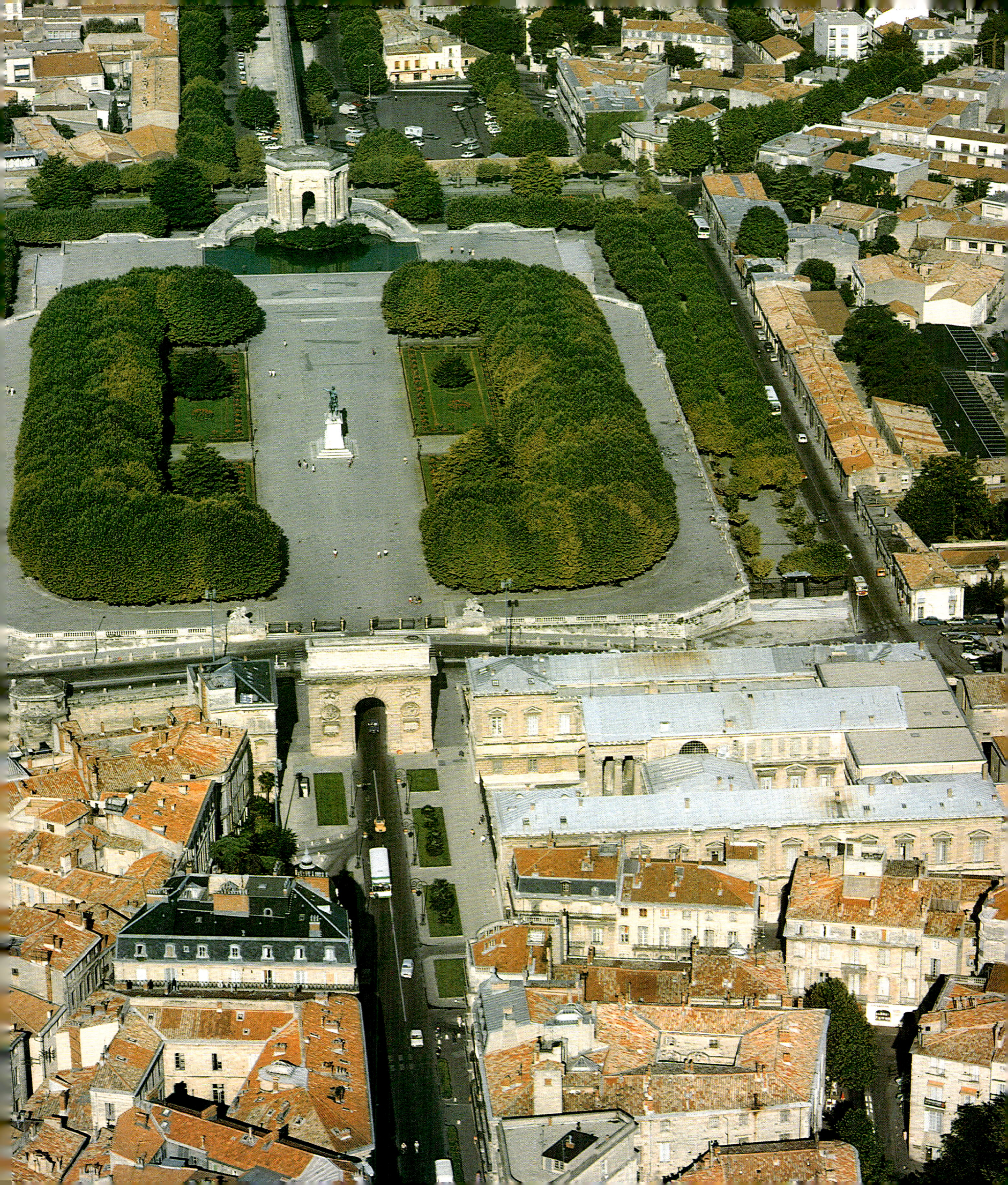

également la voyage de Montpellier, car l'enseignement comprenait en outre le droit, les arts et la théologie. Ces âges fastes continuent au XVe siècle, Montpellier rassemblant alors la plupart des fonctions de capitale provinciale, mais soixante-dix ans de guerre civile entre catholiques et calvinistes assombrissent le siècle suivant et c'est pourquoi la ville compte bien peu de témoignages de la Renaissance.

Rendue à la raison au terme d'un siège mené par Louis XIII lui-même, et désormais surveillée par une imposante citadelle royale, Montpellier put retrouver ses fonctions d'antan: les hauts fonctionnaires et les grands bourgeois en profitèrent pour rivaliser dans la construction d'hôtels somptueux dont beaucoup portent la marque des architectes Daviler et Giral, créateurs d'un style proprement montpelliérain. Peu après de vastes travaux d'urbanisme changèrent la physionomie de la ville en dégageant par exemple la Promenade du Peyrou, tâche que continuera le second Empire à la grande époque de la viticulture. Le côté «mise en scène» que l'on ressent confusément à travers Montpellier est donc le résultat conjoint d'une histoire particulière et d'une politique urbaine concertée.

C'est dans l'axe de la Promenade du Peyrou que s'exprime le mieux la théâtralité de Montpellier, traitée ici sur le mode classique: sur ce point culminant de la cité, d'où l'on voit aussi bien les Cévennes que la mer, s'élève en effet un château d'eau baroque alimenté par un acqueduc de près de 900 m de long. Le centre de cette promenade ombragée est occupé par une statue équestre de Louis XIV, tandis que son autre extrémité est barrée par un arc de Triomphe qui célèbre le règne du Roi Soleil. Les frondaisons que l'on aperçoit non loin du Peyrou sont celles du Jardin des Plantes, l'un des plus anciens qui soient, aménagé grâce aux libéralités du roi Henri IV. Enfin, pour clore ce chapitre agreste, il faut mentionner au cœur de la ville les beaux platanes de l'Esplanade, contemporaine du Peyrou.

L'alignement de ces arbres vénérables mène d'un côté au Corum, tout récent Palais des Congrès et Opéra Régional, et à l'opposé à la place

Montpellier. L'Arc d'Avilar et l'allée de cyprès du Jardin des Plantes; à droite: nouvel aspect de la Promenade du Peyrou et l'Aqueduc, au cœur de la cité.

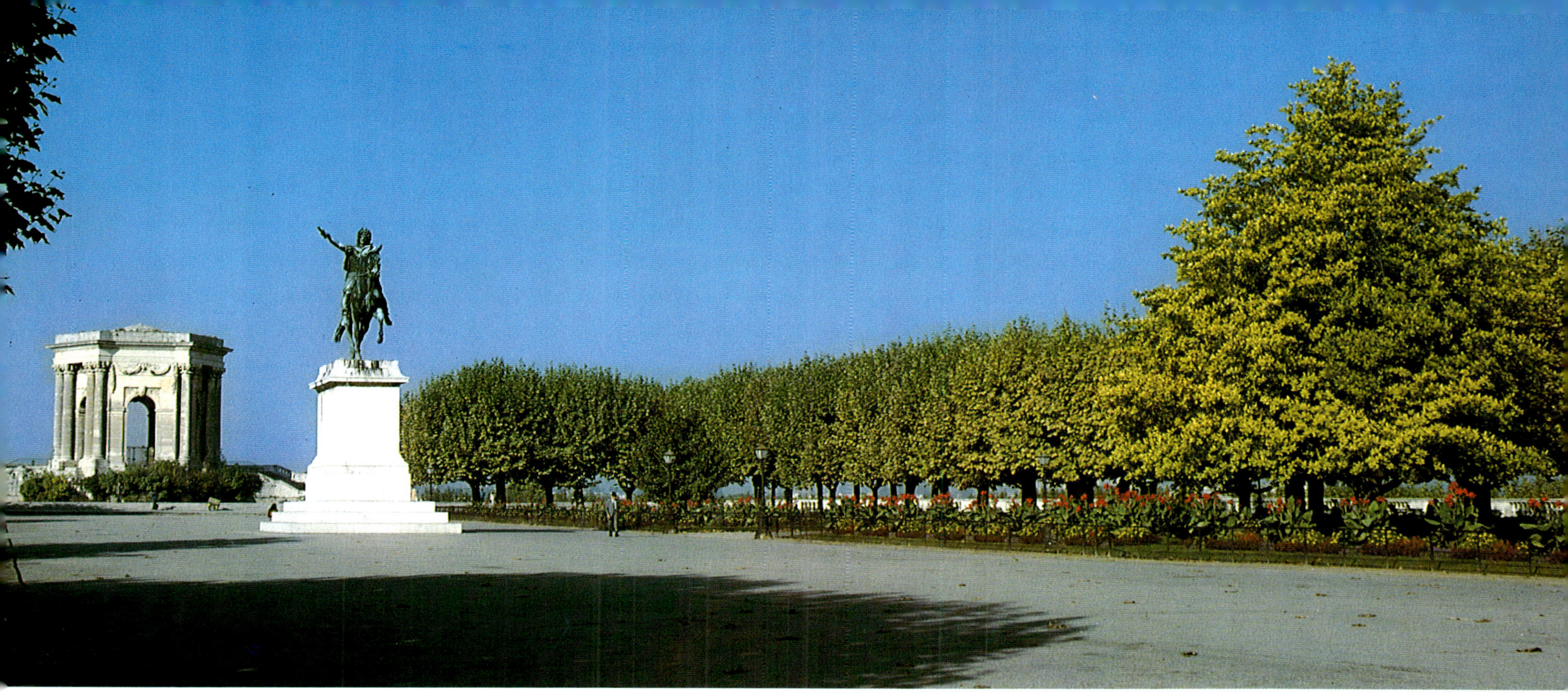

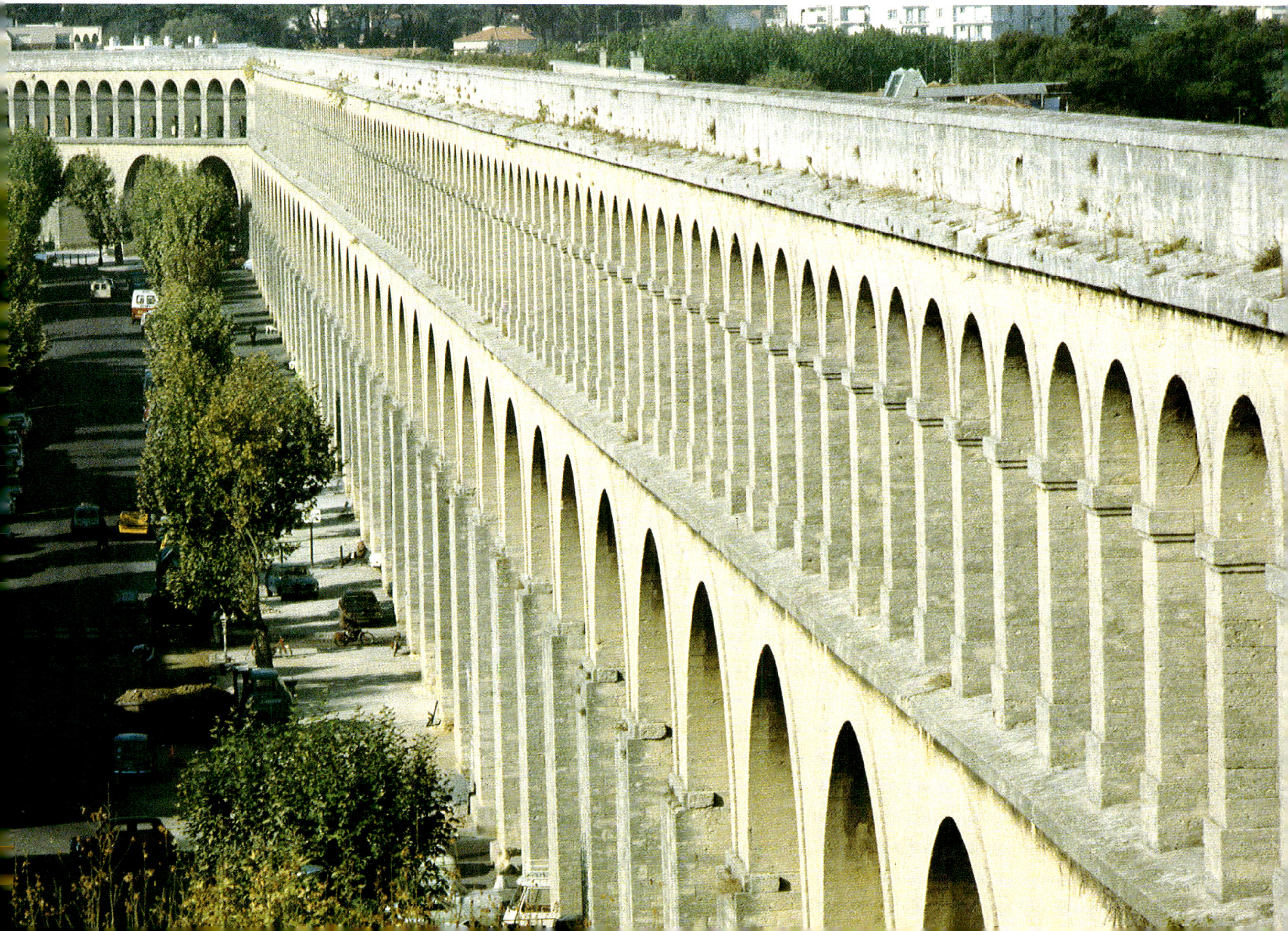

de la Comédie, pôle urbain de Montpellier. A partir de là s'enfoncent dans la vieille cité les rues bordées des plus beaux hôtels : c'est par exemple celui du Lunaret, ancienne résidence de Jacques Cœur où ont été disposées les collections de la Société Archéologique, et plus loin celui de Jean Deydé, qui rassemble la plupart des innovations architecturales de d'Avilier; on peut se faire une idée de ces apports en comparant cette demeure à l'hôtel Saint-Côme, antérieur d'un demi-siècle.

Pendant les guerres de religion tous les sanctuaires de Montpellier ont été rasés, hormis la collégiale de Saint-Benoît qui se trouva donc promue au rang de cathédrale avec Saint-Pierre comme nouveau patron. Plusieurs fois restaurée mais toujours sévère et massive, elle illustre une forme primitive du gothique méridional avec pour élément original un porche soutenu par deux énormes piliers cylindriques. Après la Révolution, le reste du monastère Saint-Benoît fut attribué à la Faculté de Médecine, le premier étage des bâtiments ayant par la suite été dévolu au musée Atger, qui possède une prestigieuse collection de dessins des plus grands artistes français, italiens et flamands du XVe siècle au XIXe siècle. Ces trésors complètent les peintures du musée Fabre, qui a rassemblé au XIXe siècle le meilleur des collections privées montpelliéraines et se trouve être l'un des plus importants de France.

Loin de cantonner la culture à l'ambiance feutrée des musées, si riches soient-ils, Montpellier prouve année après année que la formule qui en fait le «Cœur battant du Languedoc» n'est pas vide de sens. La ville témoigne en effet d'une vie intellectuelle intense en étant le cadre de manifestations aussi nombreuses que variées, des concerts rock au Salon du livre, en passant par les festivals de danse, de cinéma, d'art lyrique ou encore le salon des antiquités.

Montpellier. En haut : La Faculté de Médecine, un ancien monastère et l'Hôtel Sabatier d'Espéran. Ci-dessous : la place de la Canourgue et, ci-contre, le porche de l'Hôtel de St-André. A droite : la place de la Comédie et un café célèbre de celle-ci.

CINEMAS
RICHE

RSCG
boulet associés
conseil en communications
AGENCE de la COMEDIE
E. BARDE
Tuborg Beer
GRAND CAFE RICHE
"33"
BIERE EXTRA
GRAND CAFE RICHE
"33"
EXTRA DRY

Montpellier. La Cathédrale Saint Pierre. L'Hôtel Rodez-Béravent; au-dessous: l'escalier de l'Hôtel des Trésoriers. Tout à droite: deux aspects de la fontaine de la place de la Comédie.

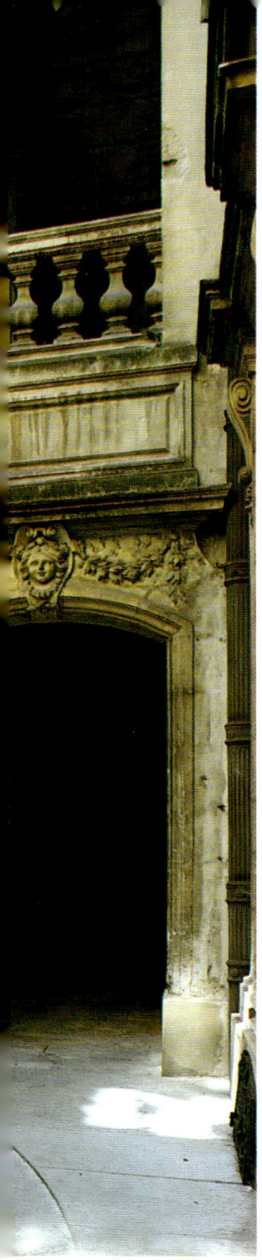

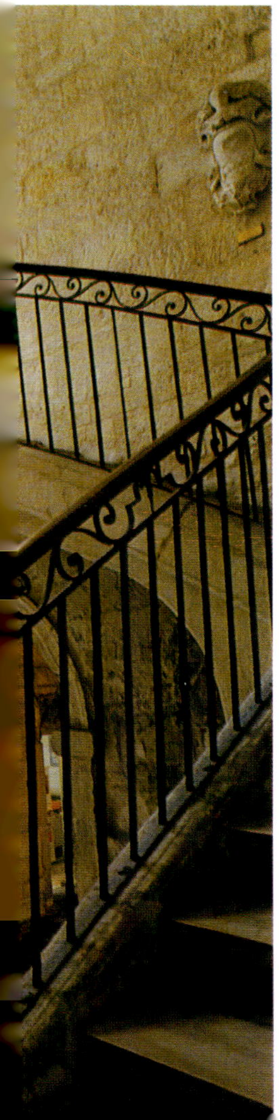

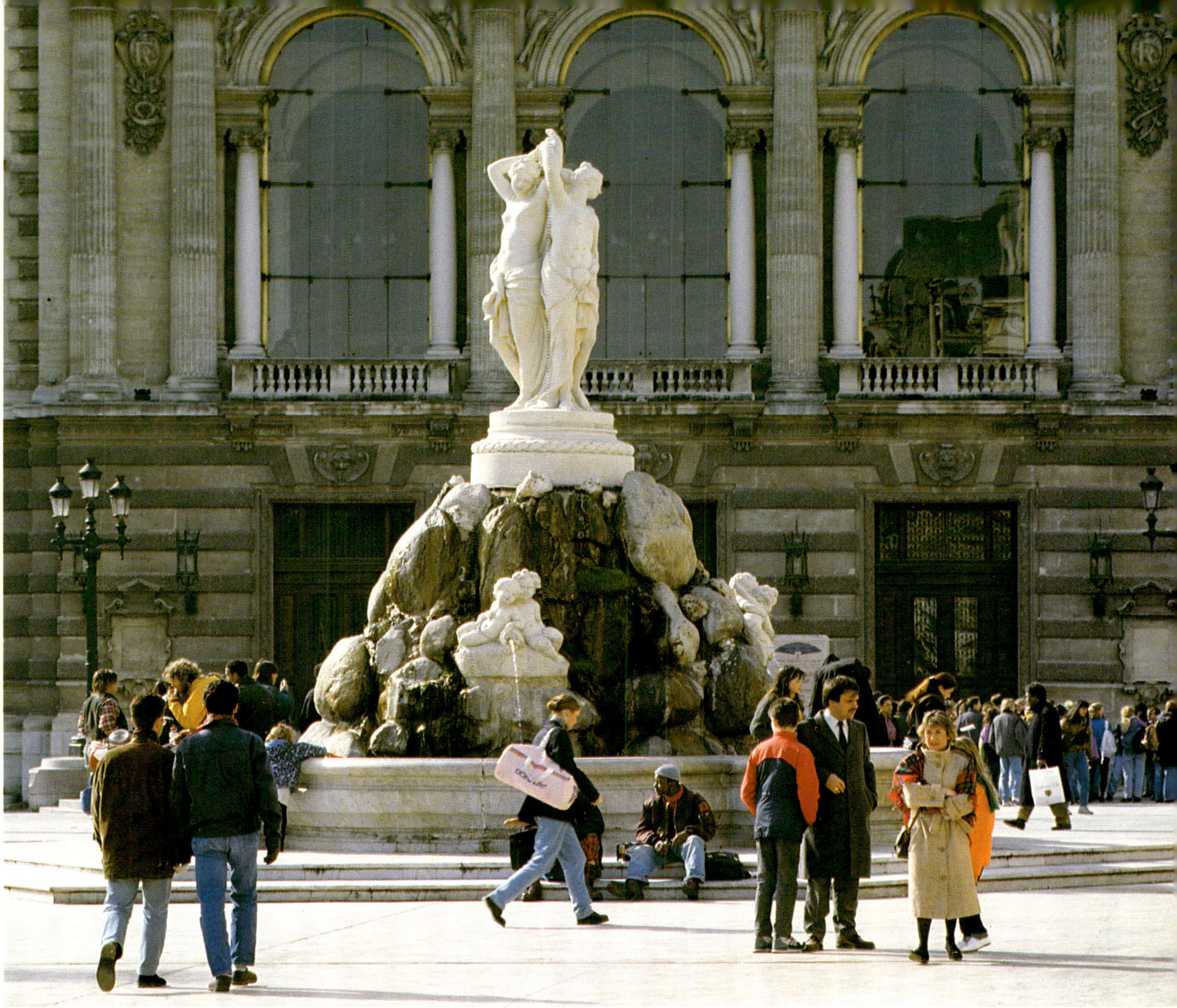

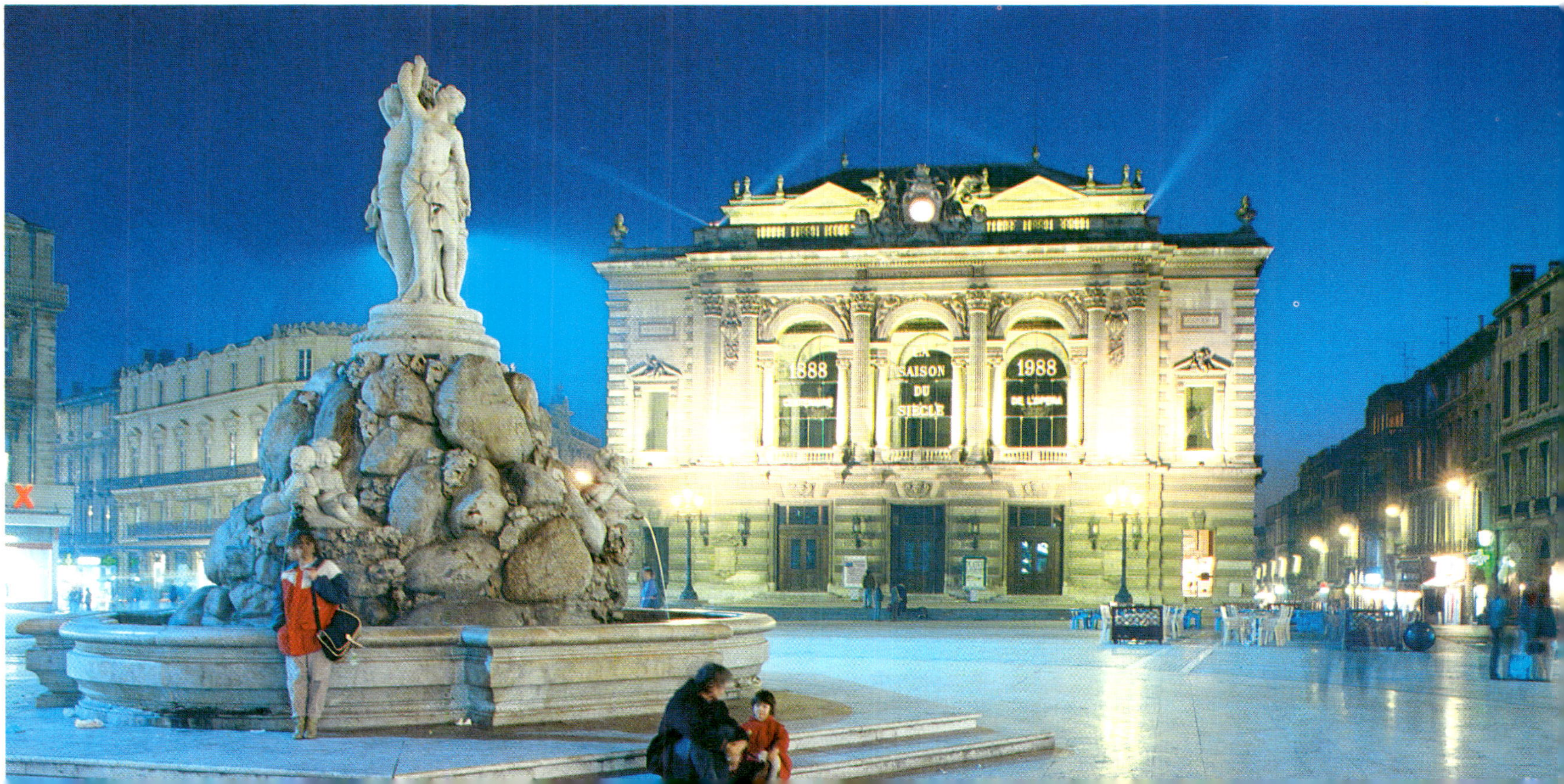
1888
SAISON
DU
1988

Montpellier. La ville s'enorgueillit de ses constructions modernes, dues, pour l'essentiel à l'architecte Ricardo Bofill, tout spécialement le Quartier Antigone (ci-dessus et à droite). En bas, à gauche et ci-dessous : le Corum, à la fois Palais des Congrès et Opéra régional.

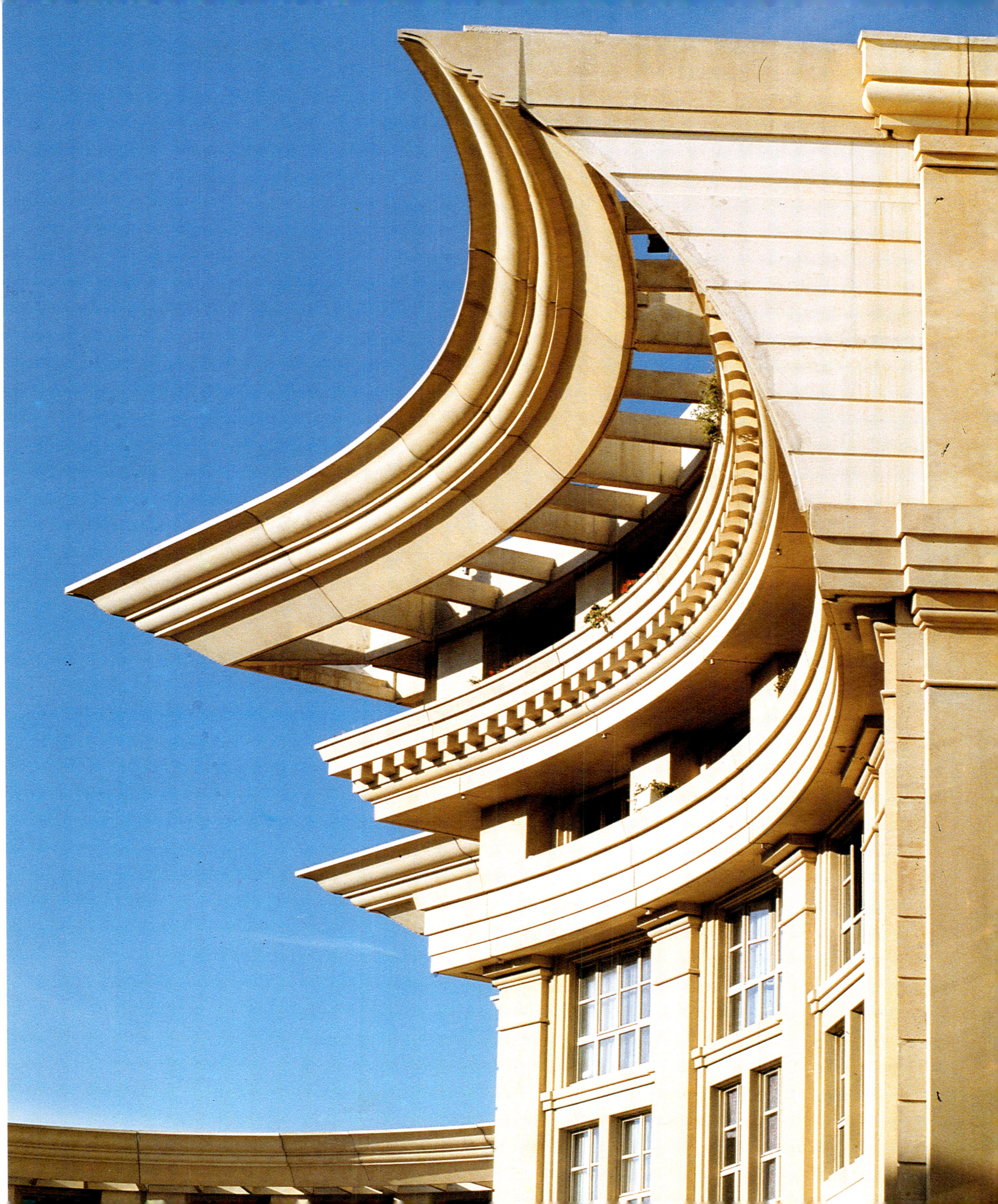

LE «COEUR BATTANT DU LANGUEDOC»

Au sortir de la longue période de désolation des guerres de Religion, Montpellier avait du abandonner à Sète et Marseille son rôle de «porte de l'Orient», mais les édits de Nantes et d'Alès allaient lui permettre de renouer avec la prospérité. Relançant les industries drapières et chimiques en même temps qu'elle retrouvait sa qualité de métropole universitaire du Midi et de capitale administrative du Languedoc, la ville de Montpellier connut bientôt l'émergence d'une bourgeoisie opulente et cultivée : le temps était au bien-être, à la fête et au luxe, comme le prouve la floraison d'hôtels particuliers bâtis à l'intérieur des remparts aux XVIIe et XVIIIe siècles.

Pendant les dernières décennies de l'Ancien Régime, les bourgeois, les intendants et les financiers de tout poil prirent l'habitude de déserter la ville à l'approche de la canicule, parsemant la campagne montpelliéraine d'une quarantaine de résidences d'été que la tradition désigne sous le nom de «folies». Ces édifices appartiennent en propre à Montpellier car leurs propriétaires ne souhaitaient pas s'éloigner trop de la métropole; la topographie leur interdisait d'autre part d'aller vers le nord et les garrigues que domine le pic Saint-Loup, le sud étant quant à lui envahi par les lagunes côtières où s'était établi le port des Lattes au temps du commerce maritime.

Ces «folies» restent très sages et ne diffèrent guère du modèle de la maison rurale languedocienne simplement pourvue d'un avant-corps central. Une véritable école provinciale d'architecture s'était toutefois développée dans la région grâce à Davilier, aux Giral et à Jacques Donnat, de sorte que les plus sobres de ces résidences respirent la grandeur. Le Grand Siècle montpelliérain marie en effet la modération artistique à des proportions parfaites et bannit le grandiose au profit de ce qui est à la mesure de l'homme. La mode du temps voulait en outre que ces résidences des champs fassent assaut de raffinement dans l'agrément de leur parc, avec force statues, bassins et fontaines de rocaille, ainsi que dans la richesse de l'ornementation intérieure, de superbes gypseries faisant parfois oublier la modestie d'une façade. Tant et si bien que la plupart des «folies» demeurent habitées et vivent ce pour quoi elles ont été édifiées.

Certaines d'entre elles commencent à être rejointes par l'extension urbaine de Montpellier. C'est le cas du château de la Piscine, réalisé en 1770 pour un président à la Cour des comptes : au fond d'un parc classique peuplé de vases et de statues représentant les Saisons, la demeure gardée par deux dogues de pierre abrite des gypseries ayant pour thème les Fables de la Fontaine. Près de là, le château d'O appartint à l'intendant de la province et celui d'Alco à un trésorier des Etats, les deux résidences étant maintenant la propriété du Conseil Général.

Plus loin, c'est la municipalité de Montpellier qui a jeté son dévolu sur le château de La Mosson, appelé à devenir un centre culturel et de loisirs.

A ces demeures qui regardent les garrigues font pendant Flaugergues et La Mogère, deux célèbres châteaux établis en direction de Mauguio et des horizons lacustres. Le premier est représentatif de la fin du XVIIe siècle et vaut surtout par un exceptionnel mobilier, alors que le second doit sa renommée à un parc à la française dont la pièce maîtresse est un magnifique buffet d'eau en rocaille alimenté par un acqueduc miniature.

Réalisé à une toute autre échelle, l'acqueduc du château de Castries donne plus loin la mesure d'un ensemble qui n'a rien à voir avec les «folies» de Montpellier : conçu par Paul Riquet, le créateur du canal du Midi, cet ouvrage d'art comprend notamment une partie aérienne de 1 700 m de longueur et permet d'animer les pièces d'eau que Le Nôtre avait disposé dans les jardins. Le jardinier du roi eut en effet la haute main sur le dessin des abords de ce château fastueux, qui avait été commencé au XVIe siècle par le gouverneur de Sommières et d'Aigues-Mortes. Jusqu'à une date récente, la famille de Castries veilla aux destinées de la demeure, qui fut sans cesse embellie et restaurée avant d'être léguée à l'Académie française.

Aux confins de l'Hérault et du Gard, sur la limite tracée par le Vidourle, deux villes marquent ce pays de leur empreinte économique et touristique : Lunel, cité du vin, des fruits et des courses de taureaux, et Sommières, qui ajoute une dimension historique à ces atouts. Le patrimoine de Sommières, c'est d'abord un pont romain qui a résisté à toutes les «vidourlades», redoutables crues d'automne qui font sortir le fleuve de son lit ; ce sont ensuite de nombreux vestiges médiévaux : des maisons à arcades, la tour de l'Horloge, les portes fortifiées, l'ancien château.

Ci-dessus : vue de Sommières et son pont romain. En bas : à gauche, le château de La Mogère et celui de Castries. En pages suivantes : l'Acqueduc romain de Castries.

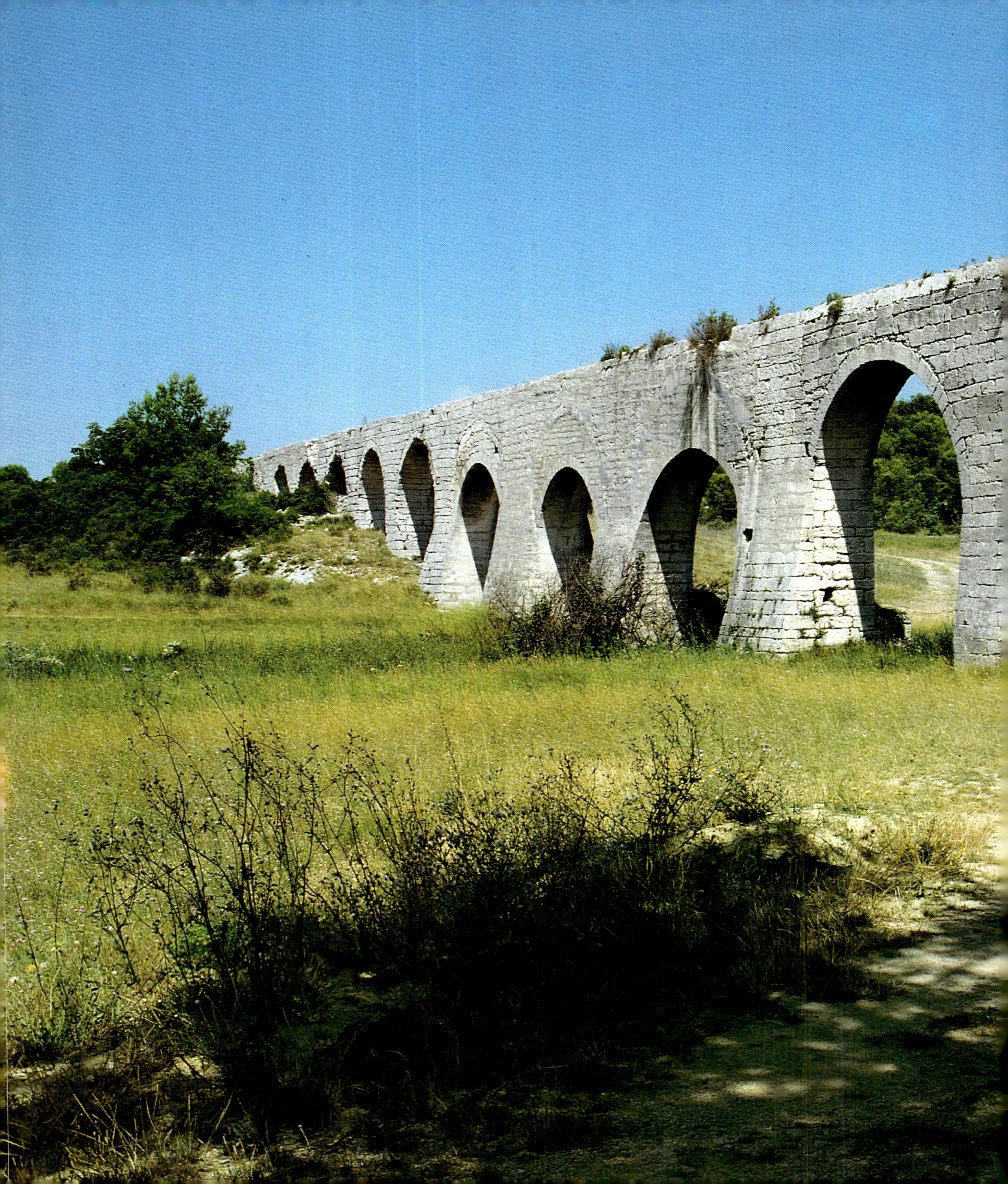

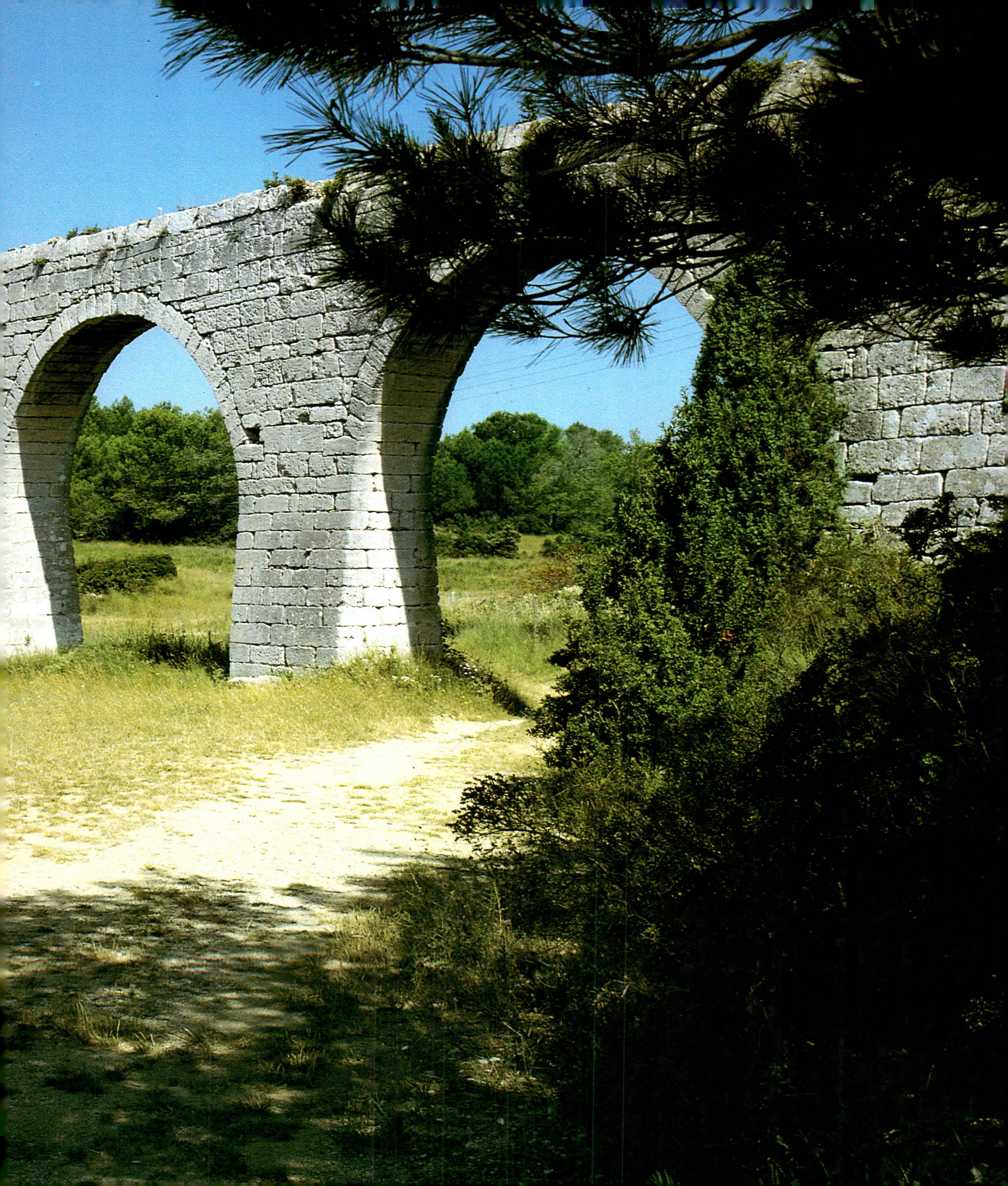

DE MAGUELONE A LA GRANDE-MOTTE

Les audaces architecturales de La Grande-Motte peuvent donner à penser que la partie la plus orientale du littoral languedocien est née au tourisme balnéaire avec la mission d'aménagement des années 60, mais il n'en est rien. Nombreux sont ceux qui se souviennent encore du célèbre petit train reliant Montpellier à Palavas, pittoresque attribut des bains de mer dont la ligne fut inaugurée en ... 1872, et qui poursuivit son bonhomme de chemin jusqu'à être presque centenaire. Ces plages furent donc appréciées dès les premiers balbutiements du tourisme estival, et quant à l'histoire des lieux, elle remonte à la plus haute Antiquité avec les vestiges du port de Lattes, qui reliait Montpellier à la mer.

S'il est un témoignage du passé qui éclipse tous les autres sur ces rivages, c'est évidemment l'ancienne cathédrale de Maguelone, qui émerge dans un bouquet de pins parasols, au milieu de quelques vignes. Comme suspendu entre ciel et eau, à la limite des étangs et de la mer, ce site exceptionnel est celui d'un vieux volcan qui avait formé une île en arrière du cordon littoral. Plus exceptionnelle encore est la survivance de la cathédrale qui a échappé aux mouvements de la mer et des sables et dont aucune vague touristique ne semble devoir menacer la sérénité. Probablement utilisée comme port durant l'Antiquité, puis réduite à être une petite cité de la Narbonnaise, Maguelone devint siège épiscopal au VIe siècle; elle tomba ensuite entre les mains des Sarrasins et leur servit de base jusqu'à ce que Charles Martel n'y mette bon ordre.

La cathédrale actuelle fut commencée vers l'an 1030 et Maguelone, fief pontifical, servit au XIIe siècle de refuge à plusieurs papes; c'est ainsi que le sanctuaire se trouva déclaré basilique majeure et «deuxième église après Rome». De puissantes fortifications entourèrent bientôt le sanctuaire qui se posa en symbole de l'orthodoxie face à l'hérésie cathare: ce fut le début d'un essor considérable qui verra Maguelone frapper monnaie et abriter une importante communauté de chanoines. Mais au XVIe siècle Montpellier lui ravit l'évêché et à la suite des guerres de Religion Richelieu fit raser les défenses du sanctuaire; enfin, un coup fatal faillit lui être porté par la construction du canal du Midi, pour lequel furent employées les pierres de la vieille cité. Fort heureusement Maguelone fut restaurée au siècle dernier et rendue au culte sans avoir perdu ses plus belles parures sculptées, en particulier le beau tympan de marbre de son portail.

A gauche et à droite, deux aspects de l'ancienne cathédrale de Maguelone.

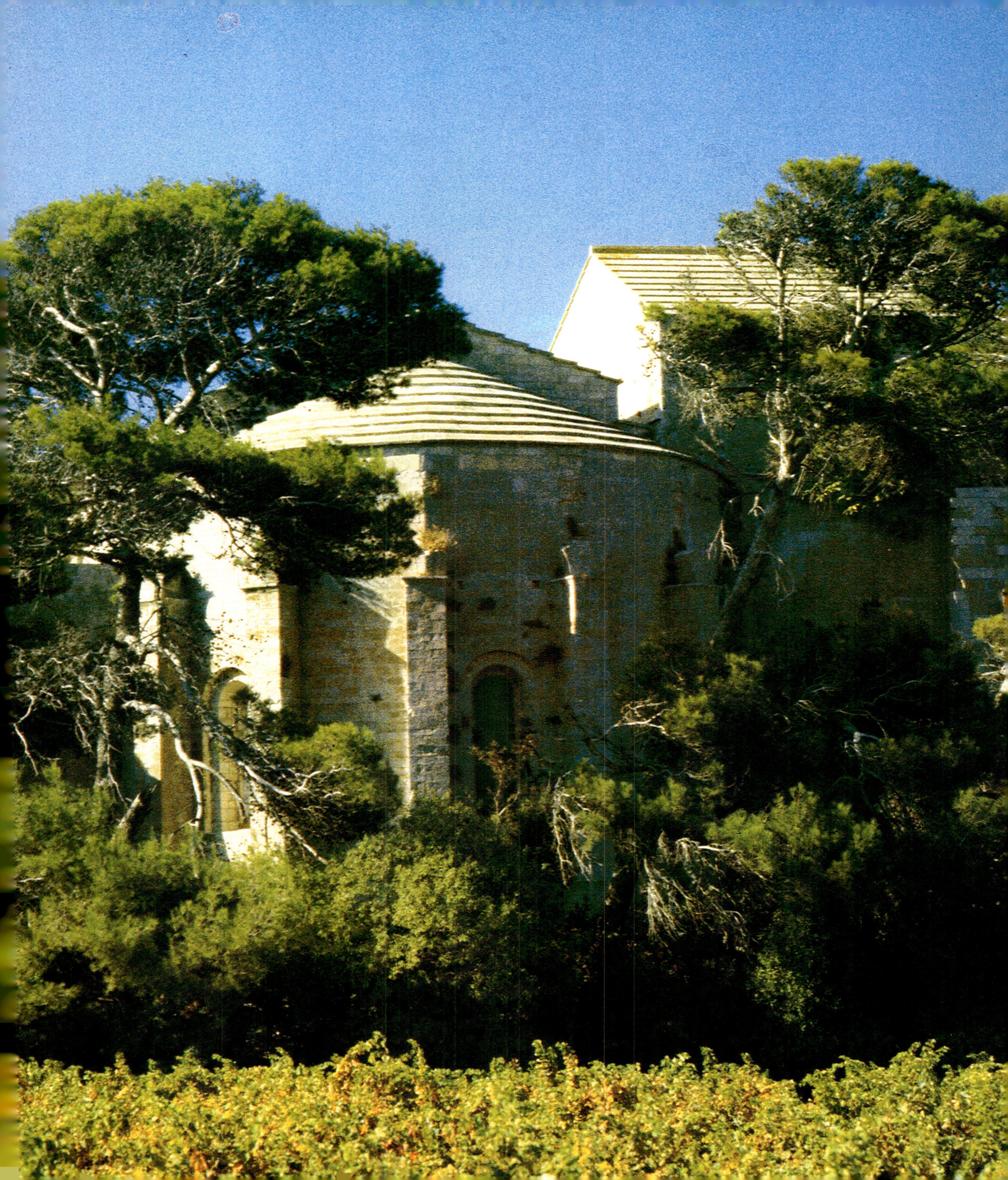

Privée de son accès terrestre traditionnel par la présence du canal du Midi, Maguelone est desservie par le cordon littoral et Palavas, la station que ponctue l'embouchure du Lez. Ce front de mer de Montpellier offre des aspects contrastés, rappelant Sète quand des joutes nautiques se déroulent entre ses quais jadis bordés de bateaux de pêche, évoquant les stations nouvelles lorsque l'on emprunte les «œufs» bigarrés du téléphérique qui enjambe l'embouchure, à une encablure du nouveau port de plaisance gagné sur la mer, et associant une atmosphère de villégiature désuète avec le capharnaüm des campings qui longent ses vastes plages.

Soigneusement canalisé, le Lez de Palavas rappelle qu'en amont se trouvait jadis le port des Lattes, débouché maritime de Montpellier; dans l'ancien mas du peintre Bazille, un musée archéologique en regroupe les vestiges au fur et à mesure qu'avancent les fouilles entreprises sur les lieux il y a un quart de siècle.

Laissant Maguelone veiller seule sur le lido, côté couchant, Palavas étend au contraire son urbanisation vers l'est jusqu'à atteindre le grau de l'étang de Mauguio où s'enracine la station de Carnon-Plage, très appréciée également des Montpelliérains. Longtemps faite d'un alignement de villas hétéroclites accompagnant la plage, Carnon a été restructurée récemment à partir de son port de plaisance, tandis que d'importants ensembles immobiliers sont apparus sur l'horizon d'un étang jusqu'alors sauvage. Situé en bordure de la manade de Pérols et parcouru par des vols de flamants roses, entre autres oiseaux migrateurs, l'étang de Mauguio annonce en effet la Camargue; chaque hiver il est envahi par l'étrange géométrie des «trabaques», ces filets fixes avec lesquels font provision d'anguilles des pêcheurs qui résistent vaille que vaille devant l'avancée du tourisme.

Plus loin, entre Palavas-les-Flots et La Grande-Motte, la mission d'aménagement, aidée du conservatoire du littoral, a eu le mérite de préserver l'état de nature de la majeure partie des rivages dunaires du Grand Travers. Même si certains ont pu un temps s'offusquer de l'intrusion dans ces paysages des «pyramides» de La Grande-Motte, force est de reconnaître que là où s'étendait auparavant un désert de sable livré aux moustiques, se déploie maintenant une cité bien vivante, dont le tiers de la superficie a été planté d'espaces verts. En outre La Grande-Motte ne tombe pas en léthargie quand les vacanciers sont partis, car si elle est dotée d'un casino et d'un théâtre de verdure, elle possède aussi une église, des commerces, un palais des congrès et l'hôtel de ville qui sied à une cité de 5 000 habitants permanents.

Le cœur de cette station modèle n'est pas, comme l'avaient pensé les promoteurs, le Point Zéro établi à la place de la dune primitivement nommée La Grande-Motte, mais plutôt le port de plaisance avec ses restaurants, ses terrasses de cafés et son aquarium panoramique. Les autres points forts sont le golf de Haute-Plage, la base de voile de l'étang du Ponant avec son village de vacances, la plaine des jeux, le monument solaire appelé l'horloge du ciel et, bien sûr, la Grande Pyramide dont les arêtes courbes s'offrent au midi en un parfait symbole du culte estival ici pratiqué.

Ci-contre, à gauche: la plage de Palavas. Au-dessous, à droite et en pages suivantes: quatre aspects des constructions de La Grande Motte.

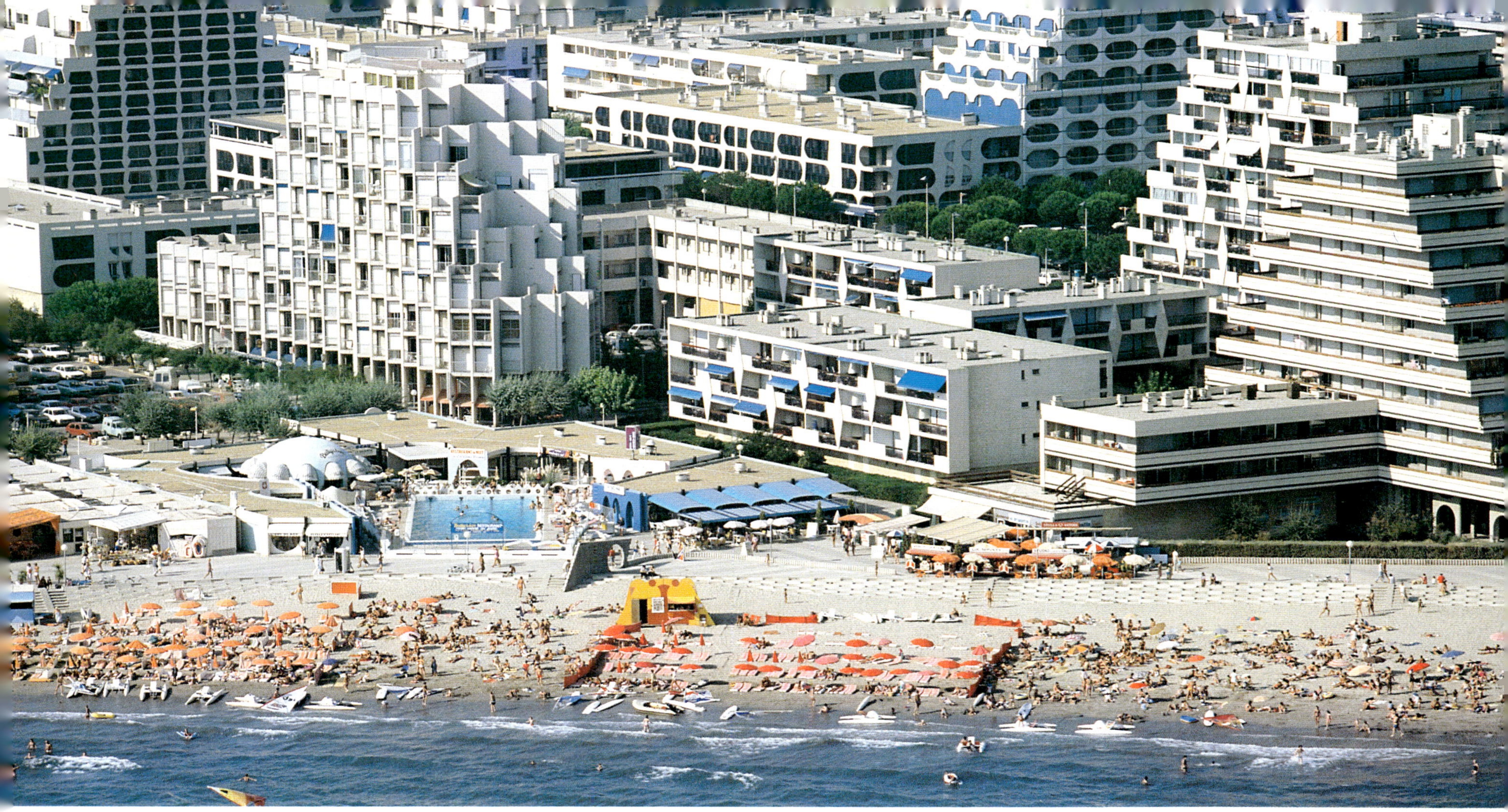

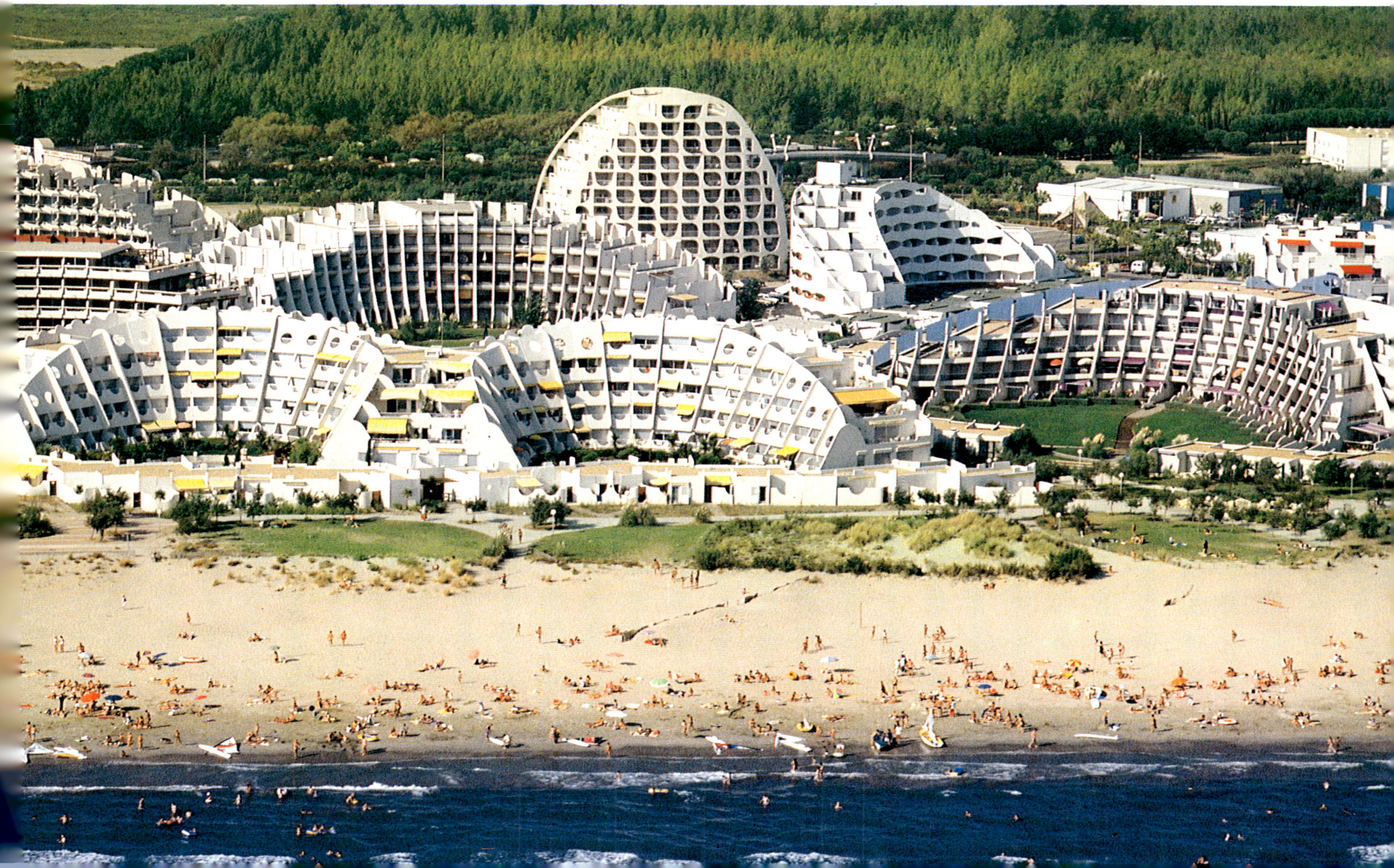

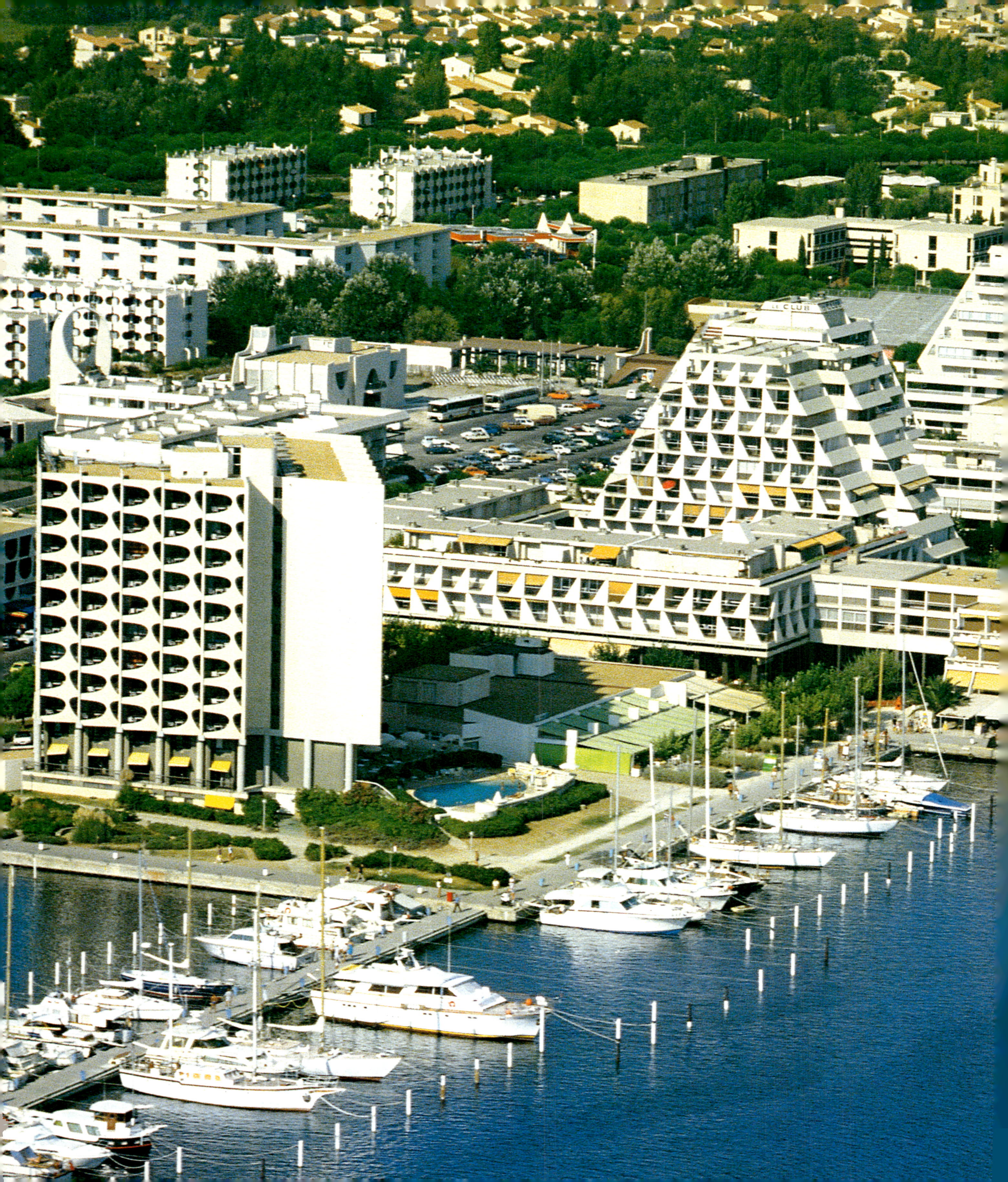

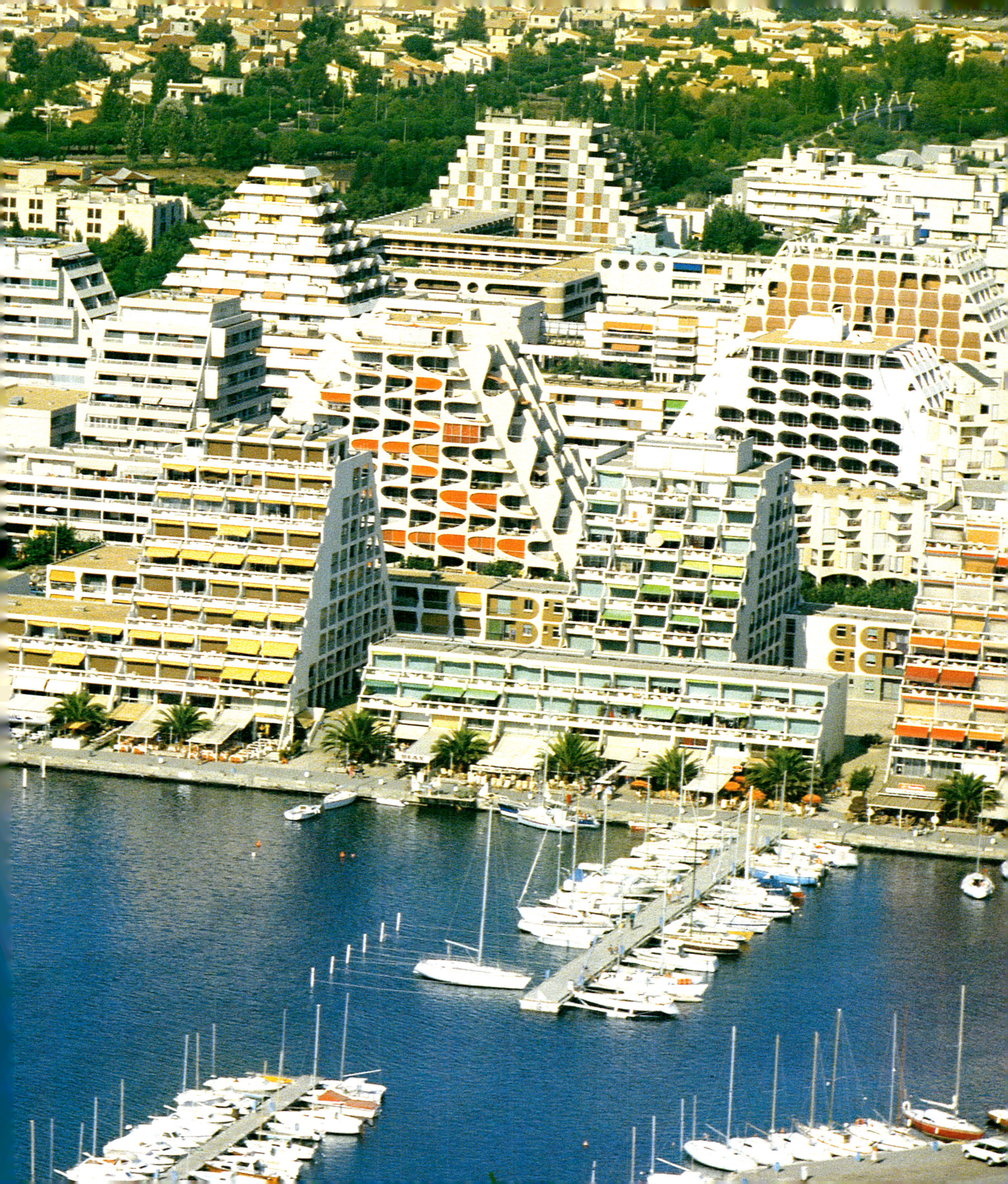

LA CORNICHE DES CEVENNES

Plus que dans aucune autre montagne française, l'homme a imprimé sa marque aux Cévennes et même au cœur de «serres» désertées depuis longtemps, le paysage reste modelé par le travail de générations de Cévenols: les pentes les plus raides portent des prés et des cultures en terrasses, des réseaux de «béals» canalisent les sources, des murets soutiennent les chemins empruntés par les troupeaux et la châtaigneraie couvre encore de belles surfaces. Au vu des vestiges préhistoriques qui jalonnent les drailles, ces interminables chemins de la transhumance, il est facile de comprendre pourquoi le Cévenol ne semble faire qu'un avec sa montagne.

Cette communion a sa place dans l'histoire avec la révolte des Camisards, fervents calvinistes qui prirent le maquis et décimèrent les meilleures troupes de Louis XIV pendant un quart de siècle. Dur à la peine tout autant qu'il est attaché à ses convictions, l'homme des Cévennes a réussi à s'adapter à un milieu naturel peu favorable: pasteur à l'origine, il a développé ensuite une remarquable civilisation du châtaignier, et enfin, après cet «arbre à pain», un non moins étonnant élevage du ver à soie grâce à «l'arbre d'or» que fut le mûrier.

La sériciculture s'est effondrée au XIXe siècle comme toutes les activités traditionnelles de la région, occasionnant un intense exode rural, et ce n'est pas le bassin houiller d'Alès, en pleine crise, qui permettra de relancer l'économie cévenole. Le tourisme semble être aujourd'hui le meilleur atout des Cévennes, qui bénéficient par ailleurs de l'arrivée de nouveaux occupants: si les «soixante-huitards» n'ont réussi leur retour à la terre qu'en nombre très réduit, les retraités qui choisissent ce pays pour goûter au repos et à la sérénité sont par contre pour beaucoup dans le maintien en vie des hameaux cévenols.

La géographie a tout de même son mot à dire à propos des Cévennes et le mont Aigoual, point culminant du pays dont les flancs sont couverts de forêts aux essences variées, symbolise ce qui fait la particularité des lieux. En effet, en dépit des modestes 1 567 m de son sommet, cette montagne semble attirer aussi bien les déluges des

Ci-dessus et ci-contre, à gauche: au mont Aigoual, la Fontaine Bramabian et les cascades le l'Hérault. A droite: troupeau de chèvres et paysage des environs de St-Jean-du-Gard.

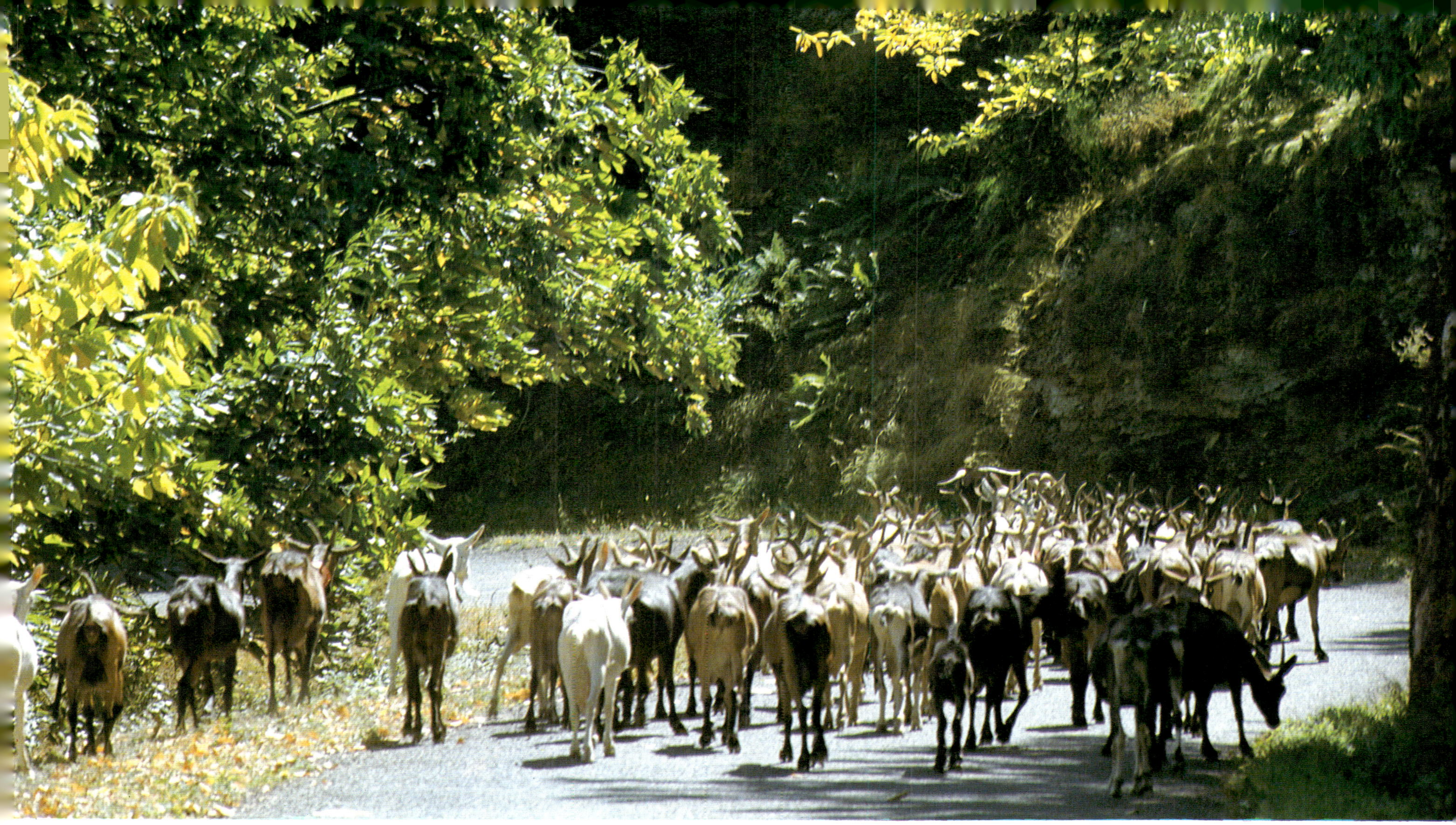
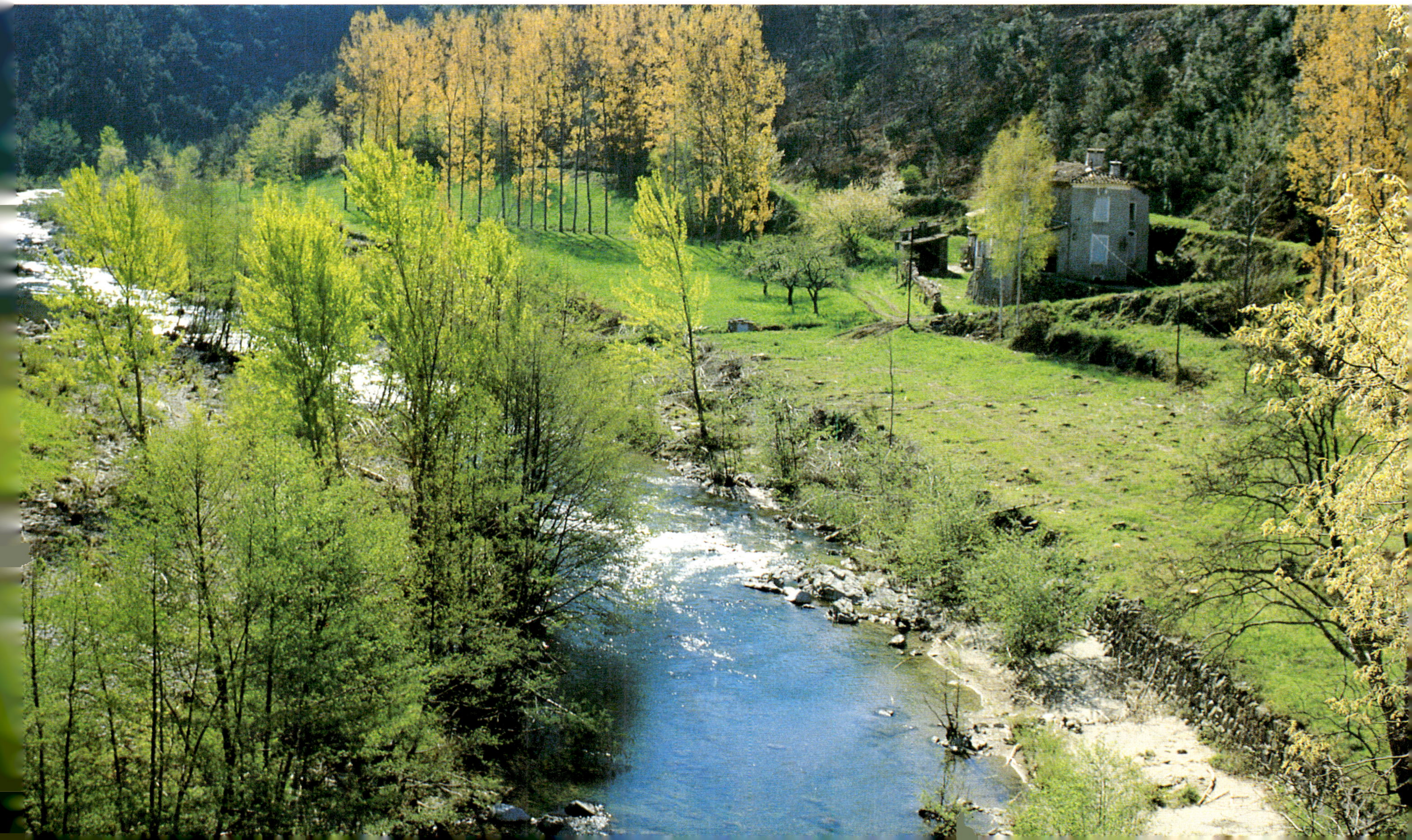

orages méditerranéens que les pluies venues de l'Atlantique, ce qui a entraîné une érosion intense : c'est pourquoi les hautes vallées de l'Hérault, de la Cèze et des torrents qui se rassemblent pour former le Gard sont si profondément encaissées, ne laissant entre elles que les crêtes déchiquetées des serres. Parmi ces dernières, celle que l'on nomme «Entre-deux-Gardons» porte la route la plus spectaculaire de la région, la fameuse corniche des Cévennes reliant Florac à Saint-Jean-du-Gard.

Faire provision de points de vue ne suffit pas pour découvrir l'âme de ce pays. Il convient pour cela de cheminer au fond des vallées, et pour commencer ce périple initiatique, rien ne vaut la cité d'Anduze, au seuil d'une cluse appelée la Porte des Cévennes. Dans le passé, Anduze eut comme titres de gloire d'être le berceau de la sériciculture en France, et d'avoir regroupé à l'abri de ses murailles le gros des forces protestantes, commandées par le duc de Rohan. Cette «Genève des Cévennes» est réputée de nos jours pour la qualité de ses céramiques, mais il ne faut pas aller bien loin pour retrouver la tradition : à Saint-Hippolyte-du-Fort l'élevage du ver à soie renaît au profit des grands couturiers, tandis qu'à Monoblet on se souvient du premier synode du Désert des Camisards.

A quelque distance d'Anduze, le parc de Prafrance fait une parenthèse inattendue dans ce voyage puisqu'il est exclusivement consacré aux diverses espèces de bambous, dans une ambiance très extrême-orientale. L'univers cévenol reprend ses droits en amont avec un haut lieu du protestantisme, le Mas Soubeyran. Le musée du «Désert» y occupe la demeure de Roland, l'un des principaux chefs des Camisards, pour retracer la terrible guérilla que menèrent les protestants cévenols contre les armées du roi.

A gauche : fontaine ancienne sur une place d'Anduze. Ci-dessus : transhumance. A droite : Le Mas Soubeyran, haut-lieu du Protestantisme et un aspect du «Musée du Désert». Au-dessous : le hameau voisin des Agladines.

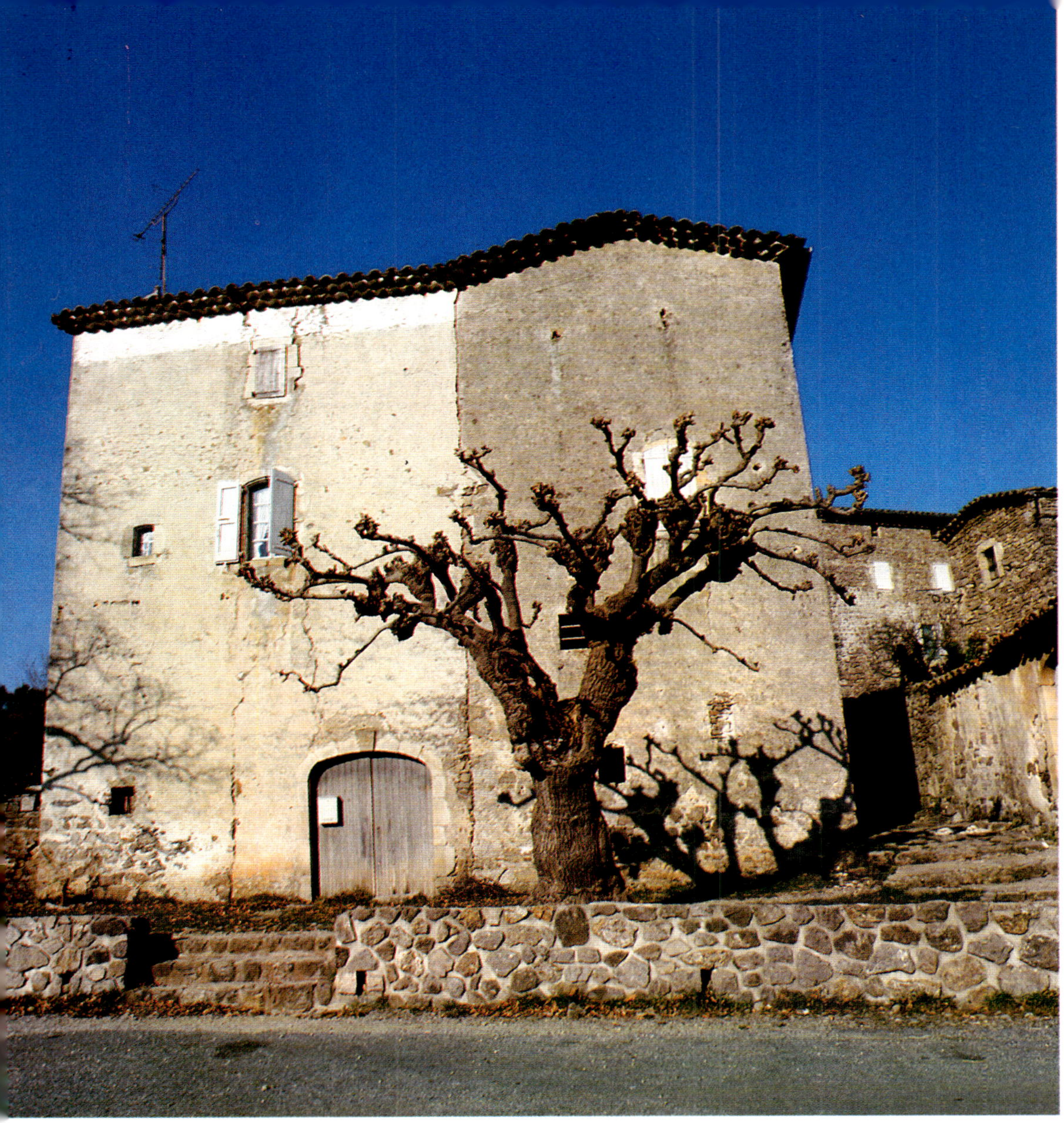

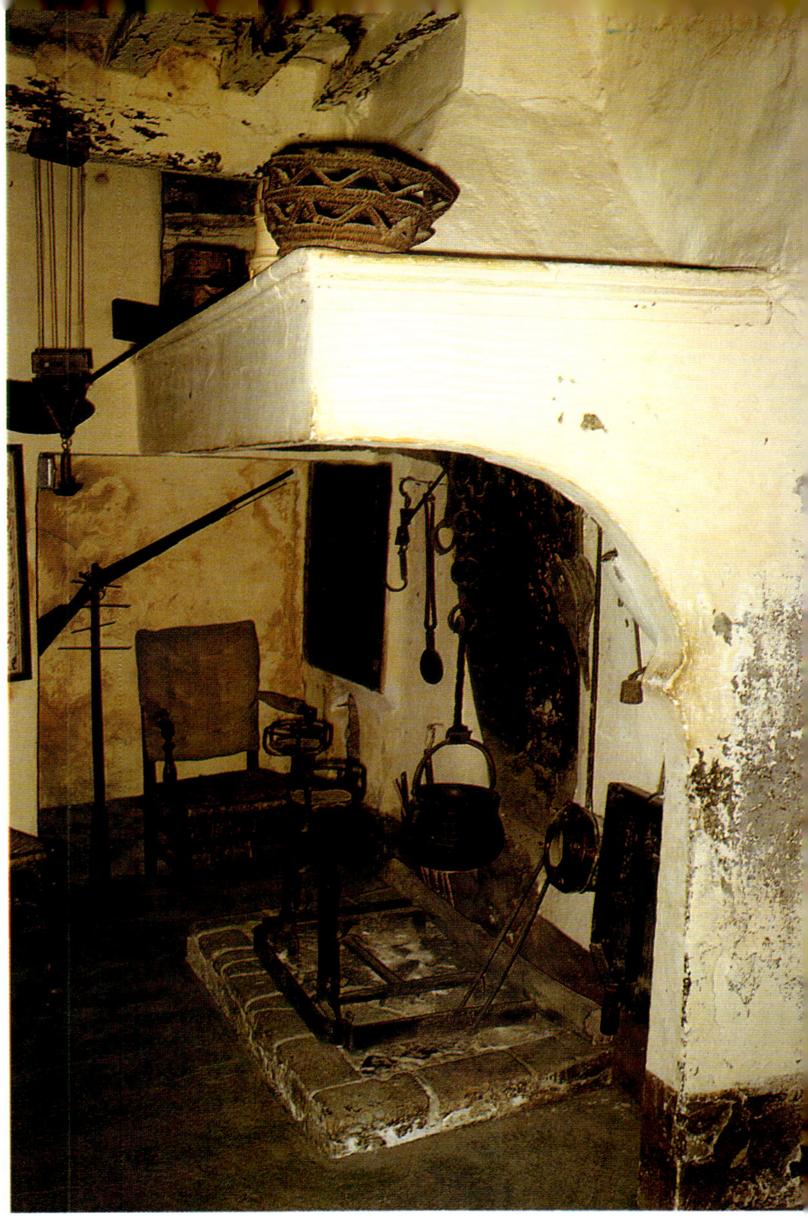

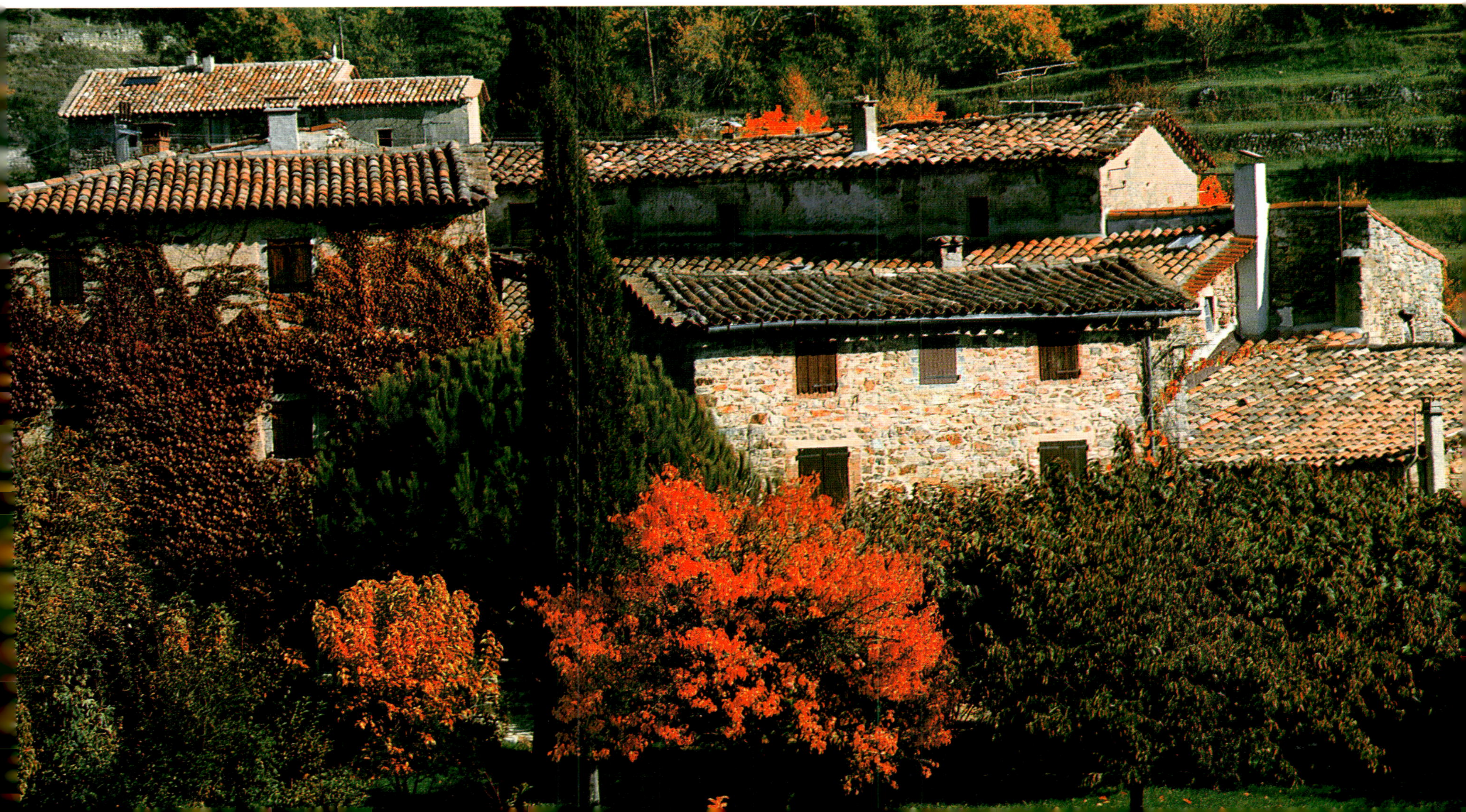

De là, la route mène à la grotte de Trabuc, dont les longues galeries servirent de cachette aux Camisards après avoir abrité les hommes de la préhistoire. Mais l'intérêt de Trabuc est ailleurs que dans ces souvenirs, la grotte possédant des concrétions uniques en leur genre nommées les Cent mille soldats, ainsi qu'un fascinant lac de Minuit aux eaux vertes.

La capitale de ce pays camisard est Saint-Jean-du-Gard où l'on peut visiter un intéressant musée des vallées cévenoles : il est vrai que les trésors de ce pays sont dispersés jusque dans les moindres «valats», ici une maison-forte huguenote, là un temple, plus loin un moulin à blé, châtaignes et huile d'olives.

Au bas de ces pays, les noms de Bessèges, de la Grand-Combe et d'Alès ont la couleur du charbon, mais l'extraction de la houille appartient presque à l'histoire et ces villes noires le sont de moins en moins : les crassiers deviennent des collines verdoyantes et une grande mine a même été tranformée en musée souterrain. A Alès, l'histoire de la mine remonte aux temps romains, mais ce n'est pas toute l'histoire de la cité, qui se rendit également fameuse pour son drap et sa soie ; sans compter l'événement essentiel que fut la paix d'Alès, signée en 1629, trêve dans les conflits religieux dont le fort Vauban maintient le souvenir en pleine ville.

Parmi les cités cévenoles de quelque importance se trouve encore Le Vigan, qui vit naître le chevalier d'Assas et qui fut un centre de filature de la soie. A l'opposé et regardant le Rhône, le bassin de la Cèze se signale par de belles églises romanes comme celle de Génolhac et surtout par des châteaux imposants, tels le Cheylard ou Portes.

Le Vigan : pont du XIIe siècle. Alès : le fort Vauban. Ci-dessous : le château de Portes. A droite : vue de nature dans les environs du Vigan et champ de tulipes près d'Alès. En dernières pages : oliviers et coquelicots dans les environs d'Alès.